主题标引差错1000例

黄建平　著

國家圖書館出版社

图书在版编目(CIP)数据

主题标引差错1000例/黄建平著.—北京:国家图书馆出版社,2013.2

ISBN 978-7-5013-4834-3

Ⅰ.①主… Ⅱ.①黄… Ⅲ.①主题标引—研究 Ⅳ.①G254.21

中国版本图书馆CIP数据核字(2012)第188941号

责任编辑:杨璇

书名 主题标引差错1000例

著者 黄建平 著

出版 国家图书馆出版社(100034 北京市西城区文津街7号)
(原北京图书馆出版社)

发行 010-66114536 66126153 66151313 66175620
66121706(传真) 66126156(门市部)

E-mail btsfxb@nlc.gov.cn(邮购)

Website www.nlcpress.com→投稿中心

经销 新华书店

印刷 北京科信印刷有限公司

开本 880×1230(毫米) 1/32

印张 10

版次 2013年2月第1版 2013年2月第1次印刷

字数 260千字

书号 ISBN 978-7-5013-4834-3

定价 48.00元

著者简介

黄建平，男，江苏江都人，副研究馆员。1959年毕业于华东师范大学地理系，同年到上海水产大学（2008年改名为上海海洋大学）工作，绝大部分时间从事图书情报工作。出版《奇妙的海洋》，主编《中国水产文摘》，参加编制《水产科学叙词表》。发表文章10余篇。1991年至2007年任职于上海申联文献信息技术有限公司，主持图书文献主题标引工作。

开头的话

为什么要写这本书？我的想法是:这本小书会引起普通读者对主题标引的注意,会对主题标引工作起一点积极作用,会对情报检索起一点积极作用。分开说有三:①主题标引人员可把它作为业务参考书,标引时参考,有好处。②通过该书会具体认识主题标引,具体认识主题标引规则,从而方便地在茫茫书海中通过主题途径查找资料。③大专院校图书情报信息部门可把该书作为教学参考资料。

本书出版是长时间学习主题标引、做主题标引工作的结果。1000余例中少数根据初版《中国分类主题词表》标引,多数根据二版《中国分类主题词表》标引。我分析其错误同样是根据这两个版本,以示客观地对待问题。

在本书写作过程中,上海交通大学图书馆编目部王绍平研究馆员对本书给予了许多的指点与帮助,张琪玉教授对本书原稿提出了许多修改意见,建筑家朱德荣资助本书出版。我在此一并深表谢意!

本书仅是个人认识、做法,不对的地方敬请大家批评、指正!

黄建平

2012 年 12 月 19 日

目　　录

一、客观性标引方面差错 178 例

GB/T 3860—1995《文献叙词标引规则》、国家图书馆《中文图书主题标引工作条例》、中国高等教育文献保障系统（China Academic Library and Information System，简称 CALIS）、《中文文献主题标引原则》等都规定（以下简称主题标引规定、组配标引规定）：要客观地标出文献所实际具有的主题，不掺杂标引人员的主观意向。下列图书主题标引不够客观。

1.《暗物质物理学》（2006 年 6 月出版），CIP 标引为：光学性质—研究。暗物质，是由天文观测推断存在于宇宙中的不发光物质。该书书名反映主题，应用《对应表》（二版）上与其相对应的叙词“暗物质”、“天体物理学”客观地表达这个主题。

手检标题：暗物质—天体物理学

机检标题：6060# $a 暗物质 $x 天体物理学

2.《造园学概论》（2009 年出版），CIP 标引为：园林—规划。该书主题是造园学，应标引这个主题。

手检标题：造园学—概论

机检标题：6060# $a 造园学 $x 概论

3.《热传导理论》（2010 年 1 月出版），CIP 标引为：导热—高等学校—教材。《对应表》（二版）上有“热传导”这个叙词，应用该词表达本书主题。

手检标题：热传导—理论—高等学校—教材

机检标题：6060# $a 热传导 $x 理论 $x 高等学校 $j 教材

4.《语言研究：方法与工具》（2010 年 12 月出版），CIP 标引为：英语—翻译。该书不是英语翻译书，是一本书名所反映的内容主题的书。前言说：“本书在内容上大致可分为两部分：论文写作与研究方法。论文写作部分主要包括如何选题,如何检索、管理、分析和阅读文献,如何进行论文写作等。研究方法部分,工具软件的介绍是本书的重点之一。"客观标法:

手检标题:①论文—写作,②语言理论—理论研究—研究方法,③语言理论—理论研究—语言工具

机检标题:6060# $a 论文 $x 写作

6060# $a 语言理论 $x 理论研究 $x 研究方法

6060# $a 语言理论 $x 理论研究 $x 语言工具

5.《漂移不息的大陆》(2009 年 5 月出版),CIP 标引为:地球科学—研究。该书不是讲地球科学,是讲漂移不息的大陆,应用"大陆漂移"、"海底扩张"、"板块运动"叙词正确表达该书主题。

手检标题:①大陆漂移—研究,②海底扩张—研究,③板块运动—研究

机检标题:6060# $a 大陆漂移 $x 研究

6060# $a 海底扩张 $x 研究

6060# $a 板块运动 $x 研究

6.《成矿与找矿》(2003 年 4 月出版),中国院士书系,CIP 标引为:地质学—文集。该书书名反映主题,应标引书名反映的主题。初版、二版《对应表》上都有"成矿规律"与"找矿"叙词。

手检标题:①成矿规律—文集,②找矿—文集

机检标题:6060# $a 成矿规律 $j 文集

6060# $a 找矿 $j 文集

7.《煤成(型)气地质学》(2007 年 10 月出版),CIP 标引为:石油天然气地质—高等学校—教材。煤成气是燃料,应用《对应表》(二版)上有的"煤成气"与"石油天然气地质"组配标引,表达该书主题。

手检标题:煤成气—石油天然气地质—高等学校—教材

机检标题:6060# $a 煤成气 $x 石油天然气地质 $x 高等学校 $j 教材

8.《城市规划与建筑设计导读——专业英语阅读(配光盘)》,CIP

标引为:①城市规划,②建筑设计。这标的不是该书所实际具有的主题。该书是建筑方面的专业英语书,学建筑专业英语的,客观标引:

手检标题:①城市规划—英语—高等学校—学习参考资料,②建筑设计—英语—高等学校—学习参考资料

机检标题:6060# $a 城市规划 $x 英语 $x 高等学校 $j 学习参考资料

6060# $a 建筑设计 $x 英语 $x 高等学校 $j 学习参考资料

9.《中国六大名著的现代阅读(上下篇)》,CIP 标引为:古典文学—文学欣赏—中国。六大名著指的是《三国演义》《水浒传》《西游记》《红楼梦》《金瓶梅》《儒林外史》。这个内容主题不是 CIP 标引的中国古典文学欣赏,而是中国古典小说欣赏或评论。该书除作整体标引外,可适当作分析标引。

手检标题:①古典小说评论—中国—明清时代,②《三国演义》评论,③《水浒》评论,④《红楼梦》评论

机检标题:6060# $a 古典小说评论 $y 中国 $z 明清时代

6060# $a《三国演义》评论

6060# $a《水浒》评论

6060# $a《红楼梦》评论

10.《新旧世界的交汇:大航海时代》(2010 年出版),CIP 标引为:中外关系—国际关系史—通俗读物。主题错了。该书讲的是 15—17 世纪欧洲航海者开辟新航路和"发现"新大陆,即地理大发现的内容主题。如 1492 年哥伦布横渡大西洋抵达美洲,1498 年达·伽马开辟绕过非洲好望角通往印度的航路,1519—1522 年麦哲伦船队完成第一次环球航行等。《对应表》(二版)上"地理大发现Y 新航路发现",该书正确标法:

手检标题:新航路发现—通俗读物

机检标题:6060# $a 新航路发现 $j 通俗读物

11.《化学镀实用技术》(实用电镀技术丛书),CIP 标引为:镀

层—技术。该书是讲化学镀的，不是镀层。

手检标题：化学镀—实用技术

机检标题：6060# $a 化学镀 $x 实用技术

12.《“蜜月”巴黎：走在地球经纬线上》，(美)陈瑞琳著，CIP标引为：散文—作品集—中国—当代 。标错了，不是中国当代散文集，而是美国当代散文集。应标引为：

手检标题：散文集—美国—当代

机检标题：6060# $a 散文集 $y 美国 $z 当代

13.《军训教材》(高中版)，CIP标引为：军事训练—教材。该书是高中的军训教材，客观标法：

手检标题：军训—高中—教材

机检标题：6060# $a 军训 $x 高中 $j 教材

14.《专家教你种花卉——莲花》，CIP标引为：莲花—观赏园艺。《对应表》上“莲花”不是花卉概念，而是地名，是革命根据地，应用“荷花”当主标题标引：

手检标题：荷花—观赏园艺

机检标题：6060# $a 荷花 $x 观赏园艺

15.《龙年档案》(电视剧版)，CIP标引为：长篇小说—中国—当代。作者柯云路后记：“长篇小说《龙年档案》出版后，受到影视界关注。承蒙他们的热切推动，我将其改编成三十集电视连续集。”该书是电视剧版，要按剧本标引。刘湘生、汪东波主编的《文献标引工作》第199页上说：“文学作品从一种文体改成另一种文体，应按改写后的体裁和改写者的国籍、时代分类。主标题引也要依据这一原则。”该书应标引为：

手检标题：电视文学剧本—中国—当代

机检标题：6060# $a 电视文学剧本 $y 中国 $z 当代

16.《良心与正义的探求》，CIP标引为：①个人—关系—集体—研究，②道德—关系—法制—研究。这种标法不切题。全书分上下两篇，上篇讲良心的探寻，下篇讲正义的求索。切题的标法：

手检标题:①良心—探讨,②正义—探讨

机检标题:6060# $a 良心 $x 探讨

6060# $a 正义 $x 探讨

17.《李先念在 1946》,CIP 标引为:纪实文学—中国—作品集。该书是传记作品。

手检标题:①李先念(1909 - 1992)—生平事迹—1946,②中原突围(1946)

机检标题:600#0 $a 李先念 $f(1909 - 1992) $x 生平事迹 $z1946

6060# $a 中原突围(1946)

18.《踞地斗蟋蟀》(古代博戏文化丛书),CIP 标引为:蟋蟀—历史—中国—古代。该书讲的是斗蟋蟀,《辞海》上说:斗蟋蟀,是以蟋蟀相斗的一种游戏。《宋史·贾似道传》:"尝与群妾踞地斗蟋蟀。"该书应标引为:

手检标题:斗蟋蟀—中国—古代

机检标题:6060# $a 斗蟋蟀 $y 中国 $z 古代

19.《学法的指导》(2010 年 9 月出版),CIP 标引为:课堂教学—教学法。书上讲:"学法即学习方法,包括完成课业任务的方法,从事智力活动的方法,调节、控制学习进程的方法等。与学习方法相关的概念主要有学习方式、学习策略和学习能力。""学生的学习方法是影响学习效果的一个重要变量,'教会学生学习'已经成为当今世界教育理论领域的重大课题。"客观标法:

手检标题:学习方法—课堂教学: 指导教学

机检标题:6000# $a 学习方法 $x 课堂教学 $x 指导教学

20.《科特论松下领导艺术》,CIP 标引为:电气工业—工业企业管理—经验—日本。该书是传记作品。应标引为:

手检标题:①松下幸之助(1894 - 1989)—传记,②松下电器产品公司—工业企业管理—经验

机检标题:600#0 $a 松下幸之助 $f (1894 - 1989) $x 传记

61002 $a 松下电器产品公司 $x 工业企业管理 $x 经验

21.《瓦窑集》,CIP 标引为:政治—研究—中国—先秦时代。该书序:本书收入 19 篇论文,内容为先秦史问题,涉及政治、经济、军事、文化与思想等问题。该书应按 K22 对应的词串“古代史\中国\先秦时代”标引:

手检标题:古代史—中国—先秦时代—文集

机检标题:6060# $a 古代史 $y 中国 $z 先秦时代 $j 文集

22.《泪洒芝加哥》,CIP 标引为:纪实文学—中国—当代。该书是作者的第一部小说,应该标引为:

手检标题: 长篇小说—中国—当代

机检标题: 6060# $a 长篇小说 $y 中国 $z 当代

23.《成功人生 DIY——你动口他动心》,CIP 标引为:青年修养—通俗读物。从目录上看,该书主题为谈判学,共 6 个部分:无所不在的谈判,赢得漂亮输得甘愿,做好谈判前的热身运动,挽回颓势的谈判策略,让谈判加分的要素,谈判的原则与禁忌。该书应标引为:

手检标题:谈判学—基本知识

机检标题:6060# $a 谈判学 $x 基本知识

24.《成功企业的网络法则——简易的赢利指南》,CIP 标引为:企业—局部网络—基本知识。该书主题是赢利指南,是网络上做生意、赚钞票,应标引为:

手检标题:网上销售—企业利润—指南

机检标题:6060# $a 网上销售 $x 企业利润 $j 指南

25.《爱的艺术》,CIP 标引为:爱情—通俗读物。作者前言:“性生活美满,会让人充满自信,心情愉快,干劲倍增;反之,性生活不和谐,必然极大地影响一个人的心理与精神,致使夫妻关系剑拔弩张。”该书客观标法:

手检标题:性问题

机检标题:6060# $a 性问题

26.《不羁的心》,CIP 标引为:女性—修养。内容简介:“女人的心灵是世界最柔软的工具,他们永远都渴望爱与被爱,并期望从爱情中获得幸福，年龄永远不应也不会成为阻挡成熟女人寻找爱情，拥有爱情的障碍。”据此，该书应该标引为：

手检标题：女性—爱情

机检标题：6060# $a 女性 $x 爱情

27.《生存与抗争的诠释——中国农民战争史研究》(2009 年 12 月出版)，CIP 标引为：农民—问题—研究—中国—古代。《对应表》(二版)上有“农民问题”专指词，用“农民”与“问题”组配是不对的。其实，该书讲的是中国农民战争史，客观标法应标这个主题。

手检标题：农民战争—战争史—研究—中国—古代

机检标题：6060# $a 农民战争 $x 战争史 $x 研究 $y 中国 $z 古代

28.《社会制度的经济理论》(经济学术译丛·当代制度分析前沿系列)，肖特著。CIP 标引为：社会制度—研究。该书是讲经济的，是讲制度学派、制度经济学的。标引人员应抓住经济方面的这个主题进行客观标引。

手检标题：制度学派—经济理论—理论研究

机检标题：6060# $a 制度学派 $x 经济理论 $x 理论研究

29.《经营一生的关系》(现代人自助经营丛书)，CIP 标引为：成功心理学—通俗读物。书上有两句话：“社会是各种关系的整体，不善于处理关系只能与失败为伍。关系就是生产力，靠个人自己经营。”该书应标引为：

手检标题：人际关系学—通俗读物

机检标题：6060# $a 人际关系学 $j 通俗读物

30.《直线电机技术手册》，CIP 标引为：直流电机—技术手册。该书书名反映主题，即主题为直线电机，而不是 CIP 所标引的直流电机。该书应标引为：

手检标题：直线电机—技术手册

机检标题：6060# $a 直线电机 $j 技术手册

31.《网络教育资源平台的理念、原理与技术》(2010 年出版)，

CIP 标引为:计算机网络—应用—计算机辅助教学。该书书名反映主题,客观标法:

手检标题:网络教育—教育资源—教育理论—教育技术

机检标题:6060# $a 网络教育 $x 教育资源 $x 教育理论 $x 教育技术

32.《超级说服力》,CIP 标引为:成功心理学—通俗读物。书名反映内容主题,是讲“说服”的,应标引“说服”。

手检标题:说服—语言艺术

机检标题:6060# $a 说服 $x 语言艺术

33.《从拿破仑到越南战争:现代国际战略十一讲》,CIP 标引为:国际形势—研究—文集。目录上内容有:拿破仑和战争的革新;约米尼——现代狭隘战争观和战略观的鼻祖;克劳塞维茨和对战争总体的客观研究;军事力量的经济基础;战略包围论;俄国军事思想;美国战略思想——从模仿欧洲战略方式到初创美国战略风格;苏联战略的形成——从十月革命到第二次世界大战;越南抗美战争的战略演变等。根据这样的内容主题,正确标法:

手检标题:①全球战略—理论研究—文集,②战争理论—理论研究—文集

机检标题:6060# $a 全球战略 $x 理论研究 $j 文集

6060# $a 战争理论 $x 理论研究 $j 文集

34.《国际经贸英语合同写作》,CIP 标引为:国际贸易—贸易实务。该书讲的是贸易合同方面的英语写作,客观标引应是:

手检标题:英语—国际贸易—贸易合同—写作

机检标题:6060# $a 英语 $x 国际贸易 $x 贸易合同 $x 写作

35.《外国(地区)企业常驻代表机构名录(2001)》,该书内容主题是外国企业在中国的常驻代表机构名录与中国港澳台企业在内地的常驻代表机构名录。CIP 标引为:①外资企业—2001—名录,②企业—香港—2001—名录,③企业—澳门—2001—名录,④企业—台湾—2001—名录。这种标法与本书主题有出入。根据词表收词情况,

客观标法应是:

手检标题:①外资企业—商务代表处—中国—2001—名录,②商务代表处—香港—2001—名录,③商务代表处—澳门—2001—名录,④商务代表处—台湾—2001—名录

机检标题:6060# $a 外资企业 $x 商务代表处 $y 中国 $z2001 $j 名录

6060# $a 商务代表处 $y 香港 $z2001 $j 名录

6060# $a 商务代表处 $y 澳门 $z2001 $j 名录

6060# $a 商务代表处 $y 台湾 $z2001 $j 名录

36.《中国票证大观》,CIP 标引为:票据—经济史—中国。主题错了。该书是讲“粮食票证”、“副食品票证”、“食油票证”、“穿着票证”、“日用品票证”的,应标引为:

手检标题:凭票证供应—商业史—中国—1955 - 1993

机检标题:6060# $a 凭票证供应 $x 商业史 $y 中国 $z 1955 - 1993

37.《人物·晋商·口述史研究》(2011 年 4 月出版),CIP 标引为:山西省—地方史—研究。该书的研究主要着力于三个方面的内容:“清代人物”的研究、“明清晋商”的研究、“口述史”研究。客观标法:

手检标题:①历史人物—人物研究—山西—清代,②晋商—人物研究—明清时代,③地方史—口述历史学—研究—山西

机检标题:6060# $a 历史人物 $x 人物研究 $y 山西 $z 清代

6060# $a 晋商 $x 人物研究 $z 明清时代

6060# $a 地方史 $x 口述历史学 $x 研究 $y 山西

38.《家庭医生 心灵世界精粹 绝对私情》,CIP 标引为:心理学—普及读物 。该书序言:绝对私情“侧重从性心理角度,对正常的及‘变态’的性行为、性活动进行辨析,指导人们的性保健,预防变态发生,让人们真正享受到‘性福’生活”。根据这样的内容主题,该书应标引为:

手检标题:①性卫生,②性心理学

机检标题:6060# $a 性卫生

6060# $a 性心理学

39.《寻找另一种声音——我读外国文学》,CIP 标引为:随笔—作品集—中国—当代。该书是外国文学评论,应标引这个主题。

手检标题:外国文学—文学评论—文集

机检标题:6060# $a 外国文学 $x 文学评论 $j 文集

40.《不愿始终如一——违约的爱情》,CIP 标引为:人性—通俗读物。该书是讲"爱情"的,应标引爱情。

手检标题:爱情

机检标题:6060# $a 爱情

41.《我也不是你,你也不是我——性格的方程式》,CIP 标引为:人性—通俗读物。该书是讲"性格"的,应标引"性格"。

手检标题:性格

机检标题:6060# $a 性格

42.《渼陂——古村博物馆》,CIP 标引为:居民—简介—吉安市。目录上有 8 个部分:序,古宗祠,古民居,古街道,古书院,革命旧居旧址,门楼、牌坊,木雕、石刻,民俗。根据这样内容,该书客观标引:

手检标题:①古建筑—江西—吉安,②名胜古迹—江西—吉安

机检标题:6060# $a 古建筑 $y 江西 $y 吉安

6060# $a 名胜古迹 $y 江西 $y 吉安

43.《中西文化视域中真善美的哲思》,CIP 标引为:道德—研究。这种标法没根据,应按书名反映的内容主题标引,应标引为:

手检标题:中华文化: 西方文化—真善美—哲学思想—文集

机检标题:6060# $a 中华文化 $x 西方文化 $x 真善美 $x 哲学思想 $j 文集

44.《来自网络的警察》,CIP 标引为:因特网—基本知识。该书不是讲因特网的基本知识,而是讲因特网产生的问题,是讲网络是个"梦"、是个"痛"、是个"陷"、是个"圈"、是个"谜"的社会生活与社会问题。应选用社会问题作副标题标引。《对应表》(二版)上"因特网Y

互联网络”，该书应标引为：

手检标题：互联网络—社会问题

机检标题：6060# $a 互联网络 $x 社会问题

45.《全球数字经济》，CIP 标引为：信息经济学。作者前言：“本书试图在理论阐述的基础上，结合实践之发展数字资料，来说明当代世界经济发展之概貌。”该书应标引为：

手检标题：世界经济—经济发展水平—现代

机检标题：6060# $a 世界经济 $x 经济发展水平 $z 现代

46.《志怀集》，CIP 标引：自然科学—科学方法论—通俗读物。该书是诗词集，书名取自“诗以言志”、“以此述怀”。该书客观标法：

手检标题：诗词—诗集—中国—当代

机检标题：6060 $a 诗词 $x 诗集 $y 中国 $z 当代

47.《痛经完全搞定》，CIP 标引为：疼痛—诊疗—问答。该书是讲“痛经”的，不是疼痛。

手检标题：痛经—诊疗

机检标题：6060# $a 痛经 $x 诊疗

48.《新编古春风楼琐记》，CIP 标引为：随笔—作品集—中国—当代。编辑絮语：“登高放眼春风楼，趣味盎然读历史。”该书是历史书，应标引历史。根据《对应表》（二版），应标引为：

手检标题：中国历史—1840－1949—史料

机检标题：6060# $a 中国历史 $z1840－1949 $j 史料

49.《音乐分析法》（2009 年 10 月出版），（德）克列门斯编著，钱泥译，CIP 标引为：曲式学，J614.3。该书讲的是音乐作品的分析方法，J614.3 对应部分有“音乐作品\乐曲\分析”的词串，较客观标法应用该词串标引。

手检标题：音乐作品—乐曲—分析

机检标题：6060# $a 音乐作品 $x 乐曲 $x 分析

50.《数字录音艺术》（2010 年 8 月出版），CIP 标引为：数字—教材。根据《对应表》（二版）收词情况，该书标出主题的标法：

手检标题:数码录音—艺术技巧—教材

机检标题:6060# $a 数码录音 $x 艺术技巧 $j 教材

51.《解决:成功者最基本的能力》,CIP 标引为:成功心理学—通俗读物。这种标法不合题。该书书名反映主题:“成功者”的最基本能力是什么,是“解决”,就是说,该书主题是解决问题的能力。目录:序章,研究问题;第一章,解决问题的智慧;第二章,发现问题的方法;第三章,问题的形成;第四章,分析原因的方法;第五章,总结对策的方法;第六章,解决问题的训练。该书应标引为:

手检标题:分析问题和解决问题的能力

机检标题:6060# $a 分析问题和解决问题的能力

52.《情感人间》,CIP 标引为:成功心理学—通俗读物。书名反映主题,是讲情感的,应标引为:

手检标题:情感—通俗读物

机检标题:6060# $a 情感 $j 通俗读物

53.《红与绿——第四代人对世纪中国的新诠释》,CIP 标引为:发展战略—研究—中国。第四代人指作者本人(徐彦文),出生于 20 世纪 60 年代。对世纪中国的新诠释即作者对 20 世纪中国的看法。该书应标引为:

手检标题:中国历史:现代史—史评

机检标题:6060# $a 中国历史 $x 现代史 $x 史评

54.《天国在你心中》(人文译丛),(俄)列夫·托尔斯泰著,CIP 标引为:社会科学—文集。该书是讲基督教用语“天国”的,应标引为:

手检标题:天国—文集

机检标题:6060# $a 天国 $j 文集

55.《布克狗》,CIP 标引为:故事—中国—当代 。该书作者是杰克·伦敦(Jack London, 1876 – 1916),生于美国旧金山。中文版为张晓清编译,对书中的狗加了点解释,作品是美国的,不是中国的。该书应标引为:

手检标题:故事—美国—近现代

机检标题:6060# $a 故事 $y 美国 $z 近现代

56.《育儿很简单》,CIP 标引为:生活—基本知识。书名反映主题,应标引这个主题。

手检标题:婴幼儿—哺育

机检标题:6060# $a 婴幼儿 $x 哺育

57.《活着,因你而美丽——著名烧伤外科专家盛志勇院士传》《解译院士伉俪的人生密码——著名院士伉俪周廷冲、黄翠芬的故事》《蚊虫王国的探索者——医学昆虫学家陆宝麟传》《生命的鞠躬——著名神经生物学家鞠躬院士传》《热血流向——著名生理学家朱壬葆院士传》《一个院士的成功之路——著名动物病毒学家殷震院士传》,这6本书都属于戎装院士传记丛书,CIP 都标引为:传记文学—中国—当代。这6本书都是传记书,应按传记标引。例如第一本应标引为:

手检标题:军事医学—院士—列传—中国—现代

机检标题:600#0 $a 军事医学 $x 院士 $x 列传 $y 中国 $z 现代

58.《城市公园》,(西)切沃(Cerver. F. A.)编著,CIP 标引为:建筑设计,TU2。全书精选了世界上 26 个城市公园的设计实例。根据《对应表》(二版),该书应标引为:

手检标题:城市公园—园林设计—世界—图集

机检标题:6060# $a 城市公园 $x 园林设计 $y 世界 $j 图集

59.《逍遥避暑》,CIP 标引为:岛—旅游指南—中国。该书没有讲"岛",讲的是山山水水、森林公园游玩、避暑。该书应标引为:

手检标题:①山区—旅游指南—中国,②水(地理)—旅游指南—中国,③森林公园—旅游指南—中国

机检标题:6060# $a 山区 $x 旅游指南 $y 中国

6060# $a 水(地理) $x 旅游指南 $y 中国

6060# $a 森林公园 $x 旅游指南 $y 中国

60.《美国〈化学文摘〉查阅法》,CIP 标引为:化学—情报检索—美国。该书旨在介绍美国《化学文摘》印刷版及光盘版的一些使用方法及有关技巧,如内容安排、著录格式、索引使用等方面知识。该书应

标引为：

手检标题：化学—检索刊物—使用方法—美国

机检标题：6060# $a 化学 $x 检索刊物 $x 使用方法 $y 美国

61.《中国古典名著鉴赏·古文》，CIP 标引为：中国—历史—文学。该书节选古典散文 57 篇，上起先秦，下迄清末，该书应标引为：

手检标题：古典散文—文学欣赏—中国

机检标题：6060# $a 古典散文 $x 文学欣赏 $y 中国

62.《从"童怀周"到审江青》，CIP 标引为：中国—现代史—史料。党的十一届三中全会上，童怀周当选为中纪委委员，后任审理林彪、江青反革命集团案件办公室副主任兼审讯组长。该书内容是这段时期的工作经过。该书应标引为：

手检标题：①文化大革命—史料，②王、张、江、姚反党集团—史料

机检标题：6060# $a 文化大革命 $j 史料

6060# $a 王、张、江、姚反党集团 $j 史料

63.《新能源发电技术》，CIP 标引为：发电—新技术。书的主题是新能源发电。从目录上看，新能源是指太阳能、风能、生物能、地热能、潮汐能等。该书可在做整体标引的同时适当地做分析标引。

手检标题：①新能源—发电—高技术，②太阳能发电—高技术，③风力发电—高技术

机检标题：6060# $a 新能源 $x 发电 $x 高技术

6060# $a 太阳能发电 $x 高技术

6060# $a 风力发电 $x 高技术

64.《经济景气分析方法》（2011 年出版），CIP 标引为：经济周期分析—方法。该书核心的东西是经济景气，客观标法：

手检标题：经济景气—经济分析—经济方法

机检标题：6060# $a 经济景气 $x 经济分析 $x 经济方法

65.《大陆法与英美法的区别》（2009 年 10 月出版），CIP 标引为：法律体系—比较法学。《英美法系及其对中国的影响》（2009 年 10 月出版），CIP 标引为：世界—法律体系—影响—中国—学术会议—文集。

《大陆法系及其对中国的影响》(2010 年 6 月出版),CIP 标引为:法律体系—研究—世界。这 3 本书标法是不客观的。《对应表》(二版)上有"大陆法系"与"英美法系"叙词。应用该叙词客观标引 3 本书内容主题。

第一本手检标题:大陆法系—对比研究—英美法系

机检标题:6060# $a 大陆法系 $x 对比研究 $x 英美法系

第二本手检标题:英美法系—影响—法制—建设—中国

机检标题:6060# $a 英美法系 $x 影响 $x 法制 $x 建设 $y 中国

第三本手检标题:大陆法系—影响—法制—建设—中国

机检标题:6060# $a 大陆法系 $x 影响 $x 法制 $x 建设 $y 中国

66.《动物农庄》,(英)乔治·奥威尔著,CIP 标引为:童话—英国—现代。《辞海》:奥威尔(George Orwell,1903 – 1950),英国作家。主要作品有长篇小说《巴黎伦敦落魄记》《通向维根·皮埃尔的道路》和《动物农庄》等。该书应标引为:

手检标题:长篇小说—英国—现代

机检标题:6060# $a 长篇小说 $y 英国 $z 现代

67.《恶魔的约会》,CIP 标引为:童话—作品集—中国,I287.7。编译者序:收在这本集子里的是从 19 世纪末到 20 世纪初的一些英美作家写的短篇鬼怪小说。应标引为:

手检标题:①短篇小说—小说集—国外—近现代,②志怪小说—小说集—国外—近现代

机检标题:6060# $a 短篇小说 $x 小说集 $x 国外 $z 近现代

6060# $a 志怪小说 $x 小说集 $x 国外 $z 近现代

68.《畅销书》,(美)奥利维亚·戈德史密斯著,韩卉译,CIP 标引为:畅销书—创作。内容简介:写作的艰辛,竞争的激烈,主人公之间的爱恨纠葛,本书将此描述得淋漓尽致。这部故事情节跌宕起伏的小说将你带入小说家的生活中。该书应标引为:

手检标题:长篇小说—美国—现代

机检标题:6060# $a 长篇小说 $y 美国 $z 现代

69.《鲁迅小说里的人物》,CIP 标引为:散文集—作品集—中国—现代。该书应标引为:

手检标题:鲁迅小说—小说研究: 人物研究

机检标题:6060# $a 鲁迅小说 $x 小说研究 $x 人物研究

70.《中国商务调查报告》, CIP 标引为:刑事侦查,私人—调查报告—中国。书名反映主题,应标引为:

手检标题:商务—调查报告—中国

机检标题:6060# $a 商务 $x 调查报告 $y 中国

71.《建筑师看奥林匹克》,CIP 标引为:城市规划—建筑设计—研究。该书应按书名反映的内容主题标引。

手检标题:奥运会—体育建筑—建筑设计—研究

机检标题:6060# $a 奥运会 $x 体育建筑 $x 建筑设计 $x 研究

72.《半导体辐射探测器》,CIP 标引为:半导体辐射热计。该书是讲探测器,不是热计。根据书的内容主题,应标引为:

手检标题:①半导体物理,②半导体—辐射探测器

机检标题:6060# $a 半导体物理

6060# $a 半导体 $x 辐射探测器

73.《中国弱势群体》,CIP 标引为:边缘群体—研究—中国。《对应表》(二版)上边缘群体分类号为 Q347(群体遗传学),本书内容主题不是这个概念。作者说:“弱势群体是谁? 最简单和最通俗回答,就是‘穷人!’‘具体分类有农民、农民工、城镇失业和下岗者、老弱病残和其他直至乞丐或流氓者’……期望社会有识之士更加关注弱势群体的命运和前途!”该书概括地标引:

手检标题:①就业问题—研究—中国,②农民问题—研究—中国,③贫困问题—研究—中国

机检标题:6060# $a 就业问题 $x 研究 $y 中国

6060# $a 农民问题 $x 研究 $y 中国

6060# $a 贫困问题 $x 研究 $y 中国

74.《激情万丈》,CIP 标引为:长篇小说—中国—当代。该书是1983 年出生的作家春树的诗歌集。

手检标题:新诗—诗集—中国—当代

机检标题:6060# $a 新诗 $x 诗集 $y 中国 $z 当代

75.《家用电子产品维修工·第四册(高级技能)》,CIP 标引为:日用电气器具—维修—技术培训—教材。《家用电子产品维修工·第二册(初级技能)》,CIP 标引为:日用电气器具—维修—技术培训—教材。这两本书所讲的内容在《对应表》上不属于日用电气器具范围,应根据书的内容标引。例如前本应标引为:

手检标题:①电子信息产品—维修—技术培训—教材,②录像机—维修—技术培训—教材,③激光放像机—维修—技术培训—教材,④大屏幕电视机:彩色电视机—维修—技术培训—教材

机检标题:6060# $a 电子信息产品 $x 维修 $x 技术培训 $j 教材
6060# $a 录像机 $x 维修 $x 技术培训 $j 教材
6060# $a 激光放像机 $x 维修 $x 技术培训 $j 教材
6060# $a 大屏幕电视机 $x 彩色电视机 $x 维修 $x 技术培训 $j 教材

76.《远大前程》《鲁滨逊漂流记》《傲慢与偏见》《呼啸山庄》和《德伯家的苔丝》,CIP 都标引为:英语—语言读物,小说。5 本书全是英语原文长篇小说,不是英语语言读物,五本书都应标引为:

手检标题:长篇小说—英国—近代—英文

机检标题:6060# $a 长篇小说 $y 英国 $z 近代 $j 英文

77.《中国领导思想史》,CIP 标引为:政治—谋略—中国—古代。全书共五篇:一、中国领导思想史基本问题;二、先秦时期的领导思想;三、封建社会发展、兴盛、衰落时期的领导思想;四、近代半殖民地、半封建社会的领导思想;五、中国共产党人的领导思想。该书应标引为:

手检标题:领导思想—思想史—中国

机检标题:6060# $a 领导思想 $x 思想史 $y 中国

78.《爱犬的天堂》,CIP 标引为:散文—作品集—中国—当代。散文作者有美国人、日本人、俄国人、中国人等,该书应标引为:

手检标题:散文集—世界—当代

机检标题:6060# $a 散文集 $y 世界 $z 当代

79.《中国民俗文化——寺庙》,CIP 标引为:风俗习惯—中国。前言中有两句话:“寺庙作为佛教信徒活动的中心……寺庙就成为一道亮丽的文化景观。”该书应标引为:

手检标题:佛教—寺庙—宗教文化—中国

机检标题:6060# $a 佛教 $x 寺庙 $x 宗教文化 $y 中国

80.《越轨社会学概论》(新纪元高等政法院校系列教材), CIP 标引为:社会性异常—教材。本书内容主题是“越轨社会学”,应标引为:

手检标题:越轨社会学—概论—高等学校—教材

机检标题:6060# $a 越轨社会学 $x 概论 $x 高等学校 $j 教材

81.《欧洲思想库及其对华研究》,CIP 标引为:①政治—中国—研究,②经济—问题—中国—研究 。《辞海》:思想库,又称智囊团。通常指为国家领导人或主要政治家出谋献策的学者专家团体。该书应标引为:

手检标题:①思想库—研究—欧洲,②思想库—对华政策—研究—欧洲

机检标题:6060# $a 思想库 $x 研究 $y 欧洲

6060# $a 思想库 $x 对华政策 $x 研究 $y 欧洲

82.《谁能阻止小行星撞击地球》,CIP 标引为:科学幻想小说—中国—当代。本书不是小说,是实实在在的天体知识。如书上语:本书以极其严谨的科学态度和一丝不苟的精神,力求对目前人们普遍关注的“小行星会不会撞击地球”、“人类能不能阻止小行星撞击地球”等热门话题,作出客观、科学的回答。应标引为:

手检标题:小行星—撞击—地球—问题

机检标题:6060# $a 小行星 $x 撞击 $x 地球 $x 问题

83.《黄侃小学述评》,CIP 标引为:小学—教育研究。该书“小学”不是现代的对学龄儿童实施初等教育的小学,而是古代的文字学、音韵学、训诂学的小学。应标引为:

手检标题:①古汉语—文字学—研究,②古汉语—训诂—研究,③古汉语—音韵学—研究

机检标题:6060# $a 古汉语 $x 文字学 $x 研究

6060# $a 古汉语 $x 训诂 $x 研究

6060# $a 古汉语 $x 音韵学 $x 研究

84.《一本书和一个世界》(翻译家笔谈世界文学名著“到中国”),CIP 标引为:散文—作品集—中国—当代。该书是 68 位翻译家笔谈集,如“杨绛的我与《吉尔·布拉斯》”,“梅益的《钢铁是怎样炼成的》翻译前后”等,应从内容方面进行标引。

手检标题:外国文学—文学翻译—翻译理论—文集

机检标题:6060# $a 外国文学 $x 文学翻译 $x 翻译理论 $j 文集

85.《寒山寺》,CIP 标引为:古典园林—简介—苏州市。《辞海》上说,“寒山寺”是中国佛教寺院,该书应标引为:

手检标题:①佛教—寺院—介绍—江苏—苏州,②寒山寺

机检标题:6060# $a 佛教 $x 寺院 $x 介绍 $y 江苏 $y 苏州

6100# $a 寒山寺

86.《中国煤炭工业可持续发展的新型工业化之路——高效、安全、洁净、结构优化》,CIP 标引为:矿业—工业经济—可持续发展—中国—学术会议—文集。该书是讲煤炭工业,不是讲矿业。应标引为:

手检标题:煤炭工业—重工业经济—可持续性发展—中国—学术会议—文集

机检标题:6060# $a 煤炭工业 $x 重工业经济 $x 可持续性发展 $y 中国 $x 学术会议 $j 文集

87.《数学基础》(世纪成人高等教育精品教材),CIP 标引为:经济数学—应用—成人教育:高等教育—教材。该书内容不是经济数学,是高等数学。应标引为:

手检标题:高等数学—数学基础—成人高等教育—教材

机检标题:6060# $a 高等数学 $x 数学基础 $x 成人高等教育 $j 教材

88.《幸福就像玩拼图》,CIP 标引为:人生观—通俗读物。该书应按书名反映的主题标引。

手检标题:幸福—通俗读物

机检标题:6060# $a 幸福 $j 通俗读物

89.《卡耐基给青少年的 11 条处世技巧》,CIP 标引为:人生哲学—青少年读物。人生哲学是讲人生观,探讨人生的目的、价值、理想、意义等。该书没有讲这方面内容主题,讲的是处世技巧,正如前言所指出:“卡耐基总结了他与别人交往的经验,给我们以及后人留下了宝贵的处世艺术,为我们展现了一幅美丽而神奇的人际关系图景。”该书应用“人际关系学”当主标题标引。

手检标题:人际关系学—青年读物

机检标题:6060# $a 人际关系学 $j 青年读物

90.《脉动气流分选》(2009 年 1 月出版),CIP 标引为:分离—化工过程。该书是系统介绍脉动气流分选的专著,讨论了脉动气流分选原理等方面,可以作为矿物加工工程、资源循环利用领域科技人员的学习参考用书。《对应表》(二版)上有“分选原理”叙词,且是“选矿理论”的下位词。该书客观标法:

手检标题:脉动—气流(气象)—分选原理

机检标题:6060# $a 脉动 $x 气流(气象) $x 分选原理

91.《优秀文秘的 1000 个细节》,CIP 标引为:企业领导学。该书主题是秘书工作态度问题,应标引为:

手检标题:文书工作—劳动态度

机检标题:6060# $a 文书工作 $x 劳动态度

92.《网络综合布线实用技术》,CIP 标引为:计算机网络—布线—技术—高等学校:技术学校—教材。内容简介:本书介绍了智能建筑的概念、组成,综合布线以及必要基础知识和相关的内容。应标引为:

手检标题:智能化建筑—网络综合—布线—高等学校:技术学校—教材

机检标题:6060# $a 智能化建筑 $x 网络综合 $x 布线 $x 高等学校 $x 技术学校 $j 教材

93.《智慧人生》,CIP 标引为:成功心理学—通俗读物。该书应按书名反映的主题标引:

手检标题:智慧—人生哲学—通俗读物

机检标题:6060# $a 智慧 $x 人生哲学 $j 通俗读物

94.《自信第一》,CIP 标引为:成功心理学—通俗读物。书上语:"自信是人生第一重要素质",应选用"自信心"标引该书主题。

手检标题:自信心—通俗读物

机检标题:6060# $a 自信心 $j 通俗读物

95.《知识与确证:当代知识论引论》,CIP 标引为:认识论—研究。1983 年商务印务馆出版过一本《知识论》,主要论述作者金岳霖对认识论的看法。知识论与认识论英文词语是相同的,都是 epistemology 或 theory of knowledge。但就本书而言,恰是讲知识,引言中有句话:知识论,简言之是有关知识的理论,即对什么是知识作出分析与说明。该书应标引为:

手检标题:知识论—研究

机检标题:6060# $a 知识论 $x 研究

96.《弗雷德里克·詹姆森》(走近大思想家丛书),CIP 标引为:W. 詹姆森(1942 - 1910)—哲学思想。该书不是 CIP 标引的 W. 詹姆森这位人物,而是《对应表》(二版)上无名的 F. 詹姆森,应标引为:

手检标题:哲学—美国—现代

机检标题:6060# $a 哲学 $y 美国 $z 现代

97.《退休精神:创建不断成长的有意义的个人生活》(2010 年出版),CIP 标引为:退休—研究。该书主题不是退休研究,而是如书名所反映的内容主题,是退休人员如何过有意义的生活问题。根据《对应表》(二版)收词情况,应标引为:

手检标题:退休—生活—意义—研究

机检标题:6060# $a 退休 $x 生活 $x 意义 $x 研究

98.《在家做沙拉》(2010 出版),CIP 标引为:凉菜—菜谱。沙拉是一种西式菜肴,正确标法应用《对应表》(二版)上“沙拉”作主标题标引。

手检标题:沙拉—基本知识

机检标题:6060# $a 沙拉 $a 基本知识

99.《推拿养生》(2010 年 8 月出版),CIP 标引为:按摩疗法(中医)。该书讲的是养生,通过推拿来养生,应标引为:

手检标题:养生(中医)—推拿

机检标题:6060# $a 养生(中医) $x 推拿

100.《星际探索》(2009 年出版),CIP 标引为:星系—普及读物,该书内容是星际,不是星系,该书应标引为:

手检标题:星际—空间探索—普及读物

机检标题:6060#a 星际 $x 空间探索 $j 普及读物

101.《新手轻松做西点》(2010 年 1 月出版),CIP 标引为:糕点—制作—西方国家。该书讲的是西点,不是一般糕点。客观标法:

手检标题:西点—糕点加工

机检标题:6060# $a 西点 $x 糕点加工

102.《火锅调味料》(2010 年 9 月出版),CIP 标引为:调味品—基本知识。书名反映内容主题,《对应表》(二版)上有“火锅菜”、“调味料”叙词,客观标法应用这两个叙词组配表达该书主题。

手检标题:火锅菜—调味料

机检标题:6060# $a 火锅菜 $x 调味料

103.《翡翠选购》(2010 年 11 月出版),CIP 标引为:玉石—选购。该书讲的是翡翠,客观标法:

手检标题:翡翠—选购

机检标题:6060# $a 翡翠 $x 选购

104.《海盗在前,家在后:一位远洋船长的日记》(2010 年出版),

CIP 标引为:游记—作品集—中国—当代。该书应按书名反映的主题“远洋船长的日记”标引,应标引为:

手检标题:日记—作品集—中国—当代

机检标题:6060# $a 日记 $x 作品集 $y 中国 $z 当代

105.《自然辩证法名词》,CIP 标引为:自然—名词。该书正确标法应按书名反映的主题标引。

手检标题:自然辩证法—科学名词—公布—中国—2003

机检标题:6060# $a 自然辩证法 $x 科学名词 $x 公布 $y 中国 $z2003

106.《坐设计:椅子创意世界》(2011 年 6 月出版),CIP 标引为:艺术—设计。该书讲的是靠背坐具,100 多张椅子,客观标法:

手检标题:椅—工艺设计

机检标题:6060# $a 椅 $x 工艺设计

107.《破禅的智慧》,CIP 标引为:佛教—研究。该书是讲“破禅”的,应标引为:

手检标题:禅宗—研究

机检标题:6060# $a 禅宗 $x 研究

108.《向西点军校学执行力:打造优秀员工的 22 条军规》(2010 年 9 月出版),CIP 标引为:成功心理学—通俗读物。该书客观标法:

手检标题:①陆军院校—军事人才—人才培养—条例—美国,②陆军院校—军事人才—人才培养—经验—美国

机检标题:60102 $a 西点军校 $x 军事人才 $x 人才培养 $x 条例 $y 美国

60102 $a 西点军校 $x 军事人才 $x 人才培养 $x 经验 $y 美国

109.《宏观经济学原理》(工商管理系列教材),CIP 标引为:宏观经济—经济管理—中国。该书是讲宏观经济学,应标引为:

手检标题:宏观经济学—高等学校—教材

机检标题:6060# $a 宏观经济学 $x 高等学校 $j 教材

110.《建筑防水工程施工手册》,CIP标引为:混凝土施工—技术手册。该书应按书名反映的主题标引,应标引为:

手检标题:①建筑防水—工程施工—技术手册,②建筑防水—混凝土施工—技术手册

机检标题:6060# $a建筑防水 $x工程施工 $j技术手册

6060# $a建筑防水 $x混凝土施工 $j技术手册

111.《商业布局与商店设计》,CIP标引为:商业经营—基本知识。评论家说:由三位商业专家编写的《商业布局与商店设计》一书是"中国第一部城市商业规划的专著"。该书客观标法:

手检标题:①城市商业—规划布局,②商店—建筑设计

机检标题:6060# $a城市商业 $x规划布局

6060# $a商店 $x建筑设计

112.《城市遥感》(2009年11月出版),CIP标引为:城市环境—环境遥感。该书前言说:"城市遥感是遥感技术在城市建设各领域中的具体应用。"该书应标引为:

手检标题:遥感技术—应用—城市建设

机检标题:6060# $a遥感技术 $x应用 $x城市建设

113.《管人三道》,CIP标引为:领导学。该书是为老板写的。书上有句话:"要想当好老板,就必须懂得管理下属之道:用情感打动他人,用利益激励人,用事业成就人。"该书应标引为:

手检标题:企业管理:人事管理

机检标题:6060# $a企业管理 $x人事管理

114.《淤地坝设计》(淤地坝系列丛书),CIP标引为:坝地—设计。内容提要:淤地坝是黄土高原治理水土流失的重要工程措施。本书阐述了各类淤地坝的设计方法,特别是对常见的碾压坝,水坠坝等作了重要介绍。该书应标引为:

手检标题:①黄土高原—坝—技术设计,②黄土高原—水坠坝—技术设计,③黄土高原—碾压土坝—技术设计

机检标题:607## $a黄土高原 $x坝 $x技术设计

607## $a 黄土高原 $x 水坠坝 $x 技术设计

607## $a 黄土高原 $x 碾压土坝 $x 技术设计

115.《经济全球化进程中的中国经济与金融发展》,CIP 标引为:①经济发展—研究—中国,②金融体制—经济体制改革—研究—中国。这种标法不客观。目录:第 1 章,经济全球化,历史发展进程中的必然趋势;第 2 章,经济全球化的历史演进;第 3 章,经济全球化与国际贸易;第 4 章,经济全球化与国际投资;第 5 章,经济全球化与国际金融;第 6 章,经济全球化与世界经济发展;第 7 章,经济全球化与中国经济增长的新阶段等。该书应标引为:

手检标题:①经济全球化—理论研究,②经济全球化—关系—世界经济,③经济全球化—关系—中国经济—经济发展

机检标题:6060# $a 经济全球化 $x 理论研究

6060# $a 经济全球化 $x 关系 $x 世界经济

6060# $a 经济全球化 $x 关系 $x 中国经济 $x 经济发展

116.《 中国气质》,CIP 标引为:民族性—研究—中国。这种标法不客观,应按书名反映的主题标引。

手检标题:中华民族—气质—研究

机检标题:6060# $a 中华民族 $x 气质 $x 研究

117.《宇宙史话:从开天辟地到宇宙大爆炸》(2010 年 11 月出版),CIP 标引为:宇宙学—高等学校—教材。这种标法不能正确地表达主题。

手检标题:①古宇宙学—高等学校—教材,②“大爆炸”宇宙学—高等学校—教材

机检标题:6060# $a 古宇宙学 $x 高等学校 $j 教材

6060# $a“大爆炸”宇宙学 $x 高等学校 $j 教材

118.《有机化工原料》(化工产品手册),CIP 标引为:有机化学—原料。该书是《化工产品手册》的 1 个分册,全书计划出版 13 个分册,属于多卷书,要按多卷书要求进行正确标引。“多卷书一般应以全书

的内容进行集中标引；当其分卷册具有独立的研究对象时，须同时进行下一层的分析标引”（见《文献标引工作》P207）。该书应标引为：

手检标题：①化工产品—手册，②有机化工—原料—手册

机检标题：6060# $a 化工产品 $j 手册

6060# $a 有机化工 $x 原料 $j 手册

119.《海洋奉献宝贵资源》，CIP 标引为：海洋—景观—普及读物。主题错了。该书是讲“海洋资源”的，应标引“海洋资源”。

手检标题：海洋资源—普及读物

机检标题：6060# $a 海洋资源 $j 普及读物

120.《海洋蓝色生命摇篮》，CIP 标引为：海洋—景观—普及读物。主题错了。该书是讲“海洋生物”的，应标引“海洋生物”。

手检标题：海洋生物—普及读物

机检标题：6060# $a 海洋生物 $j 普及读物

121.《人类思想的主要观点——形成世界的观念（上中下）》，（英）肯尼恩·麦克什主编，CIP 标引为：概念—词典。内容简介：“本书几乎涵盖人类文明的所有领域——历史、政治、经济、科学、宗教、哲学、社会及文学艺术，各种思想穿越人类发展的历史进程，是一本具有重要价值的工具书。”全书共有 2500 个词条，客观标法：

手检标题：百科词典—英国—现代

机检标题：6060# $a 百科词典 $y 英国 $z 现代

122.《成瘾：21 世纪的流行病》，CIP 标引为：①毒理学—研究，②病态生理学—研究。全书共七章：1. 成瘾广角镜；2. 药瘾聚焦；3. 酒瘾透视；4. 烟瘾解析；5. 冲动控制障碍掠影（赌博、偷窃、纵火等）；6. 性恋杂谈；7. 过度沉溺症搜索（电子游戏瘾与网络瘾、电视迷、异食癖等）。该书正确标法：

手检标题：社会病态—研究—世界—21 世纪

机检标题：6060# $a 社会病态 $x 研究 $y 世界 $z21 世纪

123.《苏州古居民》，CIP 标引为：民居—简介—苏州市。这种标法（苏州民居简介）与苏州古民居不吻合。前言指出：从苏州市区 200

余处保护性古建筑中，选择了明清时代有代表性的20处民居宅第进行测绘，以弘扬苏州古民居建筑艺术。该书正确标法：

手检标题：古建筑—民居—介绍—江苏—苏州—明清时代

机检标题：6060# $a 古建筑 $x 民居 $x 介绍 $y 江苏 $y 苏州 $z 明清时代

124.《小儿推拿图解》(家庭自我保健治疗丛书)，CIP 标引为：保健—按摩疗法(中医)—图解。该书正确标法：

手检标题：小儿疾病—推拿—图解

机检标题：6060# $a 小儿疾病 $x 推拿 $j 图解

125.《妇科病按摩治疗图解》(家庭自我保健治疗丛书)，CIP 标引为：保健—按摩疗法(中医)—图解。该书正确标法：

手检标题：妇科病—按摩疗法(中医)—图解

机检标题：6060# $a 妇科病 $x 按摩疗法(中医) $j 图解

126.《真善美的哲学与教育》，CIP 标引为：①伦理美学—研究，②品德教育—研究—中国。该书书名反映主题，正确标引：

手检标题：①真善美—哲学，②真善美—美学教育

机检标题：6060# $a 真善美 $x 哲学

6060# $a 真善美 $x 美学教育

127.《虚拟仪器技术规范与系统集成》，CIP 标引为：软件工具—高等学校—教材。该书书名反映主题，应标引为：

手检标题：①虚拟仪表—技术规范—高等学校—教材，②虚拟仪表—系统集成技术—高等学校—教材

机检标题：6060# $a 虚拟仪表 $x 技术规范 $x 高等学校 $j 教材

6060# $a 虚拟仪表 $x 系统集成技术 $x 高等学校 $j 教材

128.《全球急需保护的200个地方》(2010年9月出版)，(意)佐丹奴等著，李平译，CIP 标引为：自然地理—世界—普及读物。这种标引不正确，应标引为：

手检标题：①自然资源保护—世界—普及读物，②生物资源保

护—世界—普及读物

机检标题:6060# $a 自然资源保护 $y 世界 $j 普及读物

6060# $a 生物资源保护 $y 世界 $j 普及读物

129.《营销管理 = Marketing Management:第三版:英文》(2009 年 9 月出版),CIP 标引为:市场营销学—英文。该书为高校教材,讲的是营销管理,客观标法:

手检标题:营销管理—高等学校—教材—英文

机检标题:6060# $a 营销管理 $x 高等学校 $j 教材 $j 英文

130.《声律启蒙 · 笠翁对韵》(2010 年 5 月出版),邓启铜注释,CIP 标引为:汉语拼音—儿童读物。内容简介说:"从古至今,《声律启蒙》和《笠翁对韵》都是训练儿童作诗对句、掌握声韵格律的最佳启蒙读物。"该书客观标法:

手检标题:①诗词格律—儿童读物,②《声律启蒙》—儿童读物,③《笠翁对韵》—儿童读物

机检标题:6060# $a 诗词格律 $j 儿童读物

605## $a《声律启蒙》$j 儿童读物

605## $a《笠翁对韵》$j 儿童读物

131.《全球化与反全球化运动新探》(2010 年 12 月出版),CIP 标引为:国际化—研究。目录:第 1 章,全球化与反全球化定义研究;第 2 章,反全球化运动的分析框架;第 3 章,反全球化——反对主要国际组织;第 4 章,反全球化——反对跨国公司;第 5 章,反全球化——反对美国霸权;第 6 章,反全球化——反对资本主义。该书客观标法:

手检标题:全球化—探讨

机检标题:6060# $a 全球化 $x 探讨

132.《现代新儒学教育流派研究》(2009 年 12 月出版),CIP 标引为:①教育史—中国—近代,②教育史—中国—现代。《对应表》(二版)上有"新儒学"、"新儒家"叙词,该书客观标法:

手检标题:①新儒学—流派—教育研究—中国,②新儒家—教育学派—教育研究—中国

机检标题:6060# $a 新儒学 $x 流派 $x 教育研究 $y 中国

6060# $a 新儒家 $x 教育学派 $x 教育研究 $y 中国

133.《教学模式:第七版》(2009 年 1 月出版),(美)乔伊斯(joyce,B.)等著,荆建华等译,CIP 标引为:教学研究。《对应表》(二版)上有教学模式叙词,该书客观标法:

手检标题:教学模式—教学研究

机检标题:6060# $a 教学模式 $x 教学研究

134.《网络教学设计与评价》(新世纪高等学校教材,2010 年 7 月出版),CIP 标引为:计算机网络—应用—计算机辅助教学,G434。G434 对应的词中有“网络教学”,该书客观标法:

手检标题:①网络教学—教学设计:网络设计—高等学校—教材,

②网络教学—教学评估—高等学校—教材

机检标题:6060# $a 网络教学 $x 教学设计 $x 网络设计 $x 高等学校 $j 教材

6060# $a 网络教学 $x 教学评估 $x 高等学校 $j 教材

135.《多媒体课件制作技术》(2008 年 5 月出版),CIP 标引为:多媒体—计算机辅助教学—高等学校—教材,G434。G434 对应的词中有“多媒体课件”,《对应表》(二版)上“制作技术Y 制作”,该书客观标法应用“多媒体课件”与“制作”进行组配标引。

手检标题:多媒体课件—制作—高等学校—教材

机检标题:6060# $a 多媒体课件 $x 制作 $x 高等学校 $j 教材

136.《幼儿园综合艺术教育探索》(2009 年 6 月出版),CIP 标引为:幼儿—教学研究—学前教育。该书书名反映主题,应用《对应表》(二版)上这方面的专指词,客观地标引书名反映的主题。

手检标题:幼儿园—综合艺术—艺术教育:幼儿教育—教育研究

机检标题:6060# $a 幼儿园 $x 综合艺术 $x 艺术教育 $x 幼儿教育 $x 教育研究

137.《幼儿工作者的视野》(2009 年出版),CIP 标引为:学前教育—研究。该书客观标法:

手检标题:幼教人员—幼儿教育—教育研究

机检标题:6060# $a 幼教人员 $x 幼儿教育 $x 教育研究

138.《人文素质教育读本》(高等职业教育课程改革示范教材,2009 年 9 月出版),CIP 标引为:人文科学—高等学校:技术学校—教材。《对应表》(二版)上有"人文素质教育"叙词,该书客观标法:

手检标题:人文素质教育—高等学校:技术学校—教材

机检标题:6060# $a 人文素质教育 $x 高等学校 $x 技术学校 $j 教材

139.《手势》(2010 年 4 月出版),(英)莫里斯(Morris,D.)著,陈今夫译,CIP 标引为:身势语—研究。该书不是讲身势语,是讲手势语。应用《对应表》(二版)上"手势语"当主标题,进行客观标引。

手检标题:手势语—研究

机检标题:6060# $a 手势语 $x 研究

140.《经济转型中的政府职能转变》(2011 年 4 月出版),CIP 标引为:国家机构—行政管理—政治体制改革—研究—中国。该书书名反映内容主题,内部章节也是这个主题。共七章:第一章,导论;第二章,政府职能理论综述;第三章,政府职能的国际比较与启示;第四章,我国政府在经济发展中的作用:回顾与反思;第五章,新时期深化政府职能转变的理论思考和路径探析;第六章,实例剖析:经济转型以来长三角与珠三角的地方政府职能与经济社会发展;第七章,研究结论及进一步的研究。该书客观标法应用《对应表》(二版)上"政府职能"、"职能转变"等叙词组配标引。

手检标题:政府职能—职能转变—研究—中国

机检标题:6060# $a 政府职能 $x 职能转变 $x 研究 $y 中国

141.《现代语言标点符号数字用法规范手册》(2011 年 3 月出版),CIP 标引为:汉语规范化—手册。该书应按书名反映的内容主题标引,客观标法:

手检标题:①汉语规范化—标点符号—使用方法—手册,②汉语规范化—数字—使用方法—手册

机检标题:6060# $a 汉语规范化 $x 标点符号 $x 使用方法 $j 手册

6060# $a 汉语规范化 $x 数字 $x 使用方法 $j 手册

142.《潜江民间乡言土语》(2008 年 8 月出版),CIP 标引为:文集—研究—当代—中国。书名反映主题,该书客观标法:

手检标题:汉语方言—湖北—潜江—汇编

机检标题:6060# $a 汉语方言 $y 湖北 $y 潜江 $j 汇编

143.《网络教育学生学习导论》(2010 年 2 月出版),CIP 标引为:计算机网络—应用—教育。该书是“网络教育”的主题,客观标法:

手检标题:网络教育—学习参考资料

机检标题:6060# $a 网络教育 $j 学习参考资料

144.《实用鞋垫图案》(2010 年 11 月出版),CIP 标引为:图案—中国—图集。该书应标出核心内容或主标题或主语“鞋垫”,客观标法:

手检标题:鞋垫—图案—中国—图集

机检标题:6060# $a 鞋垫 $x 图案 $y 中国 $j 图集

145.《儿童问题行为实例解析与对策集》(2010 年 1 月出版),(日)田中康雄著,陈涵石译,CIP 标引为:儿童—不良行为—研究。本书是以儿童发育障碍中的自闭症、ADHD 等为代表的“轻度发育障碍”为焦点进行讨论研究的。客观标法:

手检标题:问题儿童—行为分析—行为疗法—研究

机检标题:6060# $a 问题儿童 $x 行为分析 $x 行为疗法 $x 研究

146.《世纪大事——央视向经济学家发问》,CIP 标引为:经济学—文集。这种标法不专指。该书是讲中国经济的。请看目录:1. 恐怖主义、战争、中国经济发展;2. 加快我国农业产业化;3. 全面建设小康社会;4. 外商如何看待我国的投资环境及其投资结构的新变化;5. 加快启动我国民间投资;6. 我国能源问题解析;7. 我国民营企业健康发展更需要调整企业外部环境;8. 别对我国物流业高速发展盲目乐观;9. 我国旅游市场规范与管理;10. 建立我国新型农村合作组

织;11. 加快建设我国的都市经济圈;等等。该书客观标法:

手检标题:中国经济—经济发展—文集

机检标题:6060# $a 中国经济 $x 经济发展 $j 文集

147.《关键点控制——实现最佳成效的管理方式》,CIP 标引为:管理学。卷首语:“本书的目的是通过引用大量的案例来分析企业管理中的关键点……”该书客观标法:

手检标题:①企业管理—经济效果,②企业管理—管理方法

机检标题:6060# $a 企业管理 $x 经济效果

6060# $a 企业管理 $x 管理方法

148.《战略管理十大误区》,CIP 标引为:企业管理—投资—案例—分析。该书没有讲“投资”,讲的是“战略管理”,专指标引:

手检标题:企业管理: 战略管理—个案研究

机检标题:6060# $a 企业管理 $x 战略管理 $x 个案研究

149.《中国硬笔书法教程:行书草书卷》,CIP 标引为:行草—硬笔字—书法—教材。该书没有讲“行草”,是讲“行书”与“草书”。应按书名反映的主题进行全面标引。三者之间区别如《辞海》上所说:行书是介于草书、正楷之间的一种字体。不像草书那样潦草,也没有正楷那样端正。草法多于楷法的叫“行草”。草书为书写便捷而产生的字体,始于汉初。到了唐代草书写得更加放纵,笔势连绵回绕,字形变化繁多,成为狂草。

手检标题:①硬笔字: 汉字—书法—教材,②行书—硬笔字—书法—教材,③草书—硬笔字—书法—教材

机检标题:6060# $a 硬笔字 $x 汉字 $x 书法 $j 教材

6060# $a 行书 $x 硬笔字 $x 书法 $j 教材

6060# $a 草书 $x 硬笔字 $x 书法 $j 教材

根据《对应表》(二版),该书要标引为(手检从略):

机检标题:6060# $a 汉字 $x 硬笔书法 $j 教材

6060# $a 行书 $x 硬笔书法 $j 教材

6060# $a 草书 $x 硬笔书法 $j 教材

150.《文学作品赏析——中国古典诗歌》,CIP 标引为:中国古典文学—高等学校—教材。词表上没有“中国古典文学”这个词,该书也不是这个主题,应按书名反映的内容主题进行正确标引。

手检标题:古典诗歌—诗歌欣赏—中国—高等学校—教材

机检标题:6060# $a 古典诗歌 $x 诗歌欣赏 $y 中国 $x 高等学校 $j 教材

151.《毛泽东与中国古代诗人》,CIP 标引为:毛泽东诗词研究。词表上没有“毛泽东诗词研究”这个词。更为重要的是标引人员没有理解该书内容主题。该书导言指出:“毛泽东与古代诗人相隔旷世遥远,但从毛泽东与中国古代诗人多方面的密切联系中,我们听到了他与众多古代诗人的心灵对话……这种心灵对话告诉我们,应该怎样阅读、欣赏、评价古代诗人的作品,怎样吸收、借鉴其思想营养和艺术经验。怎样弘扬、发展和运用中国传统诗词艺术。”这就是说,该书是毛主席文艺思想的部分内容,是毛主席对中国古典诗歌的评价与欣赏,以及吸取其精华,为我所用。根据《对应表》(二版),该书标引为:

手检标题:①毛泽东文艺思想—古典诗歌—诗歌评论,②毛主席诗词—诗词研究

机检标题:6060# $a 毛泽东文艺思想 $x 古典诗歌 $x 诗歌评论
6060# $a 毛主席诗词 $x 诗词研究

152.《港币—人民币一体化:意义、条件、前景》,CIP 标引为:货币政策—研究—中国。该书应用“港币”、“人民币”等专指词组配标引,客观地标引主题。

手检标题:港币: 人民币—货币一体化—研究

机检标题:6060# $a 港币 $x 人民币 $x 货币一体化 $x 研究

153.《出版物市场管理概论》(高等学校出版发行学专业核心课教材),CIP 标引为:出版工作—管理—中国—高等学校—教材。该书应用“出版发行”、“市场管理”等专指词参与组配标引,正确表达主题。

手检标题:出版发行—市场管理—概论—高等学校—教材

机检标题:6060# $a 出版发行 $x 市场管理 $x 概论 $x 高等学校 $j 教材

154.《古印度六派哲学经典》,CIP 标引为:哲学—印度—古代。表上有古印度六派哲学方面的专指叙词,且有其上位概念“正统派哲学”。手检标引深度小,应用“正统派(印度哲学)”标引;机检标引深度大,可用古印度六派哲学方面的专指词标引。

手检标题:正统派(印度哲学)—研究

机检标题:6060# $a 胜派 $x 研究

6060# $a 正理派 $x 研究

6060# $a 瑜伽派 $x 研究

6060# $a 吠檀派 $x 研究

6060# $a 弥曼磋派 $x 研究

6060# $a 数论(印度哲学) $x 研究

155.《诚信危机——透视中国一个严重的社会问题》,CIP 标引为:社会问题—研究—中国—现代。《圣贤论诚信》,CIP 标引为:个人—修养—中国—古代。《诚信启示录》(高等学校通识课程系列教材),CIP 标引为:社会—道德教育—高等学校—教材。这里没有抓住“诚信”的研究对象主体因素,根据词表收词情况,这三本书客观标法应选用“诚实与信用”分别当主标题标引。

第一本手检标题:①诚实—社会问题—中国—现代,②信用—社会问题—中国

机检标题:6060# $a 诚实 $x 社会问题 $y 中国 $z 现代

6060# $a 信用 $x 社会问题 $y 中国 $z 现代

第二本手检标题:①诚实—个人品德—道德修养—中国—古代,②个人信用—修养—中国—古代

机检标题:6060# $a 诚实 $x 个人品德 $x 道德修养 $y 中国 $z 古代

6060# $a 个人信用 $x 修养 $y 中国 $z 古代

第三本手检标题:①诚实—通识教育—高等学校—教材,②信用—

通识教育—高等学校—教材

机检标题:6060# $a 诚实 $x 通识教育 $x 高等学校 $j 教材

6060# $a 信用 $x 通识教育 $x 高等学校 $j 教材

156.《中国税制》,CIP 标引为:财政制度—中国。词表上有标引该书内容主题的叙词“税收制度”,客观标法应用这个词当主标题进行标引。

手检标题:税收制度—中国

机检标题:6060# $a 税收制度 $y 中国

157.《机电设备的单片机控制技术》,CIP 标引为:单片微型计算机—自动控制系统。该书书名反映主题,客观标法:

手检标题:机电设备—单片机控制

机检标题:6060# $a 机电设备 $x 单片机控制

158.《施工延误及其损害》,CIP 标引为:对外承包—承包工程—管理。该书应用“工程施工”当主标题。

手检标题:工程施工—延误—施工管理: 计划管理

机检标题:6060# $a 工程施工 $x 延误 $x 施工管理 $x 计划管理

159.《供应链物流管理(英文版·原书第 3 版)》(2009 年 11 月出版),(美)鲍尔索克斯(Bowersox, D. J.)等著,马士华译注,CIP 标引为:物资供应—物资管理—高等学校—教材—英文。该书涵盖了物流\供应链管理方面的发展进程和基本原理等方面内容。《对应表》(二版)上有“物流”叙词,应选用“物流”当主标题。表上“经济管理”为族首词,其下“物资管理”有下位词“供应链管理”,应选该词当副标题标引。该书客观标法:

手检标题:物流—供应链管理

机检标题:6060# $a 物流 $x 供应链管理

160.《时间投资法:让你的年收入增加 10 倍》(2009 年 7 月出版),(日)胜间和代著,聂星超译,CIP 标引为:成功心理学—通俗读物。该书客观标法：

手检标题：①时间—管理，②时间—利用

机检标题：6060# $a 时间 $x 管理

6060# $a 时间 $x 利用

161.《1000个地理常识走遍中国》（2011年4月出版），CIP标引为：旅游指南—中国，K928.9。该书是讲地理常识的，客观标法应按K928.9对应的词串“旅游\地理\中国”标引。

手检标题：旅游—地理—中国

机检标题：6060# $a 旅游 $x 地理 $y 中国

162.《人生何处是前期·二十七星宿看前生》（2009年9月出版），CIP标引为：成功心理学—通俗读物。本书讲的是占星术，应标出这个主题。

手检标题：占星术—通俗读物

机检标题：6060# $a 占星术 $j 通俗读物

163.《怎样作哀挽联》，CIP标引为：对联—创作方法。该书不是讲对联，是讲挽联写作的，客观标法：

手检标题：挽联—文学创作方法

机检标题：6060# $a 挽联 $x 文学创作方法

164.《蓝色星球：海底世界的源起》，CIP标引为：海洋—普及读物。该书讲的是海底，“海底”是主标题，客观标法：

手检标题：海底—普及读物

机检标题：6060# $a 海底 $j 普及读物

165.《雪山下的丑行：西藏暴乱的来龙去脉》（2010年4月出版），CIP标引为：西藏问题—研究。该书客观标法：

手检标题：西藏叛乱(1959)—研究

机检标题：6060# $a 西藏叛乱(1959) $x 研究

166.《社会变迁的法律解释》，CIP标引为：①法制史—中国—研究，②法理学—研究。内容提要：“这是一本从法律视角解释社会变迁的历史社会学（Historical Sociology）著作。”该书客观标法：

手检标题:社会变迁—法律解释—历史社会学

机检标题:6060# $a 社会变迁 $x 法律解释 $x 历史社会学

167.《石炭纪岩相地理》,CIP 标引为:岩相分析—中国—南方地区—石炭纪。应按书名反映的主题标引,该书客观标法应标引“岩相地理”。

手检标题:岩相学: 古地理学—中国—南方地区—石炭纪

或:石炭纪—岩相学: 古地理学—中国—南方地区

机检标题:6060# $a 岩相学 $x 古地理学 $y 中国 $y 南方地区 $z 石炭纪

或:6060# $a 石炭纪 $x 岩相学 $x 古地理学 $y 中国 $y 南方地区

168.《解剖学》(医学硕士研究生入学考试辅导丛书),CIP 标引为:人体解剖学—研究生—入学考试—自学参考资料。全书共两篇:第一篇,系统解剖学;第二篇,局部解剖学。客观标法应用这两个解剖学当主标题。

手检标题:①系统解剖学—研究生教育—入学考试—自学参考资料,②局部解剖学—研究生教育—入学考试—自学参考资料

机检标题:6060# $a 系统解剖学 $x 研究生教育 $x 入学考试 $j 自学参考资料

6060# $a 局部解剖学 $x 研究生教育 $x 入学考试 $j 自学参考资料

169.《数码建筑摄影》(2010 年 6 月出版),CIP 标引为:建筑物—摄影技术—指南。《对应表》(二版)上有“建筑摄影”、“数字照相机”叙词,该书客观标法:

手检标题:建筑摄影—摄影技术—数字照相机

机检标题:6060# $a 建筑摄影 $x 摄影技术 $x 数字照相机

170.《运动医学常见疾病的诊断和关节镜治疗》(2011 年 6 月出版),CIP 标引为:①运动系统疾病—诊断,②关节镜—外科手术。①

的标题是用上位词运动系统疾病当主标题,②的标题是用医疗工具关节镜当主标题的,两个标题都有问题。该书目录:第一章,肩关节常见疾病;第二章,肘关节常见疾病;第三章,腕关节常见疾病;第四章,膝关节常见疾病;第五章,踝关节常见疾病;第六章,髋关节常见疾病。该本书客观标法:

手检标题:运动性疾病: 关节疾病: 常见病—诊疗—关节镜

机检标题:6060# $a 运动性疾病 $x 关节疾病 $x 常见病 $x 诊疗 $x 关节镜

如果要标得细一点,可以标引为:

手检标题:①运动医学—肩关节—关节疾病: 常见病—诊疗—关节镜,②运动医学—肘关节—关节疾病: 常见病—诊疗—关节镜, ③运动医学—腕关节—关节疾病: 常见病—诊疗—关节镜, ④运动医学—膝关节—关节疾病: 常见病—诊疗—关节镜, ⑤运动医学—踝关节—关节疾病: 常见病—诊疗—关节镜, ⑥运动医学—髋关节—关节疾病: 常见病—诊疗—关节镜

机检标题:6060# $a 运动医学 $x 肩关节 $x 关节疾病 $x 常见病 $x 诊疗 $x 关节镜

6060# $a 运动医学 $x 肘关节 $x 关节疾病 $x 常见病 $x 诊疗 $x 关节镜

6060# $a 运动医学 $x 腕关节 $x 关节疾病 $x 常见病 $x 诊疗 $x 关节镜

6060# $a 运动医学 $x 膝关节 $x 关节疾病 $x 常见病 $x 诊疗 $x 关节镜

6060# $a 运动医学 $x 踝关节 $x 关节疾病 $x 常见病 $x 诊疗 $x 关节镜

6060# $a 运动医学 $x 髋关节 $x 关节疾病 $x 常见病 $x 诊疗 $x 关节镜

171.《反垄断法视野下的体育产业》(2009 年 3 月出版),CIP 标

引为:①反托拉斯法—研究—中国,②体育经济学:产业经济学—研究—中国。该书应重点标引书名反映的主题。《对应表》(二版)上"反托拉斯法Y反垄断法",应用正式叙词"反垄断法"标引。表上有"体育产业"叙词,应用"体育产业"标引,用"体育经济学"与"产业经济学"组配标引是不对的。该书客观标法:

手检标题:①反垄断法—关系—体育产业,②反垄断法—研究—中国,③体育产业—研究—中国

机检标题:6060# $a 反垄断法 $x 关系 $x 体育产业

6060# $a 反垄断法 $x 研究 $y 中国

6060# $a 体育产业 $x 研究 $y 中国

172.《人性经济法论》(2010年8月出版),CIP标引为:经济法—研究。作者胡光志说:"我坚持要成为一个彻底的人性法学的开拓者。"该书目录:导言,经济法研究的一种新思路——经济法的人性解读;第一章,从人性到法律;第二章,民法与人性;第三章,行政法与人性;第四章,经济法的人性基础;第五章,经济法的人性精神;第六章,经济法的人性价值;第七章,人性经济法的基本原则;第八章,经济法体系的人性解构。该书客观标法:

手检标题:①人性—法学—研究,②人性—经济法—研究

机检标题:6060# $a 人性 $x 法学 $x 研究

6060# $a 人性 $x 经济法 $x 研究

173.《苏州河底污染与整治》,CIP标引为:河流—底质—污染防治。这种标法不客观。苏州河是吴淞江在上海境内段的别称,应标出位置因素"上海"或"苏州河",还应用"河流污染"、"底质污染"专指词标引。

手检标题:河流污染:底质污染—污染防治—上海

或:苏州河—河流污染:底质污染—污染防治

机检标题:6060# $a 河流污染 $x 底质污染 $x 污染防治 $y 上海

或:6070# $a 苏州河 $x 河流污染 $x 底质污染 $x 污染防治

174.《从DNA到转基因小麦:探索转基因食物》(2010年4月出版),CIP标引为:食品—外源—遗传工程—普及读物。《对应表》(二版)上“转基因食物Y转基因食品”,该书应用“转基因食品”当主标题进行客观标引。

手检标题:转基因食品—科学探索—普及读物

机检标题:6060# $a 转基因食品 $x 科学探索 $j 普及读物

175.《古代人牲人殉通论》,CIP标引为:葬俗—研究—中国—古代。《对应表》(二版)上有“人殉制度”叙词,该书主题是“人牲人殉”,应用“人殉制度”当主标题进行客观标引。

手检标题:人殉制度—概论—中国—古代

机检标题:6060# $a 人殉制度 $x 概论 $y 中国 $z 古代

176.《洗钱与反洗钱:跨国界跨世纪的交锋》(2009年9月出版),CIP标引为:金融—刑事犯罪—研究—世界。《对应表》(二版)上有“洗钱罪”叙词,该书客观标法:

手检标题:洗钱罪—研究—世界

机检标题:6060# $a 洗钱罪 $x 研究 $y 世界

177.《共犯中止研究》(2011年2月出版),CIP标引为:共同犯罪—研究。《对应表》(二版)上“共犯Y同案犯”,并有“中止”叙词,没有共同犯罪这个词。客观标法:

手检标题:同案犯—中止—研究

机检标题:6060# $a 同案犯 $x 中止 $x 研究

178.《台商投资大陆法律风险解析及应对》(2008年12月出版),CIP标引为:投资—经济法—研究—中国。《对应表》(二版)上“台商投资企业Y台资企业”,该书客观标法:

手检标题:台资企业—企业法—风险管理—中国

机检标题:6060# $a 台资企业 $x 企业法 $x 风险管理 $y 中国

二、专指性标引方面差错220例

主题标引规定:标引文献主题要专指,要与文献所实际具有主题的专指性保持基本一致,即不大不小地表达文献主题。下列图书主题标引不够专指。

1.《解读旧城:重庆大学城市规划专业"旧城有机更新"课程教学实践》(2008年1月出版),CIP标引为:城市规划—重庆市。这种标法不专指。该书讲的内容主题是"旧城有机更新",应用专指词表达这个内容主题。《对应表》(二版)上"旧城更新Y旧城翻新",并有"旧城改造"专指词。

手检标题:①旧城改造—专题研究—重庆,②旧城翻新—专题研究—重庆

机检标题:6060# $a 旧城改造 $x 专题研究 $y 重庆

6060# $a 旧城翻新 $x 专题研究 $y 重庆

2.《江南古典私家园林》(2009年7月出版),CIP标引为:古典园林—华东地区。这种标法不专指,专指地标引要与该书主题专指性保持一致。该书讲的是古典私家园林,应标引这个主题,应标引:

手检标题:古典园林:私家园林—江南(历史地名)

机检标题:6060# $a 古典园林 $x 私家园林 $y 江南(历史地名)

3.《中国新儒家》(2010年11月出版),(加)贝淡宁著,吴万伟译,CIP标引为:儒家—中国—文集。应用新儒家当主标题,专指地表达主题。

手检标题:新儒家—中国—文集

机检标题:6060# $a 新儒家 $y 中国 $j 文集

4.《地幔热柱与资源环境》(2007年11月出版),CIP标引为:地幔涌流—研究。该书内容提要说:"地幔柱包括地幔热柱和地幔冷柱,

地幔热柱与资源环境的研究,可能会给地球科学研究带来全新的认识。”根据《对应表》(二版)收词情况,该书专指标引:

手检标题:①地幔柱—研究,②地幔柱—关系—矿产资源—研究,③地幔柱—关系—生态环境—研究

机检标题:6060# $a 地幔柱 $x 研究

6060# $a 地幔柱 $x 关系 $x 矿产资源 $x 研究

6060# $a 地幔柱 $x 关系 $x 生态环境 $x 研究

5.《拉曼光谱学与低维纳米半导体》(2008 年出版),CIP 标引为:①光谱学,②纳米材料: 半导体材料。该书分为上、下两篇,上篇主要叙述拉曼光谱学的理论和实验基础,下篇较全面地总结和介绍了低维纳米半导体的拉曼光谱学。该书应用《对应表》(二版)上与其内容主题相应的“拉曼光谱”与“低维物理”的专指词当主标题。

手检标题:①拉曼光谱—光谱学,②低维物理—纳米材料: 半导体材料

机检标题:6060# $a 拉曼光谱 $x 光谱学

6060# $a 低维物理 $x 纳米材料 $x 半导体材料

6.《机械制造工艺设计指南》(2010 年 8 月出版),CIP 标引为:机械制造工艺—指南。该书应按《对应表》(二版)上 TH162 对应的词串“机械制造工艺\工艺设计”标引,专指地表达主题。

手检标题:机械制造工艺—工艺设计—指南

机检标题:6060# $a 机械制造工艺 $x 工艺设计 $j 指南

7.《中亚五国矿产资源勘探开发指南》(2010 年 5 月出版),CIP 标引为:①矿产资源—地质勘探—中亚—指南,②矿产资源—资源开发—中亚—指南。《对应表》(二版)上有与该书内容主题相对的专指词“矿产资源开发”、“矿产勘探”(矿产资源勘探Y 矿产勘探),该书应用专指词表达主题。

手检标题:①矿产勘探—中亚—指南,②矿产资源开发—中亚—指南

机检标题:6060# $a 矿产勘探 $y 中亚 $j 指南

6060# $a 矿产资源开发 $y 中亚 $j 指南

8.《滑坡防治 100 例》(2008 年 6 月出版),CIP 标引为:滑坡—防治。滑坡是一种山区灾害,副标题应用专指词“灾害防治”标引。

手检标题:滑坡—灾害防治

机检标题:6060# $a 滑坡 $x 灾害防治

9.《纱疵分析与防治》(2010 年 12 月出版),CIP 标引为:棉纱—疵品(纺织)—质量控制。这种标法不专指。《对应表》(二版)上有“纱疵”叙词,该书应标引为:

手检标题:①纱疵—质量分析,②纱疵—质量管理

机检标题:6060# $a 纱疵 $x 质量分析

6060# $a 纱疵 $x 质量管理

10.《未来 10—15 年我国地质科技人才培养研究》(2008 年 8 月出版),CIP 标引为:地质学—人才—培养—研究—中国。《对应表》(二版)上有与该书相对应的“地质人员”、“人才培养”专指词,应用专指词表达主题。

手检标题:地质人员:技术人才—人才培养—人才研究—中国

机检标题:6060# $a 地质人员 $x 技术人才 $x 人才培养 $x 人才研究 $y 中国

11.《电力市场下发电公司竞价策略研究》(2010 年出版),CIP 标引为:发电厂—电力价格—研究。《对应表》(二版)没有“电力价格”这个词,该书应用“电力工业”与“价格竞争”、“价格策略”组配标引,专指地表达主题。

手检标题:电力工业—价格竞争—价格策略—研究

机检标题:6060# $a 电力工业 $x 价格竞争 $x 价格策略 $x 研究

12.《多层多室建筑火灾人员疏散实验研究》(2010 年 4 月出版),CIP 标引为:建筑物—火灾—疏散—研究。《对应表》(二版)上有这方面专指词:“建筑火灾”、“安全疏散”、“实验研究”,专指地表达主题应用这 3 个叙词组配。

手检标题:建筑火灾—安全疏散—实验研究

机检标题:6060# $a 建筑火灾 $x 安全疏散 $x 实验研究

13.《防洪调度新方法》(2007 年出版),CIP 标引为:防洪—调度。本书应选用《对应表》(二版)上“防洪工程”等专指词表达主题。该书应标引为:

手检标题:防洪工程—洪水调度—方法

机检标题:6060# $a 防洪工程 $x 洪水调度 $x 方法

14.《挤压断层相关褶皱地震解释》(2008 年 12 月出版),CIP 标引为:褶皱带—地质构造—研究。这是下位词(褶皱带)与间接上位词(地质构造)的组配标引,不专指。该书应标引:

手检标题:①褶皱带—地质解释,②褶皱带—地震资料解释

机检标题:6060# $a 褶皱带 $x 地质解释

6060# $a 褶皱带 $x 地震资料解释

15.《高坝泄流工程》(2009 年出版),CIP 标引为:高坝—排水—水利工程—研究。内容提要说:“本书是在总结作者及所在研究团队最近 30 年来在高坝泄流消能方面取得的具有使用价值和创新性研究成果的基础上撰写而成的。”《对应表》(二版)上有“泄洪消能”与“排水工程”叙词,应用其当副标题与副副标题标引。该书专指标引:

手检标题:高坝—泄洪消能—排水工程—研究

机检标题:6060# $a 高坝 $x 泄洪消能 $x 排水工程 $x 研究

16.《数学的思维与智慧》(21 世纪通识教育系列教材,2011 年 4 月出版),CIP 标引为:数学—高等学校—教材。内容简介说:“本书是非数学专业的学生和普通数学爱好者编写的数学素质教育通俗读本。”该书专指标法:

手检标题:数学基础—素质教育:通识教育—高等学校—教材

机检标题:6060# $a 数学基础 $x 素质教育 $x 通识教育 $x 高等学校 $j 教材

17.《〈中共中央关于完善社会主义市场经济体制若干的决定〉辅导读本》,CIP 标引为:中国共产党十六届三中全会(2003)—文件—学习参考资料。该书书名反映主题,书中 36 篇文章都是辅导大家学习

《中共中央关于完善社会主义市场经济体制若干的决定》的材料,我们应该抓住“社会主义市场经济”这个主题进行专指标引。

手检标题:中国经济:社会主义市场经济—经济体制改革—学习参考资料

机检标题:6060# $a 中国经济 $x 社会主义市场经济 $x 经济体制改革 $j 学习参考资料

18.《中西交通史料汇编(全4册)》,CIP 标引为:中外关系—国际关系史—史料—古代。书名反映主题,是讲中西古代交通运输史的。专指标引:

手检标题:中外关系—国际关系史:交通运输史—古代—史料

机检标题:6060# $a 中外关系 $x 国际关系史 $x 交通运输史 $z 古代 $j 史料

19.《老商标的故事》,CIP 标引为:工商企业—史料—中国—民国。书名反映内容主题,是老商标的故事。专指标引:

手检标题:老字号—名牌商标—商业史—中国—民国—史料

机检标题:6060# $a 老字号 $x 名牌商标 $x 商业史 $y 中国 $z 民国 $j 史料

20.《开启家庭气质教育》,CIP 标引为:儿童教育:家庭教育。该书分上下两篇:上篇,了解气质认识自己;下篇,透析气质、教育孩子。该书应标出 A1 研究对象“气质”的主体因素,A1 研究对象主体因素与“儿童教育:家庭教育”组配起来才能专指地表达该书主题。

手检标题:气质—儿童教育:家庭教育

机检标题:6060# $a 气质 $x 儿童教育 $x 家庭教育

21.《牙买加之旅——一个企业家的内控故事》,CIP 标引为:企业管理—通俗读物。作者后记:“此书系统而通俗易懂地介绍了内部审计等现代公司管理方法,对于在我国普及和推广内部审计知识将会起到积极作用。”该书专指标引:

手检标题:企业管理—内部审计—通俗读物

机检标题:6060# $a 企业管理 $x 内部审计 $j 通俗读物

22.《水灾害经济学》,谢永刚著,CIP 标引为:水灾—影响—经济—研究—中国。序言:“谢永刚同志的《水灾害经济学》一书,把水多(洪水)、水少(干旱)、水脏(水污染)统称为水灾害,而且从经济的角度分析研究,颇有新意。这是一部比较系统翔实的有关水灾害经济的专著。”该书应既做整体标引,又做分析标引。

手检标题:①水灾—灾害经济学,②洪水—灾害经济学,③干旱—灾害经济学,④水污染—灾害经济学

机检标题:6060# $a 水灾 $x 灾害经济学

6060# $a 洪水 $x 灾害经济学

6060# $a 干旱 $x 灾害经济学

6060# $a 水污染 $x 灾害经济学

23.《人大附中老师这样教学生:我的教学育人探索》(2010 年出版),CIP 标引为:中学教育—文集。该书应标出“教书育人”,专指地标引该书主题。

手检标题:中学教育—教书育人—探索—文集

机检标题:6060# $a 中学教育 $x 教书育人 $x 探索 $j 文集

24.《财经应用写作教程》(2010 年出版),CIP 标引为:经济—应用文—写作,H125.3。该书应参照 H125.3 对应的词串“汉语\应用文\写作”标引,用“汉语”作主标题,专指地表达主题。

手检标题:汉语—经济—应用文—写作

机检标题:6060# $a 汉语 $x 经济 $x 应用文 $x 写作

25.《留学法语口语》,CIP 标引为:法语。这种标法缺少口语与留学教育,不专指。该书应标引为:

手检标题:法语—口语—留学教育

机检标题:6060# $a 法语 $x 口语 $x 留学教育

26.《朗文初级口语》(教师用书),《朗文初级口语》(学生用书 B),《朗文初级口语》(练习与测试用书 B),《朗文初级口语》(学生用书 A),《朗文初级口语》(练习与测试用书 A),这 5 本书 CIP 都标引为:英语—教学参考资料。这 5 本书应标出“口语”,专指地标出主题。

手检标题:英语—口语—教学参考资料

机检标题:6060# $a 英语 $x 口语 $j 教学参考资料

27.《中文专业论文写作教程》,CIP 标引为:文学—论文—写作—教程。绪论:“肇兴学院中文系的教师在创新教育的大潮中,特撰写了《中文专业论文写作教程》,我们希望通过对中文系本科生撰写毕业论文的指导,来增强对学生创新精神、创新思维与创新能力的培养。”该书应参考 G642.477 对应的词串进行专指标引。

手检标题:毕业论文—写作—中文—专业—高等教育—教材

机检标题:6060# $a 毕业论文 $x 写作 $x 中文 $x 专业 $x 高等教育 $j 教材

28.《成功企业家的 9 大素质》,CIP 标引为:企业管理。该书应按书名反映的内容主题进行专指标引。

手检标题:①企业家—素质,②企业管理—经验

机检标题:6060# $a 企业家 $x 素质
6060# $a 企业管理 $x 经验

29.《邓小平理论、“三个代表”重要思想民主法制导论》,CIP 标引为:①邓小平理论—研究生—教材,②“三个代表”思想—研究生—教材。该书是革命领袖的民主法制专题汇编,专指标法:

手检标题:①邓小平理论—社会主义民主:社会主义法制—研究生教育—教材,②“三个代表”—社会主义民主:社会主义法制—研究生教育—教材

机检标题:6060# $a 邓小平理论 $x 社会主义民主 $x 社会主义法治 $x 研究生教育 $j 教材
6060# $a“三个代表” $x 社会主义民主 $x 社会主义法制 $x 研究生教育 $j 教材

30.《渠道危机》,CIP 标引为:企业管理—研究。该书要抓住“渠道与危机”进行专指标引。

手检标题:商品流动渠道—企业危机—研究

机检标题:6060# $a 商品流动渠道 $x 企业危机 $x 研究

31.《结构设计原理》(高等学校教材),CIP 标引为:桥梁结构—结构设计。绪论:该书"是一门结合桥梁工程中实际结构件的工作特点来研究钢筋混凝土、预应力混凝土构件设计原理的技术基础课"。专指标引:

手检标题:桥梁结构:钢筋混凝土结构:预应力结构—结构设计—高等学校—教材

机检标题:6060# $a 桥梁结构 $x 钢筋混凝土结构 $x 预应力结构 $x 结构设计 $x 高等学校 $j 教材

32.《价值的冲突》,CIP 标引为:社会主义经济:市场经济—研究—中国。内容提要:"本书以市场经济中的效率和德性的关系问题为核心,就市场经济中的伦理问题进行了分析和探索。"该书专指地标引:

手检标题:市场经济学:经济伦理学—研究—中国

机检标题:6060# $a 市场经济学 $x 经济伦理学 $x 研究 $y 中国

33.《驾驭脆弱的世界》(中国著名经济学家讲演系列),CIP 标引为:经济学—文集。本书是讲中国经济的,目录如下:1.《崩溃论》与中国经济;2. 中小企业发展中的问题与政策;3. 温州经验与中国民营经济的发展;4. 全面理解中国的资本市场;5. 邓小平南方谈话十年后的思考;等等。专指标引:

手检标题:中国经济—经济学—文集

机检标题:6060# $a 中国经济 $x 经济学 $j 文集

34.《娱乐沙龙》,CIP 标引为:文娱活动—公共建筑—室内设计:空间设计。表上没有"室内设计"、"空间设计"的叙词。本书娱乐沙龙指的是上海的 9 家电影院、5 家剧院、4 家俱乐部等文化机构。专指地标引:

手检标题:①电影院—室内装饰设计—上海—图集,②剧院—室内装饰设计—上海—图集,③俱乐部—室内装饰设计—上海—图集

机检标题:6060# $a 电影院 $x 室内装饰设计 $y 上海 $j 图集

6060# $a 剧院 $x 室内装饰设计 $y 上海 $j 图集

6060# $a 俱乐部 $x 室内装饰设计 $y 上海 $j 图集

35.《论自然选择》,(英)达尔文著,CIP 标引为:达尔文学说。自然选择,旧称“天择”,是指自然界生物适者生存,不适者淘汰的现象,是达尔文与华莱士提出的,不是达尔文一个人提出的,应标出自然选择。

手检标题:①自然选择,②达尔文学说

机检标题:6060# $a 自然选择

6060# $a 达尔文学说

36.《宇宙中的生命》(2009 年出版),CIP 标引为:宇宙—普及读物。该书主题如书名所反映的是宇宙中的生命,专指标引:

手检标题:地外生命—普及读物

机检标题:6060# $a 地外生命 $j 普及读物

37.《中国大锅菜》(2008 年 10 月出版),CIP 标引为:菜谱—中国。《对应表》(二版)上有“大锅菜”、“中式菜肴”叙词,应选其参与标引。

手检标题:中式菜肴—大锅菜—菜谱

机检标题:6060# $a 中式菜肴 $x 大锅菜 $x 菜谱

38.《环境样品前处理技术》,CIP 标引为:①污染物—萃取,②污染物分析。前言:“本书前八章介绍了目前应用广泛或具有良好发展前景的固相萃取、固相微萃取、微波萃取、超临界萃取、免疫亲和、吹扫捕集和连续流动液膜萃取等新技术,后四章结合典型有毒化学污染物如二噁英、多氯联苯、多环芳烃、有机金属化合物等讨论了这些化合物的前处理方法,力图使从事相关工作的同仁有所裨益。”该书专指标法:

手检标题:①污染物—萃取,②有毒物质—化学污染物—前处理

机检标题:6060# $a 污染物 $x 萃取

6060# $a 有毒物质 $x 化学污染物 $x 前处理

39.《渤南油田工程地震研究》,CIP 标引为:①油田—地震活动

性—研究,②油田—地震构造—研究。这种标法离开了"渤南"这个具体范围,用户从这两个标题来检索该书资料,那是费力的。主标题也是不对的,应用"油田"的下位概念"海上油气田"标引。该书专指标法:

手检标题:①海上油气田—地震活动性—研究—渤海,②海上油气田—地震构造—研究—渤海

机检标题:6060# $a 海上油气田 $x 地震活动性 $x 研究 $y 渤海
6060# $a 海上油气田 $x 地震构造 $x 研究 $y 渤海

40.《穿越霓虹 穿越梧桐——触摸上海话》,CIP 标引为:吴语—自学参考资料。《辞海》上说,吴语是汉语方言之一,分布于上海市、江苏省东南部分和浙江省大部分地区。该书专指标法应标出"上海"。

手检标题:吴语—上海—自学参考资料

机检标题:6060# $a 吴语 $y 上海 $j 自学参考资料

41.《机械设计手册.单行本.轴承》,CIP 标引为:①机械设计—技术手册,②机械元件—机械设计—技术手册。表上有专指词"轴承",应用"轴承"当②的主标题。应标引为:

手检标题:①机械设计—技术手册,②轴承—机械设计—技术手册

机检标题:6060# $a 机械设计 $j 技术手册
6060# $a 轴承 $x 机械设计 $j 技术手册

42.《听说训练教程》(汉语训练丛书),CIP 标引为:汉语—对外汉语教学—教材。专指标法还应标出"听说教学",应标引为:

手检标题:汉语—听说教学:对外汉语教学—教材

机检标题:6060# $a 汉语 $x 听说教学 $x 对外汉语教学 $j 教材

43.《邛窑古陶瓷研究》,CIP 标引为:民窑—古代陶瓷—研究,应标出位置因素,专指标引该书内容主题。

手检标题:民窑—古代陶瓷—研究—四川—邛崃

机检标题:6060# $a 民窑 $x 古代陶瓷 $x 研究 $y 四川 $y 邛崃

44.《烟花春梦——〈金瓶梅〉中的爱与性》(2011 年 6 月出版),

CIP 标引为:金瓶梅—文学研究。《对应表》(二版)上“文学研究”有下位词“小说研究”,该书专指标法:

手检标题:①《金瓶梅》—爱情—小说研究,②《金瓶梅》—性问题—小说研究

机检标题:605## $a《金瓶梅》$x 爱情 $x 小说研究

605## $a《金瓶梅》$x 性问题 $x 小说研究

45.《总裁魅力学》,CIP 标引为:领导学 。该书讲的是“企业总裁”,专指标法:

手检标题:企业领导学

机检标题:6060# $a 企业领导学

46.《商铺投资指南》,CIP 标引为:商店—商业经营—指南。副标题不是“商业经营”,而是“资本投资”,该书专指标引:

手检标题:商店—资本投资—指南

机检标题:6060# $a 商店 $x 资本投资 $j 指南

47.《涂料清洁生产工艺》,CIP 标引为:涂料—生产工艺。应标出“清洁生产”,应标引为:

手检标题:涂料—生产工艺:无污染工艺

机检标题:6060# $a 涂料 $x 生产工艺 $x 无污染工艺

48.《力学—计算机辅助教程》(21 世纪高等院校教材),CIP 标引为:力学—高等学校—教材。计算机辅助教学是现代化的教学手段,应作为副标题表达出来:

手检标题:力学—计算机辅助教学—高等教学—教材

机检标题:6060# $a 力学 $x 计算机辅助教学 $x 高等学校 $j 教材

49.《思想政治教育价值论》,CIP 标引为:思想政治教育—研究。这种标法漏掉了“价值论(哲学)”。该书专指标法:

手检标题:思想政治教育—价值论(哲学)

机检标题:6060# $a 思想政治教育 $x 价值论(哲学)

50.《商业银行产业链融资培训》(2011 年 2 月出版),CIP 标引

为:商业银行—银行业务。该书应用“产业链”与“融资”组配标引,专指地表达主题。

手检标题:商业银行—产业链—融资—业务培训

机检标题:6060# $a 商业银行 $x 产业链 $x 融资 $x 业务培训

51.《简帛语言文字研究·第五辑》(2010 年 6 月出版),CIP 标引为:①简(考古)—古文字—中国—文集,②帛书—古文字—中国—文集。《对应表》(二版)上“文字”为族首词,其下有“古文字”,“古文字”又有下位词“竹简文”、“帛书文字”,该书应选用下位词参与组配标引,专指地标引主题。

手检标题:①竹简文—研究—中国—文集,②帛书文字—研究—中国—文集

机检标题:6060# $a 竹简文 $x 研究 $y 中国 $j 文集

6060# $a 帛书文字 $x 研究 $y 中国 $j 文集

52.《公司并购与重组导论》(2010 年 12 月出版),CIP 标引为:①公司—企业合并—教材,②公司—资产重组—教材,《对应表》(二版)上“企业并购Y 企业兼并”,并有“企业重组”叙词,该书专指标引:

手检标题:①公司—企业兼并—教材,②公司—企业重组—教材

机检标题:6060# $a 公司 $x 企业兼并 $j 教材

6060# $a 公司 $x 企业重组 $j 教材

53.《斯宾塞的快乐教育:教育 1+1 白金版》(2010 年 10 月编译出版),CIP 标引为:儿童教育:家庭教育。这种标法不专指,该书讲的是快乐教育,专指标法应标出“快乐”。

手检标题:快乐—儿童教育:家庭教育

机检标题:6060# $a 快乐 $x 儿童教育 $x 家庭教育

54.《荀子名言的智慧:性恶论的人生哲学》,CIP 标引为:荀子—研究。该书主题是荀子性恶论的人生哲学,应专指地标引这个主题。

手检标题:荀况(前 313 – 前 238)—性恶论—人生哲学

机检标题:600#0 $a 荀况 $f(前 313 – 前 238) $x 性恶论 $x 人生哲学

55.《教你认星星:探索星空的奥秘》,CIP 标引为:天文学—普及读物,内容简介:“本书是介绍和普及星座知识的精美图册。”专指标法:

手检标题:星座—普及读物

机检标题:6060# $a 星座 $j 普及读物

56.《先秦两汉文学史料学》(中国古典文学史料研究丛书),CIP 标引为:①文学—史料学—研究—中国—先秦时代,②文学—史料学—研究—中国—两汉时代。该书专指标引:

手检标题:①古代文学史—史料学—中国—先秦时代,②古代文学史—史料学—中国—汉代

机检标题:6060# $a 古代文学史 $x 史料学 $y 中国 $z 先秦时代
6060# $a 古代文学史 $x 史料学 $y 中国 $z 汉代

57.《十大司令员》,CIP 标引为:军事家—列传—中国。这种标法不专指,给检索带来麻烦。十大司令员是:许世友、李德生、秦基伟、叶飞、陈锡联、杨得志、杨成武、杨勇、何炳炎、皮定均。《对应表》(初版)上有“中国人民解放军”叙词,专指地整体标引:

手检标题:中国人民解放军—将军—列传

机检标题:60102 $a 中国人民解放军 $x 将军 $x 列传

58.《墙面装饰工程施工技术》(装饰工程施工技术丛书),CIP 标引为:①建筑装饰—建筑预算定额,②建筑装饰—工程施工—施工管理。该书专指标引:

手检标题:墙面装饰—工程施工—工程技术

机检标题:6060# $a 墙面装饰 $x 工程施工 $x 工程技术

59.《北美中小学建筑》,CIP 标引为:学校—建筑设计。该书专指标引:

手检标题:教育建筑—建筑设计—中小学—北美洲—图集

机检标题:6060# $a 教育建筑 $x 建筑设计 $x 中小学 $y 北美洲 $j 图集

60.《烃类包裹体热动力学》,CIP 标引为: 气包体—热力学:动力

学。该书既有气包体,也有液包体,这两个词在《对应表》(二版)上都是非正式叙词,应选用正式叙词“流体包裹体”参与标引。《辞海》:烃,由碳和氢两种元素构成的一类有机化合物,总称碳氢化合物,简称烃类或烃。该书专指标引:

手检标题:烃—有机包裹体:流体包裹体—热力学:动力学

机检标题:6060# $a 烃 $x 有机包裹体 $x 流体包裹体 $x 热力学 $x 动力学

61.《茶叶国际化经营》,CIP 标引为:茶叶—商业经营。该书是讲我国到国际市场上销售茶叶问题的,《对应表》(二版)上“国际化经营 Y 跨国经营”,专指标法:

手检标题:茶叶—跨国经营—中国

机检标题:6060# $a 茶叶 $x 跨国经营 $y 中国

62.《鄱阳湖湿地生态系统评估》,CIP 标引为:生态系统—评估—研究,这种标法不专指,应标出鄱阳湖。《对应表》上“湿地 Y 沼泽化地”,该书应标引为:

手检标题:鄱阳湖—沼泽化地—生态系统—评估

或:沼泽化地—生态系统—评估—鄱阳湖

机检标题:607## $a 鄱阳湖 $x 沼泽化地 $x 生态系统 $x 评估

或:6060# $a 沼泽化地 $x 生态系统 $x 评估 $y 鄱阳湖

63.《有机工业废水处理理论与技术》,CIP 标引为:工业废水—废水处理。该书应标出“有机废水”,进行专指标引。

手检标题:有机废水:工业废水—废水处理

机检标题:6060# $a 有机废水 $x 工业废水 $x 废水处理

64.《教育管理现象学》(2010 年 12 月出版),CIP 标引为:教育管理学—研究。应标出“现象学”,进行专指标引。

手检标题:教育管理学:现象学—研究

机检标题:6060# $a 教育管理学 $x 现象学 $x 研究

65.《白癜风中西医防治》,CIP 标引为:白癜风—防治。书名反映主题,专指标法应用“中西医结合”当副标题标引。

手检标题:白癜风—中西医结合—防治

机检标题:6060# $a 白癜风 $x 中西医结合 $x 防治

66.《房地产法案例评析》(2010 年出版),CIP 标引为:房地产业—法规—案例—分析—中国。这种标法不专指,《对应表》(二版)上有“房地产法”专指词,表上“案例分析Y 案例”,该书专指词标法:

手检标题:房地产法—案例—中国

机检标题:6060# $a 房地产法 $x 案例 $y 中国

67.《创新的神话》(2010 年 3 月出版),(美)伯克温(Berkun, S.)著,马松译,CIP 标引为:管理学—通俗读物。该书专指标法:

手检标题:创新管理—通俗读物

机检标题:6060# $a 创新管理 $j 通俗读物

68.《唐五代两宋词选择》(2011 年 4 月出版),CIP 标引为:①词(文学)—注释—中国—唐代,②五代词—注释,③宋词—注释。《对应表》(二版)上有“唐宋词”叙词,该书专指标法:

手检标题:①唐宋词—注释,②五代词—注释

机检标题:6060# $a 唐宋词 $x 注释

6060# $a 五代词 $x 注释

69.《替纳税人管好“钱袋子”——周天勇谈财税体制改革》(2010 年 3 月出版),CIP 标引为:①财政管理体制—经济体制改革—研究—中国,②税制改革—研究—中国。这种标法不专指,《对应表》(二版)上“税制改革Y 税收改革”,并有“财政改革”叙词,该书专指标法:

手检标题:①财政改革—研究—中国,②税收改革—研究—中国

机检标题:6060# $a 财政改革 $x 研究 $y 中国

6060# $a 税收改革 $x 研究 $y 中国

70.《下一轮商品市场》(2009 年 11 月出版),CIP 标引为:国际市场—市场预测。商品是为交换而生产的劳动产品。该书应标出“商品市场”。

手检标题:商品市场:国际市场—市场预测

机检标题:6060# $a 商品市场 $x 国际市场 $x 市场预测

71.《百家姓签名册》(2010 年 8 月出版),CIP 标引为:姓名—书法—中国。应用“汉字”当主标题,专指地标引该书主题。

手检标题:汉字—姓名—书法

机检标题:6060# $a 汉字 $x 姓名 $x 书法

72.《电子商务安全与网上支付》(2010 年 7 月出版),CIP 标引为:①电子商务—安全技术—高等学校—教材,②因特网—应用—银行。该书应用专指词参与组配标引,专指地表达主题。

手检标题:①电子商务—消费安全—高等学校—教材,②网上交易—支付方式—高等学校—教材

机检标题:6060# $a 电子商务 $x 消费安全 $x 高等学校 $j 教材
6060# $a 网上交易 $x 支付方式 $x 高等学校 $j 教材

73.《中国陶瓷款识总览》,CIP 标引为:古代陶瓷—简介—中国。该书是将古代至现、当代陶瓷器(包括紫砂器)款识、制作人等 2800 个词条编写成的书。款识,《辞海》上说,是古代钟鼎彝器上铸刻的文字,后来在书画上题名也叫款识。根据词表收词情况,该书专指标引:

手检标题:陶瓷—款题—中国—汇编

机检标题:6060# $a 陶瓷 $x 款题 $y 中国 $j 汇编

74.《中国海陆架及邻近海域大型底栖生物》,CIP 标引为:海洋底栖生物—简介。这种标法离开了中国具体海域,对检索不利,用户要找遍世界海洋才找到中国海的海洋底栖生物。专指标法:

手检标题:大陆架资源—海洋底栖生物—介绍—中国

机检标题:6060# $a 大陆架资源 $x 海洋底栖生物 $x 介绍 $y 中国

75.《政治局委员听的课》(中共中央中南海法制科技讲座),CIP 标引为:①社会科学—学习参考资料,②自然科学—学习参考资料,③新技术—学习参考资料。该书应按圆括号内反映的主题标引,专指地表达主题。

手检标题:①社会主义法制—法制教育:干部教育—中国—学习参考资料,②科学技术—干部教育—学习参考资料

机检标题:6060# $a 社会主义法制 $x 法制教育 $x 干部教育 $y 中国 $j 学习参考资料

6060# $a 科学技术 $x 干部教育 $j 学习参考资料

76.《中国东部品牌研究》,CIP 标引为:广告—作用—企业管理—市场营销学—研究—华东地区。“本书讨论中国东部的品牌经济,以及品牌经济运动中的广告”。根据《对应表》(二版),专指标引:

手检标题:①品牌营销—经济探讨—华东地区,②商业广告—作用—品牌营销—研究—华东地区

机检标题:6060# $a 品牌营销 $x 经济探讨 $y 华东地区

6060# $a 商业广告 $x 作用 $x 品牌营销 $x 研究 $y 华东地区

77.《可持续发展经济学》,CIP 标引为:发展经济学,根据《对应表》(二版),专指标引:

手检标题:可持续性发展—发展经济学

机检标题:6060# $a 可持续性发展 $x 发展经济学

78.《常见房屋拆迁纠纷法官解答》(2010 年 9 月出版),CIP 标引为:房屋拆迁—民事纠纷—处理—中国—问答。《对应表》(二版)上没有“房屋拆迁”这个词,表上“民事纠纷”有下位词“房屋纠纷”,该书专指标法:

手检标题:房屋纠纷—房地产法—法律解释—中国

机检标题:6060# $a 房屋纠纷 $x 房地产法 $x 法律解释 $y 中国

79.《创业学教程》,CIP 标引为:创造教育—高等学校—教材 。书上说:创业是培养企业家的科学。该书专指标法:

手检标题:企业创新—创造教育—高等学校—教材

机检标题:6060# $a 企业创新 $x 创造教育 $x 高等学校 $j 教材

80.《宇宙的设计师—揭谜世界最神秘的远古建筑》,CIP 标引为:文化遗址—考古—研究—世界。根据《对应表》(二版),该书专指标引:

手检标题:古建筑遗址—远古文化—研究—世界

机检标题:6060# $a 古建筑遗址 $x 远古文化 $x 研究 $y 世界

81.《商人与中国近世社会》,CIP 标引为:商人—研究—中国—近代。内容提要:“本书正是从商人与近世社会相互作用这一广阔视野,考察商人在近世变革时代的特有功能。”该书应用“社会作用”作副标题进行专指标引。

手检标题:商人—社会作用—中国—近代

机检标题:6060# $a 商人 $x 社会作用 $y 中国 $z 近代

82.《药物构效关系》,CIP 标引为:药物—作用。前言:“药物的化学结构与生理作用(或生物活性)的关系是药物化学学科的中心内容,也是药物设计的基础。”该书专指标法:

手检标题:药物化学—化学结构—关系—生物活性

机检标题:6060# $a 药物化学 $x 化学结构 $x 关系 $x 生物活性

83.《上海·南京·杭州城市圈交通旅游图》,CIP 标引为:①交通图—华东地区—地图集,②旅游图—华东地区—地图集。华东地区是包括上海、山东、江苏、安徽、浙江、江西、福建与台湾省的大范围,在没有专指词或没办法标引的情况下才可用大范围地名标引。该书专指标引:

手检标题:①城市交通—交通图—上海:南京:杭州,②城市旅游—旅游图—上海:南京:杭州

机检标题:6060# $a 城市交通 $x 交通图 $y 上海 $y 南京 $y 杭州

6060# $a 城市旅游 $x 旅游图 $y 上海 $y 南京 $y 杭州

84.《危机中的声音:世界名流金融危机演说(英汉对照)》,CIP 标引为:①英语—汉语—对照读物,②金融危机—世界—文集。该书专指标引:

手检标题:国际金融—金融危机—英语:汉语—对照读物

机检标题:6060# $a 国际金融 $x 金融危机 $x 英语 $x 汉语 $j 对照读物

85.《物流运筹学》,CIP 标引为:物流—物资管理—高等学校—教材。内容简介:本书运用运筹学的理论、方法对物流领域问题进行分析与求解。专指标引:

手检标题:物流—运筹学—高等学校—教材

机检标题:6060# $a 物流 $x 运筹学 $x 高等学校 $j 教材

86.《英国哥特小说与中国六朝志怪小说比较研究》,CIP 标引为:小说—对比研究—中国、英国—六朝时代。《辞海》:哥特式小说是英国 18 世纪末、19 世纪初流行的一种文学体裁,六朝志怪小说的六朝时代大致是公元 220—420 的时代,两种小说前后相距一千年,怎么能用"中国、英国—六朝时代"标引呢?该书专指标引:

手检标题:哥特小说—对比研究—志怪小说—中国—六朝时代

机检标题:6060# $a 哥特小说 $x 对比研究 $x 志怪小说 $y 中国 $z 六朝时代

87.《放线菌现代生物学与生物技术》,CIP 标引为:①放线菌—生物—研究,②放线菌—生物技术—研究。主题标引不能单看书名,要依据书的内容标引。前言中:本书论述放线菌在分子生物学最新研究进展,与简述放线菌在生物技术方面应用。该书专指标法:

手检标题:①放线菌—分子生物学—研究进展,②放线菌—应用—生物技术

机检标题:6060# $a 放线菌 $x 分子生物学 $x 研究进展

6060# $a 放线菌 $x 应用 $x 生物技术

88.《水雷战:"水下伏兵"的肆虐》,CIP 标引为:海战:水雷战—作战方法—世界。"海战"与"水雷战"为上下位关系,不好组配标引,也没有必要组配标引。该书应直接按书名反映的主题进行专指标引。

手检标题:水雷战—作战方法—世界

机检标题:6060# $a 水雷战 $x 作战方法 $y 世界

89.《中国煤的扫描电子显微镜研究》,CIP 标引为:煤—研究—中国。该书是利用扫描电子显微镜来研究煤的,应标出这个叙词。

手检标题:扫描电子显微镜—应用—煤—研究—中国

机检标题:6060# $a 扫描电子显微镜 $x 应用 $x 煤 $x 研究 $y 中国

90.《补肾补到位》(2009 年 7 月出版),CIP 标引为:补肾—食物疗法。“补肾”与“食物疗法”在《对应表》(二版)上都是“中医治疗法”的下位概念,不需要组配。

手检标题:补肾—基本知识

机检标题:6060# $a 补肾 $x 基本知识

91.《洗涤剂消失的日子》(2009 年 11 月出版),CIP 标引为:洗涤剂—环境污染—污染防治—普及读物。《对应表》初版、二版上有“环境污染”的下位概念“洗涤剂污染”这个专指词,应选用专指词当主标题标引。

手检标题:洗涤剂污染—污染防治—普及读物

机检标题:6060# $a 洗涤剂污染 $x 污染防治 $j 普及读物

92.《水利水电工程水文自动测报系统设计手册》(2008 年出版),CIP 标引为:①水利工程—水文观测—系统设计—手册,②水力发电工程—水文观测—系统设计—手册。《对应表》(二版)有“水利水电工程”、“水文自动测报系统”叙词,应用其当主、副标题标引,专指地标引该书主题。

手检标题:水利水电工程—水文自动测报系统—系统设计—手册

机检标题:6060# $a 水利水电工程 $x 水文自动测报系统 $x 系统设计 $j 手册

93.《兽类博物馆》,CIP 标引为:动物—普及读物。这种标法不专指。《对应表》上“兽Y 哺乳动物纲”,根据这个用代关系,专指标引:

手检标题:哺乳动物纲—普及读物

机检标题:6060# $a 哺乳动物纲 $j 普及读物

94.《赣文化研究(第 15 期)》(2010 年 6 月出版),CIP 标引为:文化事业—研究—江西省—期刊。这种标法不专指,专指标法:

手检标题:地方文化—文化研究—江西—期刊

机检标题:6060# $a 地方文化 $x 文化研究 $y 江西 $j 期刊

95.《国际经济法学模拟试题》,CIP 标引为:经济法—高等教育—自学考试—试题。书名反映主题,应专指地标引书名反映的主题。

手检标题:国际经济法学—高等教育—自学考试—试题

机检标题:6060# $a 国际经济法学 $x 高等教育 $x 自学考试 $j 试题

96.《便利店经营管理实务》,CIP 标引为:零售商店—商业经营。"便利店"是指连锁便利商店,是指 24 小时不间断营业的商店。该书专指标引:

手检标题:连锁商店—商业经营—日夜服务

机检标题:6060# $a 连锁商店 $x 商业经营 $x 日夜服务

97.《食品微生物实验手册》(第三版),CIP 标引为:食品微生物—微生物学—实验—技术手册,TS201.3。本书共四个部分:一是基本方法,二是食品微生物检验技术,三是特殊食品的微生物检测,四是微生物鉴定纲要。CIP 标引不专指,分类标引应是 TS207.4,不是 TS201.3。主题标引应是"TS207.4"对应的词串"食品检验: 微生物检定"。

手检标题:食品检验: 微生物检定—技术手册

机检标题: 6060# $a 食品检验 $x 微生物检定 $j 技术手册

98.《工作很简单》,CIP 标引为:生活—工作—基本知识。该书是讲工作方法,使办公室工作更容易、更简单,甚至充满乐趣。该书专指标引:

手检标题:办公室工作—工作方法

机检标题:6060# $a 办公室工作 $x 工作方法

99.《诗论 · 文论 · 剧论:屠岸文艺评论集》,CIP 标引为:文学评论—中国—当代—文集。该书书名反映内容主题,是文艺评论而不是文学评论。专指标引:

手检标题:文艺评论—中国—当代—文集

机检标题:6060# $a 文艺评论 $y 中国 $z 当代 $j 文集

100.《豆豆老师的苹果》,洛伦 · 朗插图,悦悦译,CIP 标引为:漫画：连环画—作品—美国—现代。该书是美国著名歌星麦当娜为小读者写的五部系列德育童书之二，讲述一个美丽、浪漫、富有哲理的成长故事。根据《对应表》（二版），该书专指标引：

手检标题：儿童故事：图画故事—美国—现代

机检标题：6060# $a 儿童故事 $x 图画故事 $y 美国 $z 现代

101.《儿童护理实用百科》，CIP 标引为：健康—儿童疾病—防治。这个标题很难理解，不能专指反映主题。应标引为：

手检标题：①儿科学：护理学—基本知识，②小儿疾病—防治

机检标题：6060# $a 儿科学 $x 护理学 $x 基本知识

6060# $a 小儿疾病 $x 防治

102.《潜人才学》，CIP 标引为：人才学。该书主题是潜人才学。内容提要指出，任何人都要经历从潜到显的孕育和显露，该书研究"潜人才"成为"显人才"的过程。应标引为：

手检标题：潜人才—人才成长—研究

机检标题：6060# $a 潜人才 $x 人才成长 $x 研究

103.《儒家文化传统与中国电影民族品性的构成》（2011 年 1 月出版），CIP 标引为：电影评论—中国。该书专指标法应标引书名反映的主题。

手检标题：儒家—传统文化—关系—电影—民族性—构成—中国

机检标题：6060# $a 儒家 $x 传统文化 $x 关系 $x 电影 $x 民族性 $x 构成 $y 中国

104.《海河平原地下水演变与对策》，CIP 标引为：①华北平原—地下水—水环境—研究—天津，②华北平原—地下水保护—研究—天津。这种标法范围太小了，只是天津华北平原地下水环境研究、天津华北平原地下水环境保护研究。海河平原包括北京、天津、石家庄、唐山、秦皇岛、保定等 18 座大城市。专指标法：

手检标题：①华北平原—地下水—演变—海河，②华北平原—地下水保护—海河

机检标题：607## $a 华北平原 $x 地下水 $x 演变 $y 海河

607## $a 华北平原 $x 地下水保护 $y 海河

105.《你中庸了吗:成功者秘而不宣的处世圣经》,CIP 标引为:人间交往—通俗读物。作者前言:"自以为,这是迄今为止,对中庸进行全方位研究的第一本著作。"该书专指标引:

手检标题:中庸之道—人际关系学

机检标题:6060# $a 中庸之道 $x 人际关系学

106.《海龙大传:史前水怪真面目》(2009 年 9 月出版),CIP 标引为:爬行纲—古动物学—普及读物。该书是讲"水怪"的,专指标法:

手检标题:海龙属—古动物—普及读物

机检标题:6060# $a 海龙属 $x 古动物 $j 普及读物

107.《血小板功能:评估、诊断和治疗》(2008 年出版),CIP 标引为:血细胞—研究。这种标法不专指。该书分 3 个部分,从基础到临床全面综述了血小板的生理、功能评估和临床应用各方面。应标引为:

手检标题:①血小板—人体生理学,②血小板—功能—评估,③血小板—临床应用

机检标题:6060# $a 血小板 $x 人体生理学

6060# $a 血小板 $x 功能 $x 评估

6060# $a 血小板 $x 临床应用

108.《汤瓶八诊养生方案》(2010 年出版),CIP 标引为:回族—民族医学。这种标法不专指,汤瓶八诊是养生保健的书,应标引为:

手检标题:回族—养生(中医)—民族医学

机检标题:6060# $a 回族 $x 养生(中医) $x 民族医学

109.《茶树病虫害防治图册》(2010 年 8 月出版),CIP 标引为:茶属—病虫害防治方法—图案,S435.711。《对应表》(二版)S435.711 对应的词是"茶树病害",词串是"茶树\病虫害防治",该书应用正式叙词标引,应参照词串进行专指标引。

手检标题:茶树病害—病虫害防治—图集

机检标题:6060# $a 茶树病害 $x 病虫害防治 $j 图集

110.《苦丁茶资源及开发利用》(2007 年 8 月出版),CIP 标引为:①茶属—资源开发,②茶属—资源利用。《对应表》(二版)上“茶叶”有下位概念“苦丁茶”,专指标引:

手检标题:①苦丁茶—资源开发,②苦丁茶—资源利用

机检标题:6060# $a 苦丁茶 $x 资源开发

6060# $a 苦丁茶 $x 资源利用

111.《木材高温高压蒸汽干燥工艺学原理》(2007 年出版),CIP 标引为:木材干燥。根据《对应表》(二版)收词情况,该书专指标引:

手检标题:木材干燥: 高温干燥: 蒸汽干燥—工艺学

机检标题:6060# $a 木材干燥 $x 高温干燥 $x 蒸汽干燥 $x 工艺学

112.《冶金过程热力学》(2010 年出版),CIP 标引为:冶金—热力学。本书是冶金过程物理化学的热力学部分。《对应表》(二版)上有专指词“冶金过程”,该书专指标引:

手检标题:冶金过程—物理化学: 热力学

机检标题:6060# $a 冶金过程 $x 物理化学 $x 热力学

113.《中国冶金史论文集·第四辑》(2006 年出版),CIP 标引为:冶金工业—技术史—中国。初版、二版《对应表》上都有“冶金史”专指叙词,该书专指标引:

手检标题:冶金史—中国—文集

机检标题:6060# $a 冶金史 $y 中国 $j 文集

114.《油库建设与管理手册》(2007 年出版,2008 年重印),CIP 标引为:油库—管理—手册。《对应表》(二版)上有“油库管理”专指词,不应该用“油库”与“管理”组配标引。该书应标引:

手检标题:①油库管理—手册,②油库—建设—手册

机检标题:6060# $a 油库管理 $j 手册

6060# $a 油库 $x 建设 $j 手册

115.《钢铁冶金概论》(2008 年 8 月出版),CIP 标引为:①炼钢—高等学校—教材,②炼铁—高等学校—教材。《对应表》(二版)上有

“钢铁冶金”专指词，对本书来说，应用这个最专指的词标引其主题。

手检标题：钢铁冶金—概论—高等学校—教材

机检标题：6060# $a 钢铁冶金 $x 概论 $x 高等学校 $j 教材

116.《钻井工程安全手册》(2009年10月出版)，CIP标引为：石油开采—安全技术—技术手册。《对应表》(二版)“TE2 钻井工程”对应的词串是“油气钻井\钻井工程”，该书专指标法：

手检标题：油气钻井—钻井工程—安全技术—技术手册

机检标题：6060# $a 油气钻井 $x 钻井工程 $x 安全技术 $j 技术手册

117.《观赏植物保护学》(2009年7月出版)，CIP标引为：园林植物—植物保护。该书讲的是观赏植物，应标引观赏植物。

手检标题：观赏植物—植物保护

机检标题：6060# $a 观赏植物 $x 植物保护

118.《顶部驱动钻井装置操作指南》(2010年3月出版)，CIP标引为：油气钻井—机械设备—指南。这种标法不专指。《对应表》(二版)上有“顶部驱动钻井”叙词，应用该叙词标引。表上“钻井装置Y钻井设备”，该书应标引为：

手检标题：顶部驱动钻井—钻井设备—指南

机检标题：6060# $a 顶部驱动钻井 $x 钻井设备 $j 指南

119.《矿井反风技术》(2010年出版)，CIP标引为：矿山通风—通风系统。《对应表》(二版)上有“反风”与“矿井通风系统”叙词，该书专指标引：

手检标题：矿井通风系统—反风—技术

机检标题：6060# $a 矿井通风系统 $x 反风 $x 技术

120.《煤矿水害防治技术》(2010年出版)，CIP标引为：①水文地质—临汾市，②矿井水—矿山水灾—防治—基本知识—临汾市。该书专指标引：

手检标题：①煤矿—矿山水灾—防治措施—山西—临汾，②水文地质：区域地质—山西—临汾

机检标题:6060# $a 煤矿 $x 矿山水灾 $x 防治措施 $y 山西 $y 临汾

6060# $a 水文地质 $x 区域地质 $y 山西 $y 临汾

121.《高等硬岩采矿学》(2010 年 10 月出版),CIP 标引为:岩石—矿山开采—研究生—教材。《对应表》(二版)上有“硬岩矿山”叙词,专指标引:

手检标题:硬岩矿山—矿山开采—研究生教育—教材

机检标题:6060# $a 硬岩矿山 $x 矿山开采 $x 研究生教育 $j 教材

122.《兽药分析与检测技术》(2008 年 12 月出版),CIP 标引为:兽医学—药物分析。专指标引应用《对应表》(二版)上“兽用药”当主标题表达。

手检标题:兽用药—药物分析

机检标题:6060# $a 兽用药 $x 药物分析

123.《土壤资源概论》(2007 年出版),CIP 标引为:土壤学—中国—研究生—教材。该书总结了我国近年来土壤资源领域的最新研究成果,全面阐述了近年来土壤资源研究的新领域、新理论和新方法。该书专指标法:

手检标题:土壤资源—概论—研究生教育—教材

机检标题:6060# $a 土壤资源 $x 概论 $x 研究生教育 $j 教材

124.《云南农村沼气发展研究》(2010 年 1 月出版),CIP 标引为:农村—甲烷—综合利用—研究—云南省,S216.4。该书专指标引应按 S216.4 对应的词串“农村能源\能源利用\沼气”进行组配表达。

手检标题:农村能源—能源利用—沼气—研究—云南

机检标题:6060# $a 农村能源 $x 能源利用 $x 沼气 $x 研究 $y 云南

还有一本《新农村资源利用与开发》(2010 年 1 月出版),CIP 标引为:①农村—能源—利用—中国,②农村—资源开发—中国。该书专指标引:

手检标题:①农村能源—能源利用—中国,②农村能源—能源开发—中国

机检标题:6060# $a 农村能源 $x 能源利用 $y 中国

6060# $a 农村能源 $x 能源开发 $y 中国

125.《金属包装容器——钢桶制造技术》(2007 年 6 月出版),CIP 标引为:金属材料—包装容器。该书内容涵盖了钢桶生产的全部工艺过程,是一本理论和实际结合的实用型技术指导书籍。专指标引:

手检标题:钢桶—包装材料: 金属材料—包装技术: 生产技术

机检标题:6060# $a 钢桶 $x 包装材料 $x 金属材料 $x 包装技术 $x 生产技术

126.《纸盒包装设计原理:创意与结构设计手册》(2010 年 6 月出版),CIP 标引为:包装容器—包装纸板—结构设计。该书专指标法:

手检标题:折叠纸盒—包装纸板—包装设计: 结构设计—手册

机检标题:6060# $a 折叠纸盒 $x 包装纸板 $x 包装设计 $x 结构设计 $j 手册

127.《工程光学设计》(2008 年 3 月出版),CIP 标引为:工程光学—系统设计。内容提要告诉我们:"本书系统阐述了光学设计原理以及光学部件和系统的设计方法,并给出了大量的设计实例。"该书全面专指标引:

手检标题:①光学设计—理论,②工程光学—光学设计: 系统设计

机检标题:6060# $a 光学设计 $x 理论

6060# $a 工程光学 $x 光学设计 $x 系统设计

128.《煤矿围岩控制》(2010 年 3 月出版),CIP 标引为:煤矿—围岩变形—控制。应用《对应表》(二版)上"围岩控制"当副标题,专指标引该书主题。

手检标题:煤矿—围岩控制

机检标题:6060# $a 煤矿 $x 围岩控制

129.《动态测试技术及应用》(2008 年 6 月出版),CIP 标引为:动

态测定。该书专指标法：

手检标题：动态测试—测试技术

机检标题：6060# $a 动态测试 $x 测试技术

130.《现代光学计量与测试》(2010 年 5 月出版)，CIP 标引为：光学—计量。该书全面专指标法：

手检标题：①光学计量，②光学—测试技术

机检标题：6060# $a 光学计量

6060# $a 光学 $x 测试技术

131.《矿山建设工程》(2007 年 10 月出版)，CIP 标引为：矿山开发。这种标法不专指。该书是有关矿山建设工程设计、施工和组织管理方面课程的教材。专指标法：

手检标题：矿山建设—高等学校—教材

机检标题：6060# $a 矿山建设 $x 高等学校 $j 教材

132.《中国古代度量衡》(2011 年 1 月出版)，CIP 标引为：计量学—历史—中国—古代。《对应表》(二版)上"度量衡 Y 计量单位制"，还有"度量衡器(考古)"叙词，该书专指标法：

手检标题：①计量单位制—中国—古代，②度量衡器(考古)—中国

机检标题：6060# $a 计量单位制 $y 中国 $z 古代

6060# $a 度量衡器(考古) $y 中国

133.《金牌主厨的法式甜点》(2011 年 1 月出版)，CIP 标引为：糕点加工—法国。这标得不专指。《对应表》(二版)上有"甜食"、"西点"叙词，应用其参与组配标引，专指地表达主题。

手检标题：甜食：西点—糕点加工—法国

机检标题：6060# $a 甜食 $x 西点 $x 糕点加工 $y 法国

134.《全球变暖生存手册：77 个阻止全球变暖的方法》(2009 年出版)，CIP 标引为：温室效应—研究。《对应表》(二版)上有"全球变暖"叙词，该书专指标法：

手检标题：①全球变暖—研究，②温室效应—研究

机检标题:6060# $a 全球变暖 $x 研究

6060# $a 温室效应 $x 研究

135.《空间天气灾害》(2009 年 5 月出版),CIP 标引为:气象灾害—基本知识。空间天气,也称太空天气。根据《对应表》(二版)收词情况,该书专指标法:

手检标题:空间—天气学: 灾害学—基本知识

机检标题:6060# $a 空间 $x 天气学 $x 灾害学 $x 基本知识

136.《独为神州惜大儒:现代国学思潮与人物》(2009 年 12 月出版),CIP 标引为:名人—生平事迹—中国—民国。该书专指标法:

手检标题:①国学—理论研究—中国—民国,②国学—名人—人物研究—中国—民国

机检标题:6060# $a 国学 $x 理论研究 $y 中国 $z 民国

6060# $a 国学 $x 名人 $x 人物研究 $y 中国 $z 民国

137.《绿色和谐管理论——生态时代的管理哲学》,CIP 标引为:企业管理。应按书名反映的主题标引,专指地表达主题。

手检标题:企业管理: 生态管理—哲学理论

机检标题:6060# $a 企业管理 $x 生态管理 $x 哲学理论

138.《社会主义市场经济学》(2011 年 2 月出版),CIP 标引为:社会主义经济: 市场经济—中国,F123.9。应按 F123.9 对应的词串“中国经济\社会主义市场经济”标引:

手检标题:中国经济—社会主义市场经济

机检标题:6060# $a 中国经济 $x 社会主义市场经济

139.《微观经济学(第 18 版):双语教学版》(2008 年 5 月出版),CIP 标引为:经济学—双语教学—教材—英、汉。该书讲的是“经济学”的下位概念“微观经济学”,专指标引:

手检标题:微观经济学—双语教学—高等学校—教材—英语: 汉语

机检标题:6060# $a 微观经济学 $x 双语教学 $x 高等学校 $j 教材 $j 英语 $j 汉语

140.《运营与供应链管理:理论与实践》(清华物流学系列英文版

教材,2009 年 8 月出版),CIP 标引为:①企业管理:生产管理—高等学校—教材—英文,②企业管理:供销管理—高等学校—教材—英文。该书书名反映主题,应按书名的主题进行专指性标引。

手检标题:①企业管理:运营管理—高等学校—教材—英文,②企业管理:供应链管理—高等学校—教材—英文

机检标题:6060# $a 企业管理 $x 运营管理 $x 高等学校 $j 教材 $j 英文

6060# $a 企业管理 $x 供应链管理 $x 高等学校 $j 教材 $j 英文

141.《会计信息系统(第 10 版)》(2008 年出版),罗姆尼、施泰因巴特著,张瑞君、徐广成改编,CIP 标引为:会计—管理信息系统—双语教学—高等学校—教材。《对应表》(二版)上“会计信息系统 Y 会计信息”,应用正式叙词“会计信息”当主标题,专指地表达主题。

手检标题:会计信息—高等学校—教材—英文

机检标题:6060# $a 会计信息 $x 高等学校 $j 教材 $j 英文

142.《卫生法规》(2010 年 8 月出版),CIP 标引为:医药卫生管理—法规—中国—中医学院—教材,D922.16。D922.16 对应的词串有“卫生法\中国”,应按词串标引,专指地表达主题。

手检标题:卫生法—中国—中医学院—教材

机检标题:6060# $a 卫生法 $y 中国 $x 中医学院 $j 教材

143.《农民工工伤风险保障问题研究——以湖南湘中五城为例》(2011 年 1 月出版),CIP 标引为:工伤事故—劳动法—研究—中国。这种标引缺少主标题,不专指。《对应表》(二版)上“农民工Y 民工”,应用“民工”当主标题,专指地表达主题。

手检标题:民工—工伤事故—事故处理—劳动法—中国

机检标题:6060# $a 民工 $x 工伤事故 $x 事故处理 $x 劳动法 $y 中国

144.《柴米油盐中的经济学》(家庭经济实用丛书,2010 年 1 月出版),CIP 标引为:经济学—通俗读物。应用“经济学”的下位概念“家

庭经济学”当主标题,专指地表达该书主题。

手检标题:家庭经济学—通俗读物

机检标题:6060# $a 家庭经济学 $j 通俗读物

145.《国际安全与军备控制》(2011 年 1 月出版),CIP 标引为:①国际问题—研究,②国家安全—研究,③军备—控制—研究—世界,D815.5,D815.1。①的标题应按 D815.5 对应的词串“安全\国际问题”标引,③的标题应用《对应表》(二版)上“军备控制”专指词当主标题,用“军备”与“控制”组配是不对的。该书专指标引:

手检标题:①安全—国际问题—研究,②国家安全—研究,③ 军备控制—研究—世界

机检标题:6060# $a 安全 $x 国际问题 $x 研究

6060# $a 国家安全 $x 研究

6060# $a 军备控制 $x 研究 $y 世界

146.《怪诞行为学》(2008 年 10 月出版),(美)艾瑞里著,赵德亮、夏蓓洁译,CIP 标引为:经济学—通俗读物。该书应用“经济学”的下位概念“行为经济学”当主标题,专指地表达该书主题。

手检标题:行为经济学—通俗读物

机检标题:6060# $a 行为经济学 $j 通俗读物

147.《教师修养文萃》(2010 年 4 月出版),CIP 标引为:教师—职业道德,G451.6。该书应按 G451.6 对应的词串“教师\修养”标引,专指地表达主题。

手检标题:教师—修养—文集

机检标题:6060# $a 教师 $x 修养 $j 文集

148.《国际人力资源管理:第 5 版:英文》(2009 年出版),CIP 标引为:跨国公司—劳动力资源—资源管理—双语教学—教材—英文。应用“人力资源管理”当副标题,用“劳动力资源”与“资源管理”组配是不对的。该书应标引为:

手检标题:跨国公司—人力资源管理—高等学校—教材—英文

机检标题:6060# $a 跨国公司 $x 人力资源管理 $x 高等学校 $j

教材 $j 英文

149.《授权时代的控制:绩效评价系统内在设计机理研究》(2010年12月出版),CIP标引为:企业管理—经济评价—研究。应用“企业绩效”与“效益评价”当主、副标题标引,专指地表达该书主题。

手检标题:企业绩效—效益评价—理论研究

机检标题:6060# $a 企业绩效 $x 效益评价 $x 理论研究

150.《初级会计电算化实务:用友ERP-U88.61版》(2010年7月出版),CIP标引为:计算机应用—会计—专业学校—教材。《对应表》(二版)上有“会计电算化”专指词,应用该词标引,不应该用“计算机应用”与“会计”组配标引。表上没有“专业学校”这个词。该书标引为:

手检标题:会计电算化—专业教育—教材

机检标题:6060# $a 会计电算化 $x 专业教育 $j 教材

151.《冲突与协调:政府与企业在产业结构调整中的利益选择》(2010年12月出版),CIP标引为:产业结构—调整—研究—中国,F121.3。该书应用F121.3产业结构对应的词串“中国经济\产业结构”中“中国经济”与“产业结构调整”叙词标引,专指地表达主题。

手检标题:中国经济—产业结构调整—研究

机检标题:6060# $a 中国经济 $x 产业结构调整 $x 研究

152.《机动车辆保险业务》(2010年2月出版),CIP标引为:汽车保险—中国—高等学校:技术学校—教材。该书应用“机动车”参与组配并当主标题标引,专指地表达主题。

手检标题:机动车—汽车保险—中国—高等学校:技术学校—教材

机检标题:6060# $a 机动车 $x 汽车保险 $y 中国 $x 高等学校 $x 技术学校 $j 教材

153.《公共财政改革热点问题探索:2008~2009年度广东省财政科研课题研究报告》(2010年1月出版),CIP标引为:地方财政—经济体制改革—研究报告—广东省—2008-2009。应用“公共财政”与“经济体制改革”的下位词“财政改革”参与组配标引，专指地标引该书主题。

手检标题：地方财政：公共财政—财政改革—研究报告—广东—2008－2009

机检标题：6060# $a 地方财政 $x 公共财政 $x 财政改革 $x 研究报告 $y 广东 $z2008－2009

154.《我国外贸企业出口技能的识别与排序》(2010 年出版)，CIP 标引为：对外贸易—商业企业—出口—调查研究—中国。该书是研究出口技能的。出口技能作为一种行业技能，是外贸企业从事出口业务时的一种熟练的专业操作能力。该书研究在我国东部经贸发达的省份和地区首次对外贸企业进行出口技能需求的实际调研，取得第一手资料。该书的标引应标出“出口业务与职业技能”，专指地标引内容主题。《对应表》(二版)上有“外贸企业”叙词，应用该词当主标题，不应该用“对外贸易”与“商业企业”组配标引。该书标引为：

手检标题：外贸企业—出口业务—职业技能—调查研究—中国

机检标题：6060# $a 外贸企业 $x 出口业务 $x 职业技能 $x 调查研究 $y 中国

155.《财政经济评论》(2010 年 12 月出版)，CIP 标引为：经济—文集。该书应用“财政经济”与“经济评价”组配标引，专指地表达主题。

手检标题：财政经济—经济评价—文集

机检标题：6060# $a 财政经济 $x 经济评价 $j 文集

156.《诺斯经济哲学思想研究：基于历史唯物主义制度演化理论的视界》(2008 年出版)，CIP 标引为：诺斯—经济学：哲学—研究。这里有两个问题：①《对应表》(二版)上有“经济哲学”叙词，应用该词当副标题标引，不应该用“经济学”与“哲学”组配标引。②道格拉斯. C. 诺斯 1920 年 5 月出生于美国，《对应表》(二版)上没有他的名字。该书专指标法：

手检标题：经济哲学—研究—美国—现代

机检标题:6060# $a 经济哲学 $x 研究 $y 美国 $z 现代

6100# $a 道格拉斯. C. 诺斯(1920 -)

157.《现代办公设备使用与维护》(2010 年 11 月出版),CIP 标引为:①办公室—设备—使用—高等学校: 技术学校—教材,②办公室—设备—维护—高等学校:技术学校—教材。该书内容反映了现代化办公自动化设备的最新发展技术,主题标引应表达这个内容主题。《对应表》(二版)上有"自动化设备"、"办公设备"、"设备利用"等专指词,应用专指词专指地表达该书主题。

手检标题:①办公设备: 自动化设备—设备利用—高等学校: 技术学校—教材,②办公设备: 自动化设备—设备检修—高等学校: 技术学校—教材

机检标题:6060# $a 办公设备 $x 自动化设备 $x 设备利用 $x 高等学校 $x 技术学校 $j 教材

6060# $a 办公设备 $x 自动化设备 $x 设备检修 $x 高等学校 $x 技术学校 $j 教材

158.《怎样进行党性修养与党性分析(第三版)》(2011 年 1 月出版),CIP 标引为:中国共产党—党员—思想政治教育—学习参考资料。该书专指标法:

手检标题:①中国共产党—党员—党性—修养—学习参考资料,②中国共产党—党员—党性—分析—学习参考资料

机检标题:60102 $a 中国共产党 $x 党员 $x 党性 $x 修养 $j 学习参考资料

60102 $a 中国共产党 $x 党员 $x 党性 $x 分析 $j 学习参考资料

159.《用友 ERP - U8. 72 财务软件实务操作》(2010 年 7 月出版),CIP 标引为:会计—应用软件,ERP - U8. 72。《对应表》(二版)上有"财务软件",该书专指标引:

手检标题:财务软件—操作

机检标题:6060# $a 财务软件 $x 操作

还有一本《财务软件应用》(2010 年 9 月出版),CIP 标引为:会计—应用软件。该书专指标引:

手检标题:财务软件

机检标题:6060# $a 财务软件

160.《中国市场经济模式重新思考:韩康经济文选》(2010 年 12 月出版),CIP 标为:经济模式—中国—文集。《对应表》(二版)上“经济模式”有下位概念“市场经济模式”,该书专指标法:

手检标题:中国经济:社会主义市场经济—市场经济模式—文集

机检标题:6060# $a 中国经济 $x 社会主义市场经济 $x 市场经济模式 $j 文集

161.《中国模式:海外看中国崛起》(2010 年 9 月出版),CIP 标引为:经济模式—研究—中国,F120.3。F120.3 对应的词串有“中国经济\经济发展模式”,该书应按该词串标引,专指地表达主题。

手检标题:中国经济—经济发展模式—研究

机检标题:6060# $a 中国经济 $x 经济发展模式 $x 研究

162.《实用金融期权估值导论》(2009 年 8 月出版),(英)海厄姆(Higham,D. J.),CIP 标引为:金融—期货交易—高等学校—教材—英文。按照这种标法,主标题应是“金融期货”,即:金融期货—期货交易—高等学校—教材—英文。该书专指标法:

手检标题:金融—期权—定价—概论—高等学校—教材—英文

机检标题:6060# $a 金融 $x 期权 $x 定价 $x 概论 $x 高等学校 $j 教材 $j 英文

163.《国际金融危机对中国经济增长和就业影响及对策》(2010 年出版),CIP 标引为:①金融危机—影响—经济增长—研究—中国,② 金融危机—影响—劳动就业—研究—中国。主标题应是“国际金融”,该书专指标法:

手检标题: ①国际金融—金融危机—影响—中国经济—经济增长,② 国际金融—金融危机—影响—劳动就业—中国

机检标题:6060# $a 国际金融 $x 金融危机 $x 影响 $x 中国经济

$x 经济增长

6060# $a 国际金融 $x 金融危机 $x 影响 $x 劳动就业 $y 中国

164.《温州新实践:温州经济转型升级的路径探索》(2010 年出版),CIP 标引为:地区经济—经济贸易—研究—温州市。《对应表》(二版)上“地区经济Y 区域经济”,应用正式叙词当主标题标引。该书专指标引:

手检标题:经济转型期—区域经济—经济发展—研究—浙江—温州

机检标题:6060# $a 经济转型期 $x 区域经济 $x 经济发展 $x 研究 $y 浙江 $y 温州

165.《织物单面防印印花》(2008 年 1 月出版),CIP 标引为:单面针织物—印花。《对应表》(二版)上“防印印花Y 防染印花”,“防染印花”是“印花”的下位词,应用下位词当副标题,专指地表达本书主题。

手检标题:单面针织物—防染印花

机检标题:6060# $a 单面针织物 $x 防染印花

166.《中国特色反腐倡廉理论研究》(2010 年 8 月出版),CIP 标引为:廉政建设—理论研究—中国。该书专指标法:

手检标题:反腐倡廉—中国特色—理论研究

机检标题:6060# $a 反腐倡廉 $x 中国特色 $x 理论研究

167.《法务会计调查指南》(2009 年 1 月出版),(美) 戈尔登、(美) 斯卡拉克、(美) 克莱顿著,张磊译,CIP 标引为:司法—会计—会计检查。《对应表》(二版)上有“司法会计学”叙词,应用该词标引,不应该用“司法”与“会计”组配标引。该书应标引为:

手检标题:司法会计学—会计检查—指南

机检标题:6060# $a 司法会计学 $x 会计检查 $j 指南

168.《大学生心理素质教育与训练》(2010 年 7 月出版),CIP 标引为:心理卫生—健康教育—高等学校—教材。该书专指标引:

手检标题:大学生—心理素质—素质教育—高等学校—教材

机检标题:6060# $a 大学生 $x 心理素质 $x 素质教育 $x 高等学校 $j 教材

169.《卫星通信与数字信号处理》(2011 年出版),CIP 标引为:①卫星通信,②数字信号—信号处理。②的标题应选用“信号处理”的下位词“数字信号处理”表达,其组配是错误的。

手检标题:①卫星通信,②数字信号处理

机检标题:6060# $a 卫星通信

6060# $a 数字信号处理

170.《中国教育现代化进程研究》(2010 年 5 月出版),CIP 标引为:教育事业—现代化—研究—中国。《对应表》(二版)上有“教育现代化”、“教育研究”等专指词,专指标法:

手检标题:教育现代化—教育研究: 现代化研究—中国

机检标题:6060# $a 教育现代化 $x 教育研究 $x 现代化研究 $y 中国

171.《数学教学心理学》(2010 年 1 月出版),CIP 标引为:数学教学—数学心理学—中学,G633.6。该书应参照 G633.6 对应的词串“中学数学课\数学教学”标引,专指地表达主题。

手检标题:中学数学课—数学教学—教学心理学: 数理心理学

机检标题:6060# $a 中学数学课 $x 数学教学 $x 教学心理学 $x 数理心理学

172.《教育财政政策》(2010 年 12 月出版),CIP 标引为:教育经费—财政政策—研究—中国,G526.7。该书应参照 G526.7 对应的词串“教育财政\中国”标引,专指地表达主题。

手检标题:教育财政—财政政策—中国

机检标题:6060# $a 教育财政 $x 财政政策 $y 中国

173.《给班主任的建议》(2010 年 6 月出版),CIP 标引为:班主任—工作。《对应表》(二版)上有专指词“班主任工作”,应用专指词标引。该书专指标引:

手检标题:班主任工作: 教育工作—教育研究

机检标题:6060# $a 班主任工作 $x 教育工作 $x 教育研究

174.《中国教育竞争力国际比较研究》(2010 年 11 月出版),CIP 标引为:教育事业—国际化—竞争—研究—中国。该书专指标引:

手检标题:教育事业—竞争力—对比研究—中国: 国外

机检标题:6060# $a 教育事业 $x 竞争力 $x 对比研究 $y 中国 $x 国外

175.《高中课程改革的国际比较》(2010 年 9 月出版),CIP 标引为:课程—教学改革—对比研究—高中—世界。《对应表》(二版)上有"课程改革"专指词,该书专指标引:

手检标题:高中—课程改革—对比研究—中国: 国外

机检标题:6060# $a 高中 $x 课程改革 $x 对比研究 $y 中国 $y 国外

176.《幼儿园教育评价》(2009 年出版),CIP 标引为:学前教育—教育评估—师范大学—教材。该书专指标引:

手检标题:幼儿园—幼儿教育—教育评估—师范大学—教材

机检标题:6060# $a 幼儿园 $x 幼儿教育 $x 教育评估 $x 师范大学 $j 教材

177.《教师如何做好多媒体教学》(2010 年 3 月出版),CIP 标引为:多媒体—计算机辅助教学—中小学,G434。G434 对应的词中有"多媒体教学"叙词,该书专指标引:

手检标题:中小学教育—多媒体教学

机检标题:6060# $a 中小学教育 $x 多媒体教学

178.《电视内容产业核心竞争力研究》(2010 年 6 月出版),CIP 标引为:电视事业—市场竞争—研究。该书专指标法:

手检标题:电视事业—市场竞争—产品竞争力: 核心竞争力—研究

机检标题:6060# $a 电视事业 $x 市场竞争 $x 产品竞争力 $x 核心竞争力 $x 研究

179.《电视节目制作》(2008 年 7 月出版),CIP 标引为:电视节目—制作—高等学校—教材。《对应表》(二版)上有“电视节目制作”专指词,应用专指词表达主题。

手检标题:电视节目制作—高等学校—教材

机检标题:6060# $a 电视节目制作 $x 高等学校 $j 教材

180.《标题写作:从入门到精通》(国外新闻人实用操作教程,2010 年出版),(印度)萨克塞纳著,周黎明译,CIP 标引为:新闻写作—标题(文献)—教材。《对应表》(二版)上有“新闻标题”叙词,该书专指标法:

手检标题:新闻标题—新闻写作—艺术技巧—教材

机检标题:6060# $a 新闻标题 $x 新闻写作 $x 艺术技巧 $j 教材

181.《当代外国军事伦理》(2010 年 1 月出版),CIP 标引为:军事—伦理学—研究—外国—现代。《对应表》(二版)上“军事伦理学Y军人伦理学”,表上没有“外国”一词,该书专指标法:

手检标题:军人伦理学—研究—国外—现代

机检标题:6060# $a 军人伦理学 $x 研究 $x 国外 $z 现代

182.《文化经纪人概论》(2010 年 3 月出版),CIP 标引为:文化—市场—经纪人—高等学校—教材。《对应表》(二版)上有“文化市场”专指词,该书应标引为:

手检标题:文化市场—经纪人—高等学校—教材

机检标题:6060# $a 文化市场 $x 经纪人 $x 高等学校 $j 教材

183.《报纸差错辨析》(2009 年 3 月出版),CIP 标引为:报纸—编辑工作—错误—分析。《对应表》(二版)上有“报纸编辑”专指词,应用专指词标引。

手检标题:报纸编辑—错误—辨析

机检标题:6060# $a 报纸编辑 $x 错误 $x 辨析

184.《语用学:多学科视角》(2007 年 2 月出版),(英)卡明斯著,CIP 标引为:语言学—研究—英文。该书讲的是语用学,“语用学”是“语言学”的下位概念,专指标法应选用下位词当主标题标引。

手检标题:语用学—研究—英文

机检标题:6060# $a 语用学 $x 研究 $j 英文

185.《农民收入、农民发展与公共产业供给研究》(2010 年 3 月出版),CIP 标引为:①农民—收入—研究—中国,②农业经济—经济发展—研究—中国,③农村—公用事业—研究—中国。《对应表》(二版)上有“农民收入”、“农业发展”、“农民致富”等专指词,应用专指词标引。英文 public goods 在汉语里有多种译法,如公共产业、公用品、公共产品、公共物品等,根据词表收词情况,可用“公共物品”标引,不能用“公共事业”标引。该书专指标法:

手检标题:①农民收入—研究—中国,②农业发展—农民致富—研究—中国,③农村—公用物品—供应—研究—中国

机检标题:6060# $a 农民收入 $x 研究 $y 中国

6060# $a 农业发展 $x 农民致富 $x 研究 $y 中国

6060# $a 农村 $x 公用物品 $x 供应 $x 研究 $y 中国

186.《中国注册会计师执业准则应用指南》(2010 年 12 月出版),CIP 标引为:注册—会计师—会计制度—中国—指南。《对应表》(二版)上有“注册会计师”专指词,还有“会计准则”专指词,该书专指标引:

手检标题:注册会计师—会计准则—中国—指南

机检标题:6060# $a 注册会计师 $x 会计准则 $y 中国 $j 指南

187.《创新与反特权垄断经济史观》(2011 年 1 月出版),CIP 标引为:经济史—研究—世界,F119。该书应按 F119 对应的词串“世界经济\经济史”标引,专指地表达主题。

手检标题:世界经济—经济史—研究

机检标题:6060# $a 世界经济 $x 经济史 $x 研究

188.《中国红色旅游研究》(2010 年 12 月出版),CIP 标引为:革命纪念地—旅游业—经济发展—研究—中国。《对应表》(二版)上有“教育旅游”、“旅游业发展”专指词,应用专指词标引。

手检标题:革命纪念地—教育旅游—旅游业发展—研究—中国

机检标题:6060# $a 革命纪念地 $x 教育旅游 $x 旅游业发展 $x

研究 $y 中国

189.《农家生态旅游百问百答》(2010 年 5 月出版),CIP 标引为:乡村—生态型—旅游—问答。《对应表》(二版)上“乡村生态Y 农村生态”,并有“生态旅游”专指词,应用正式叙词“农村生态”与专指词“生态旅游”进行专指标引。

手检标题:农村生态—生态旅游—问题解答

机检标题:6060# $a 农村生态 $x 生态旅游 $j 问题解答

190.《广东金融成熟度研究》(2011 年 3 月出版),CIP 标引为:金融事业—经济发展—研究—广东省。应用“金融事业”的下位词“地方金融事业”当主标题标引,专指地表达主题。

手检标题:地方金融事业—经济发展—研究—广东

机检标题:6060# $a 地方金融事业 $x 经济发展 $x 研究 $y 广东

191.《企业信息战略》(2011 年出版),CIP 标引为:信息技术—应用—企业管理。该书应用“企业信息化”与“企业战略”组配标引,专指地表达主题。

手检标题:企业信息化—企业战略

机检标题:6060# $a 企业信息化 $x 企业战略

192.《中国村干部激励机制研究》(2011 年 3 月出版),CIP 标引为:农村—干部教育—研究—中国,F325.4。应参照 F325.4 对应的词串“农村\基层干部\中国”标引,并选用《对应表》(二版)上“激励”叙词参与标引,专指地表达主题。

手检标题:农村—基层干部—激励—研究—中国

机检标题:6060# $a 农村 $x 基层干部 $x 激励 $x 研究 $y 中国

193.《农村居民消费的区域比较研究》(2011 年 4 月出版),CIP 标引为:农民—消费—研究—中国。该书专指标引:

手检标题:农村—居民消费—区域差异—对比研究—中国

机检标题:6060# $a 农村 $x 居民消费 $x 区域差异 $x 对比研究 $y 中国

194.《宋代地方财政史研究》(2011 年出版),CIP 标引为:地方财政—经济史—研究—中国—宋代。副标题应是"经济史"的下位词"财政史",这里不能用上位词"经济史"标引。

手检标题:地方财政—财政史—研究—中国—宋代

机检标题:6060# $a 地方财政 $x 财政史 $x 研究 $y 中国 $z 宋代

195.《高科技企业创新生态系统管理理论及应用》(2010 年 5 月出版),CIP 标引为:高科技产业—企业管理—技术革新—研究。《对应表》(二版)上"高科技企业Y 高技术企业",并有"企业创新"等专指词,该书专指标法:

手检标题:高技术企业—企业创新—生态管理:系统管理—管理学

机检标题:6060# $a 高技术企业 $x 企业创新 $x 生态管理 $x 系统管理 $x 管理学

196.《日本企业雇佣制度的历史考察》(2010 年 7 月出版),CIP 标引为:企业管理:人事管理—企业史—日本。《对应表》(二版)上没有"企业史"这个词,应标引为:

手检标题:雇佣劳动—企业制度:用工制度—经济史—日本

机检标题:6060# $a 雇佣劳动 $x 企业制度 $x 用工制度 $x 经济史 $y 日本

197.《中国机构投资者投资行为研究》(2011 年 2 月出版),CIP 标引为:金融机构—金融投资—研究—中国。《对应表》(二版)上有"机构投资者"与"投资行为"叙词,应用这两个叙词组配专指地表达该书主题。

手检标题:机构投资者—投资行为—研究—中国

机检标题:6060# $a 机构投资者 $x 投资行为 $x 研究 $y 中国

198.《预期作用于金融宏观调控的效率》(2010 年 1 月出版),CIP 标引为:金融—宏观调控—研究—中国。《对应表》(二版)上有"金融宏观调控"专指词,并有"经济效率"专指词,该书专指标法:

手检标题:金融宏观调控—经济效率—研究—中国

机检标题:6060# $a 金融宏观调控 $x 经济效率 $x 研究 $y 中国

199.《高技术企业成长机理及其模式研究:基于技术核心能力的视角》(2011 年 3 月出版),CIP 标引为:高技术产业—企业管理—研究。该书专指标法:

手检标题:高技术企业—企业成长—经济机制—经济模式—研究

机检标题:6060# $a 高技术企业 $x 企业成长 $x 经济机制 $x 经济模式 $x 研究

200.《销售中的博弈论诡计》(2011 年 4 月出版),CIP 标引为:①销售—通俗读物,②对策论—普及读物。作者说:"学习销售博弈论,赢得更好的销售成绩。销售充满博弈,很多销售心理都可以采用博弈论来解读。"《对应表》(二版)上有"博弈论"专指词,应用该词与"销售"组配标引,专指地表达该书主题。

手检标题:销售—博弈论—通俗读物

机检标题:6060# $a 销售 $x 博弈论 $j 通俗读物

201.《战略人力资源审计》(复旦博学·21 世纪人力资源管理丛书,2009 年 12 月出版),CIP 标引为:企业管理—劳动力资源—资源管理。该书专指标法:

手检标题:人力资源管理:战略管理—管理审计

机检标题:6060# $a 人力资源管理 $x 战略管理 $x 管理审计

202.《南通民营经济发展报告》(2010 年 5 月出版),CIP 标引为:私营经济—经济发展—研究报告—南通市—2009 ~ 2010。"民营经济","民营企业"是改革开放后出现的新概念,书上讲的是民营经济,《对应表》(二版)上也有"民营经济"这个词,应用"民营经济"当主标题标引,专指地表达该书主题。

手检标题:民营经济—经济发展—研究报告—江苏—南通—2009 - 2010

机检标题:6060# $a 民营经济 $x 经济发展 $x 研究报告 $y 江苏 $y 南通 $z2009 - 2010

203.《"1 + 1 + 1"战略》(2011 年 2 月出版),CIP 标引为:私营企

业—经济发展战略—研究—中国。内容提要指出:本书主要讨论了中国民营企业的产业布局问题,从“1”——民营企业家赖以生存的“发家生意”,到“1 + 1”——“发家生意 + 高新成长产业”,再到“1 + 1 + 1”——“发家生意 + 高新成长产业 + 财务投资”,改革开放的30年间,有太多的企业(不管是国企,还是民企)走过了这条产业布局的道路……该书专指标法:

手检标题:民营企业—产业布局—研究—中国

机检标题:6060# $a 民营企业 $x 产业布局 $x 研究 $y 中国

204.《面向竞争的规制:转型期我国风景资源保护与利用实效管理模式研究》(2010 年 12 月出版),CIP 标引为:风景区—旅游资源—经济管理—研究—中国。《对应表》(二版)上“风景资源Y 景观资源”,该书应标引为:

手检标题:①经济转型期—景观资源—资源保护—管理模式—研究—中国,②经济转型期—景观资源—资源利用—管理模式—研究—中国

机检标题:6060# $a 经济转型期 $x 景观资源 $x 资源保护 $x 管理模式 $x 研究 $y 中国

6060# $a 经济转型期 $x 景观资源 $x 资源利用 $x 管理模式 $x 研究 $y 中国

205.《城市老工业区转型与再开发:理论、经验与实践》(2011 年 3 月出版),CIP 标引为:城市工业—工业发展战略—研究—中国。这种标法不专指。《对应表》(二版)上有“老工业基地”、“转型经济”专指词,应用专指词表达主题。

手检标题:城市工业—老工业基地—转型经济—工业开发—研究—中国

机检标题:6060# $a 城市工业 $x 老工业基地 $x 转型经济 $x 工业开发 $x 研究 $y 中国

206.《网上开店快速赢利的 72 个妙招》(2009 年 10 月出版),CIP 标引为:电子商务—商业经营—基本知识。专指标法:

手检标题:网上销售—经济效益—经营技巧—基本知识

机检标题:6060# $a 网上销售 $x 经济效益 $x 经营技巧 $x 基本知识

207.《国有商业银行股份制改革理论与实践》(2011 年 1 月出版),CIP 标引为:商业银行—股份制—经济体制改革—研究—中国。该书应用"商业银行"的下位概念"国有商业银行"与"银行体制改革"参与组配标引,专指地表达主题。

手检标题:国有商业银行—股份制—银行体制改革—研究—中国

机检标题:6060# $a 国有商业银行 $x 股份制 $x 银行体制改革 $x 研究 $y 中国

208.《会计理论比较研究》(2011 年 2 月出版),CIP 标引为:会计学—研究。该书应用"会计理论"与"对比研究"组配标引,专指地表达主题。

手检标题:会计理论—对比研究

机检标题:6060# $a 会计理论 $x 对比研究

209.《收益、风险与监督:中外合作办学的经济分析》(2010 年 6 月出版),CIP 标引为:教育—国际合作—研究—中国、外国。《对应表》(二版)上"合作办学Y 联合办学",该书专指标法应用正式叙词"联合办学"当主标题标引。

手检标题:联合办学—经济分析—中国: 国外

机检标题:6060# $a 联合办学 $x 经济分析 $y 中国 $y 国外

210.《研究型大学实行国库集中收付制度研究》(2010 年 11 月出版),CIP 标引为:①高等学校—财务管理—研究—中国,②国库—收付实现制—研究—中国。国库是一种金库。该书专指标法:

手检标题: 高校管理: 财务管理—国库—收付实现制—研究—中国

机检标题:6060# $a 高校管理 $x 财务管理 $x 国库 $x 收付实现制 $x 研究 $y 中国

211.《人力资本视野中的大学教师薪酬制度研究》(2010 年 8 月

出版),CIP 标引为:高等学校—教师—劳动工资管理—研究—中国。《对应表》(二版)上没有“劳动工资管理”这个词。该书专指标法:

手检标题:高等学校—教师—薪金—工资制度—研究—中国

机检标题:6060# $a 高等学校 $x 教师 $x 薪金 $x 工资制度 $x 研究 $y 中国

212.《种好心田:魏书生与陶继新的幸福教育》(2011 年 2 月出版),CIP 标引为:中小学—教育工作。该书专指标法:

手检标题:中小学教育—幸福—教育

机检标题:6060# $a 中小学教育 $x 幸福 $x 教育

213.《大学生健康生活》(2011 年 3 月出版),CIP 标引为:大学生—生活方式—高等学校—教材。内容简介:“本书是根据教育部‘学校应当把健康教育纳入教学计划,开设健康教育课程’的要求,在总结多年健康教育经验的基础上编写的。本书既可作为高等院校健康教育教材,也可作为健康生活的普及读本,供注重自我保健者参考和阅读。”专指标法:

手检标题:大学生—健康教育—高等学校—教材

机检标题:6060# $a 大学生 $x 健康教育 $x 高等学校 $j 教材

214.《知识经济时代中国高等教育创新问题研究》(2010 年 6 月出版),CIP 标引为:高等教育—研究—中国。《对应表》(二版)上“教育创新Y 教育改革”,应用“教育改革”作副标题标引,专指地表达该书主题。

手检标题:高等教育—教育改革—教育研究—中国

机检标题:6060# $a 高等教育 $x 教育改革 $x 教育研究 $y 中国

215.《制度分析视野中的学校改革》(2010 年 12 月出版),CIP 标引为:学校管理—体制改革—研究。应用“体制改革”的下位概念“教育体制改革”参与组配标引,专指地表达主题。

手检标题:学校管理—管理体制—教育体制改革

机检标题:6060# $a 学校管理 $x 管理体制 $x 教育体制改革

216.《儒学与中国古代小说关系论稿》(2010 年 10 月出版),CIP

标引为:儒家—关系—古典文学—文学研究—中国。《对应表》(二版)上有"古典小说"、"小说研究"等专指词,应用专指词参与组配标引。

手检标题:儒学—关系—古典小说—小说研究—中国

机检标题:6060# $a 儒学 $x 关系 $x 古典小说 $x 小说研究 $y 中国

217.《南宋遗民词研究》(2010 年 12 月出版),CIP 标引为:诗人—人物研究—中国—南宋。这种标法不专指,应用"诗人"的下位概念"词人"当主标题标引。该书专指标法:

手检标题:词人—作家评论—中国—南宋

机检标题:6060# $a 词人 $x 作家评论 $y 中国 $z 南宋

218.《古筝流行 & 通俗曲集 60 首》(2011 年 1 月出版),CIP 标引为:筝—器乐曲—中国—选集,J648.32。《笛子流行 & 通俗曲集 60 首》(2011 年 1 月出版),CIP 标引为:笛子—器乐曲—中国—选集,J648.11。《二胡流行 & 通俗曲集 60 首》(2011 年 1 月出版),CIP 标引为:二胡—器乐曲—中国—选集,J648.21。

第一本应按 J648.32 对应的词串"筝\弦乐\民族器乐曲\中国"专指地标引主题。

手检标题:筝—弦乐—民族器乐曲—中国

机检标题:6060# $a 筝 $x 弦乐 $x 民族器乐曲 $y 中国

第二本应按 J648.11 对应的词串"笛子\吹奏乐\民族器乐曲\中国"专指地标引主题。

手检标题:笛子—吹奏乐—民族器乐曲—中国

机检标题:6060# $a 笛子 $x 吹奏乐 $x 民族器乐曲 $y 中国

第三本应按 J648.21 对应的词串"二胡\弦乐\民族器乐曲\中国"专指地标引主题。

手检标题:二胡—弦乐—民族器乐曲—中国

机检标题:6060# $a 二胡 $x 弦乐 $x 民族器乐曲 $y 中国

219.《证券、期货、外汇模拟实验》(2008 年 3 月出版),CIP 标引为:①证券交易—高等学校—教材,②期货交易—高等学校—教材,③外汇市场—高等学校—教材。教材有两种,一种是讲理论的教材,一种是实验教材。该书是实验教材,不是CIP标引的理论教材。该书专指标法:

手检标题:①证券交易—教学实验:模拟实验—高等学校—教材,
②期货交易—教学实验:模拟实验—高等学校—教材,
③外汇市场—教学实验:模拟实验—高等学校—教材

机检标题:6060# $a 证券交易 $x 教学实验 $x 模拟实验 $x 高等学校 $j 教材
6060# $a 期货交易 $x 教学实验 $x 模拟实验 $x 高等学校 $j 教材
6060# $a 外汇市场 $x 教学实验 $x 模拟实验 $x 高等学校 $j 教材

220.《如何解决劳动争议》(2009 年 7 月出版),CIP 标引为:劳动争议—处理—中国。该书应按 D922.591 对应的词串“劳动争议\处理\劳动法\中国”标引,标出“劳动法”,专指地标引该书主题。

手检标题:劳动争议—处理—劳动法—中国

机检标题:6060# $a 劳动争议 $x 处理 $x 劳动法 $y 中国

三、全面性标引方面差错170例

主题标引规定:标引文献主题要全面,要与文献所实际具有主题的全面性保持基本一致。例如一本书有两个主题,主题标引要标出两个主题,如果只标一个,那就是不全面。人们要问,一本书如果有很多主题,是不是不考虑标引规则,标引很多主题呢? 那也不是。我们说的要全面是在标引规则允许下的全面。标引规则通常规定:一本书标引选词不超过10个;组配在5级之内,即选用5个叙词组配;标题数量在2—5个左右(不含轮排形式)。下列图书主题标引不够全面。

1.《控制论与科学方法论》(2005年4月出版),CIP标引为:控制论。该书两个主题,“与”字前面一个,“与”字后面一个。初版、二版《对应表》上都有“控制论”与“科学方法论”叙词,应用这两个叙词全面标引该书主题。

手检标题:①控制论,②科学方法论

机检标题:6060# $a 控制论

6060# $a 科学方法论

2.《地下管线的震害、抗震验算、设计与措施》(2007年10月出版),CIP标引为:地下管道—抗震—研究。该书应标引书名反映的主题,进行全面、专指标引。

手检标题:①地下管道—地震灾害,②地下管道—抗震试验,③地下管道—防震设计,④地下管道—抗震措施

机检标引:6060# $a 地下管道 $x 地震灾害

6060# $a 地下管道 $x 抗震试验

6060# $a 地下管道 $x 防震设计

6060# $a 地下管道 $x 抗震措施

3.《金融工程和计算:原理、数学、算法》(2008年5月出版), CIP

标引为:金融—经济数学—英文。该书应按书名反应的主题标引,全面、专指地表达主题。

手检标题:①金融工程—高等学校—教材—英文,②金融学:经济数学—高等学校—教材—英文

机检标题:6060#＄a 金融工程＄x 高等学校＄j 教材＄j 英文

6060#＄a 金融学＄x 经济数学＄x 高等学校＄j 教材＄j 英文

4.《化学与应用化学专业学习及就业指南》(2010 年 10 月出版),CIP 标引为:化学—高等学校—教学参考资料。应标出“应用化学”,全面地标引该书主题。

手检标题:①化学—高等学校—教学参考资料,②应用化学—高等学校—教学参考资料

机检标题:6060#＄a 化学＄x 高等学校＄j 教学参考资料

6060#＄a 应用化学＄x 高等学校＄j 教学参考资料

5.《使用集中供热手册》(2006 年出版),CIP 标引为:集中供热—手册。该书是城市集中供热,应按初版或二版《对应表》TU995 对应的词串“城市供热\集中供热”进行全面、专指标引。

手检标题:城市供热:集中供热—手册

机检标题:6060#＄a 城市供热＄x 集中供热＄j 手册

6.《动力管道设计手册》(2006 年 1 月出版),CIP 标引为:①供热管道—市政工程—建筑设计—手册,②煤气管道—市政工程—建筑设计—手册。这种标法表达不了该手册主题。该手册是一本较为全面的综合性动力管道设计工具书。管道种类包括热力管道:蒸汽、热水、凝结水、废气;燃气管道:冷煤气、水煤气、城市煤气、天然气、液化石油气;气体管道:压缩空气、氧气、氮气、乙炔气、氢气、二氧化碳气、真空系统、高纯气体等。考虑到该书主题很多,应采用整体标引与有选择的分散标引相结合的标引方式进行全面标引。《对应表》(二版)上“管道设计Y 管线设计”,该手册应标引为:

手检标题:①动力—管道—管线设计—手册,②供热管道—管线

设计—手册,③煤气管道—管线设计—手册

机检标题:6060# $a 动力 $x 管道 $x 管线设计 $j 手册

6060# $a 供热管道 $x 管线设计 $j 手册

6060# $a 煤气管道 $x 管线设计 $j 手册

7.《地表水水质模拟与控制》(2008 年出版),CIP 标引为:地面水—水质分析。该书两个主题,“与”字前面一个,“与”字后面一个,全面标引应标出两个主题。

手检标题:①地面水—水质模拟,②地面水—水质控制

机检标题:6060# $a 地面水 $x 水质模拟

6060# $a 地面水 $x 水质控制

8.《水科学技术中概率统计方法》(2010 年出版),CIP 标引为:水资源—概率统计计算法。该书介绍了概率的基本理论与在水科学技术中常用的近代方法。该书全面、专指标引:

手检标题:①概率统计计算法—基础理论,②概率统计计算法—应用—水—科学

机检标题:6060# $a 概率统计计算法 $x 基础理论

6060# $a 概率统计计算法 $x 应用 $x 水 $x 科学

9.《低渗透砂岩储层裂缝的形成与分布》(2008 年出版),CIP 标引为:①低渗透油层—裂缝储集层—形成,②低渗透油层—裂缝储集层—分布规律。《对应表》(二版)上没有“裂缝储集层”这个词,也没有必要选用这个词。内容提要说:“本书在介绍低渗透砂岩储层地质特征与成因的基础上……对不同构造类型低渗透砂岩储层裂缝的成因类型、形成机理、分布特征及其规律进行了系统的论述,对裂缝在低渗透砂岩油藏注水开发中的应用进行了分析。”该书全面、专指标法:

手检标题:①低渗透储集层: 砂岩储集层—裂缝(岩石)—形成,②低渗透储集层: 砂岩储集层—裂缝(岩石)—分布规律,③裂缝(岩石)—应用—低渗透油气藏: 砂岩油气藏—油气田开发—注水(油气田)

机检标题:6060# $a 低渗透储集层 $x 砂岩储集层 $x 裂缝(岩石)

$x 形成

6060# $a 低渗透储集层 $x 砂岩储集层 $x 裂缝(岩石) $x 分布规律

6060# $a 裂缝(岩石) $x 应用 $x 低渗透油气藏 $x 砂岩油气藏 $x 油气田开发 $x 注水(油气田)

10.《躬耕集》(南开史学丛 第二辑),俞辛著,CIP 标引为:中国—近代史—文集。该书目录上有三大部分内容:民初中国与日本外交,三十年代中国与日本外交,中日外交论文。全面、专指标法:

手检标题:①中日关系—国际关系史—1912－1939—文集,②对华政策—日本—1912－1939—文集

机检标题:6060# $a 中日关系 $x 国际关系史 $z1912－1939 $j 文集

6060# $a 对华政策 $y 日本 $z1912－1939 $j 文集

11.《希腊思想和科学精神的起源》,CIP 标引为:哲学史—世界。该书中文修订版序:本书"依次着重讨论了古代希腊的自然哲学、人本主义或思辨哲学、道德哲学或伦理学以及宗教哲学"。最后一卷讨论的是古代罗马帝国时代的哲学。全面、专指标法:

手检标题:①自然哲学—研究—古希腊,②人本主义—研究—古希腊,③宗教哲学—研究—古希腊,④古希腊罗马哲学—研究

机检标题:6060# $a 自然哲学 $x 研究 $x 古希腊

6060# $a 人本主义 $x 研究 $x 古希腊

6060# $a 宗教哲学 $x 研究 $x 古希腊

6060# $a 古希腊罗马哲学 $x 研究

12.《现代经理人不可不知的财务知识》,CIP 标引为:企业管理—基本知识。该书是讲财务与财会的,全面、专指标引:

手检标题:①财务管理—基本知识,②财务会计—基本知识

机检标题:6060# $a 财务管理 $x 基本知识

6060# $a 财务会计 $x 基本知识

13.《虚拟经济与企业管理》,CIP 标引为:企业管理。本书序言:“一般而言,意为 Fictitious Economy 的虚拟经济是虚拟资本的代名词。马克思所说的虚拟资本在持有和交易的过程中形成的各种经济活动,就是我们这个意义所指的虚拟经济,多少年来这种观点慢慢地为人们所认可。”该书全面、专指标法:

手检标题:①虚拟经济,②虚拟资本,③企业管理

机检标题:6060# $a 虚拟经济

6060# $a 虚拟资本

6060# $a 企业管理

14.《贵阳青年看贵州:苗装——贵州苗族服饰的图像人类学志》(2010 年 5 月出版),CIP 标引为:民族文化—贵州省。书名冒号后面的内容主题应标引出来,该书全面标引:

手检标题:①苗族—民族服饰—贵州,②民族文化—贵州

机检标题:6060# $a 苗族 $x 民族服饰 $y 贵州

6060# $a 民族文化 $y 贵州

15.《管道运输工程》,CIP 标引为:管道运输:油气运输。本书内容包括:1. 原油、成品油、天然气的管道输送;2. 煤炭 、精矿、尾矿的高浓度浆体管道输送,特高浓度的膏体管道输送;3. 深海底多金属矿(锰结核)的气力提升;4. 公用及民用设施的管道输送,包括城市供水、供热和供燃气 、公用设施的开源与节流、余热利用、太阳能的利用、乡镇的沼气生态技术等。这些内容共 386 页。管道油气运输只占 56 页,CIP 的主题标引只表达了 56 页的内容主题,300 多页的内容主题未标引,显然是错误的。该书内容很多,只能如书名那样,作概括性整体标引、全面标引。

手检标题:管道运输—运输工程

机检标题:6060# $a 管道运输 $x 运输工程

16.《激活你的大脑潜能》,CIP 标引为:创造力—能力培养 。书上有句话:“本书将教给你一些开发智力的方法。”根据《对应表》(二版),该书全面、专指标法:

手检标题:①智力开发—方法,②潜能—能力培养

机检标题:6060# $a 智力开发 $x 方法

6060# $a 潜能 $x 能力培养

17.《孤注一掷:美国科技巨头的成功经历》,CIP 标引为:高技术产业—企业管理—经验—美国。该书是企业家传记作品,应标出这个传记主题。

手检标题:①高技术产业—企业家—生平事迹—美国,②高技术产业—企业管理—经验—美国

机检标题:6060# $a 高技术产业 $x 企业家 $x 生平事迹 $y 美国

6060# $a 高技术产业 $x 企业管理 $x 经验 $y 美国

18.《文物叙旧》《书画源流》《赝品述往》《古玩掌故》《古籍典故》这 5 本书都属于老古董丛书,CIP 都标引为:①随笔—作品集—中国—当代,②故事—作品集—中国—当代。这 5 本书应按书名反映的内容主题标引,应既做综合标引又做分散标引。如第一本:

手检标题:①古器物—中国—丛书,②历史文物—中国

机检标题:6060# $a 古器物 $y 中国 $j 丛书

6060# $a 历史文物 $y 中国

其他 4 本标引同第一本。

19.《话经济学人》,梁小民著,CIP 标引为:经济学—散文。作者序言:"写这本书是让读者在轻松的阅读中了解一点经济学史。""本书试图通过对影响经济学发展进程的杰出西方经济学大师的人生经历与作品的解读,一步步靠近他们的人性和从事学术研究的真相。"根据初版《对应表》,该书全面、专指标法:

手检标题:①经济学家—生平事迹—西方国家,②经济学—基本知识

机检标题:6060# $a 经济学家 $x 生平事迹 $x 西方国家

6060# $a 经济学 $x 基本知识

20.《工薪阶层理财经》(社会阶层理财智慧丛书),CIP 标引为:投资—通俗读物。书名反映主题,该书全面、专指标法:

手检标题:①社会阶层—理财观念—丛书,②工资劳动者—理财观念—通俗读物

机检标题:6060# $a 社会阶层 $x 理财观念 $j 丛书

6060# $a 工资劳动者 $x 理财观念 $j 通俗读物

21.《吃出免疫亲和力》(免疫力宝典·饮食篇),CIP 标引为:保健—普及读物。全书共 4 篇:水果篇(1—64 页),蔬菜篇(65—144 页),果蔬汁篇(145—176 页),药物篇(177—221)。该书概括性标引可标引为:

手检标题:饮食营养学—普及读物

机检标题:6060# $a 饮食营养学 $j 普及读物

全面、专指标引:

手检标题:①水果—食物养生,②蔬菜—食物养生,③果汁—食物养生,④营养滋补药

机检标题:6060# $a 水果 $x 食物养生

6060# $a 蔬菜 $x 食物养生

6060# $a 果汁 $x 食物养生

6060# $a 营养滋补药

22.《宏观生态学》,CIP 标引为:群落生态学—研究。该书目录:第一章,绪论;第二章,群落生态学;第三章,生态系统生态学;第四章,景观生态学;第五章,可持续发展生态学;第六章,遥感与地理信息系统在宏观生态学研究中的应用。根据词表收词情况,该书可既做整体标引,又适当做分析标引。

手检标题:①宏观系统—生态学,②群落生态学,③生态系统生态学,④景观学: 生态学

机检标题:6060# $a 宏观系统 $x 生态学

6060# $a 群落生态学

6060# $a 生态系统生态学

6060# $a 景观学 $x 生态学

23.《全隋言语补遗》,CIP 标引为:古籍—中国—隋代。该书是千

篇古代散文补遗,绝大多数是墓志补遗。

手检标题:①古典散文—散文集—中国—隋代,②墓志—中国—隋代—汇编

机检标题:6060# $a 古典散文 $x 散文集 $y 中国 $z 隋代

6060# $a 墓志 $y 中国 $z 隋代 $j 汇编

24.《多维视野中的女性主义文学批评》,CIP 标引为:妇女文学—文学批评—中国—当代。该书目录:第一章,探源:西方女性主义文学批评的兴起与发展;第二章,检视:西方女性主义文学批评主要场域;第三章,澄明:新时期前的“性别批评”视界;第四章,建构:女性主义文学批评在中国。该书是讲世界妇女文学评论的,中国的可做出分析标引,全面、专指标法:

手检标题:①世界文学: 妇女文学—文学评论,②中国文学: 妇女文学—文学评论

机检标题:6060# $a 世界文学 $x 妇女文学 $x 文学评论

6060# $a 中国文学 $x 妇女文学 $x 文学评论

25.《地生态学》,CIP 标引为:生态学—土地。地生态学即地理生态学。该书绪论还说:“本书的目的在于教给学生有关景观生态学的一些基本知识。”该书全面、专指标法:

手检标题:①地理学: 生态学—基本知识,②景观学:生态学—基本知识

机检标题:6060# $a 地理学 $x 生态学 $x 基本知识

6060# $a 景观学 $x 生态学 $x 基本知识

26.《活力素食》,CIP 标引为:保健—菜谱。书上讲的是:苋菜,芹菜,菠菜,蕹菜,荠菜,洋葱,胡萝卜,萝卜,土豆,瓜果类,菌藻类,豆类等食谱。全面、专指标法:

手检标题:①保健—素菜—菜谱,②蔬菜加工食品—食物养生—食谱

机检标题:6060# $a 保健 $x 素菜 $x 菜谱

6060# $a 蔬菜加工食品 $x 食物养生 $x 食谱

27.《食品安全与食品选购知识》(2010年1月出版),CIP标引为:食品卫生—基本知识。书名反映主题,全面、专指标法应标引书名上反映的两个主题。

手检标题:①食品安全—基本知识,②食品—选购—基本知识

机检标题:6060 $a 食品安全 $x 基本知识

6060 $a 食品 $x 选购 $x 基本知识

28.《1937年中国知识界》,CIP标引为:日本—侵华—历史—研究。该书目录:第一章,"七·七"事变与平津知识界;第二章,"八·一三"事变与上海文化人;第三章,南京大屠杀中的知识分子;第四章,寻觅家园:历史上最多的文化流民;第五章,死于战乱中的知识界名人;第六章,日本侵华战争中中国知识产业毁失略例。该书全面、专指标法:

手检标题:①知识分子—抗日斗争—中国—1937,②侵华日军—侵华事件

机检标题:6060# $a 知识分子 $x 抗日斗争 $y 中国 $z1937

6060# $a 侵华日军 $x 侵华事件

29.《日本大陆政策史(1868-1945)》,CIP标引为:对华政策—历史—研究—日本—1868-1945。该书语:日本大陆政策是日本军国主义的核心和最本质的体现……本书全面深入地论述了日本大陆政策定制形成、演变发展、最后破产的历史。《对应表》上"大陆政策Y田中奏折",该书全面、专指标法:

手检标题:①田中奏折—历史,②军国主义—对华政策—日本—1868-1945

机检标题:6060 $a 田中奏折 $x 历史

6060 $a 军国主义 $x 对华政策 $y 日本 $z1868-1945

30.《立法理论》,(英)吉米·边沁著,CIP标引为:①刑法—立法—法的理论—研究—英国,②刑事诉讼法—立法—法的理论—研究—英国。全书由三卷构成:第一卷,立法原理;第二卷,民法典原理;第三卷,刑法典原理。该书应标引三卷书的主题。

手检标题:①立法—法的理论—英国,②民法—立法—法的理论—英国,③刑法—立法—法的理论—英国

机检标题:6060# $a 立法 $x 法的理论 $y 英国

6060# $a 民法 $x 立法 $x 法的理论 $y 英国

6060# $a 刑法 $x 立法 $x 法的理论 $y 英国

31.《周汉诗歌综论》,CIP 标引为:古典文学—文学研究—中国。作者后记:"收入本书中的论文是我近 20 年来公开发表的关于《诗经》和汉代诗歌的主要文章。"该书主题标引应标引这两方面主题。

手检标题:①《诗经》—诗歌研究:著作研究—文集,②古典诗歌—诗歌研究—中国—汉代—文集

机检标题:605## $a《诗经》$x 诗歌研究 $x 著作研究 $j 文集

6060# $a 古典诗歌 $x 诗歌研究 $y 中国 $z 汉代 $j 文集

32.《沃勒斯坦精粹》,CIP 标引为:资本主义国家—经济—文集。该书共五个部分,546 页。内容如译者所说:"本书是沃勒斯坦的一部论文集,内容涉及政治学、历史学、社会学和文化学等不同学科。"只有第三部分讲资本主义社会的经济制度(占 88 页)。该书主题是社会科学,资本主义国家经济可作分析标引。全面、专指标法:

手检标题:①社会科学—文集,②资本主义经济—经济制度—文集

机检标题:6060# $a 社会科学 $j 文集

6060# $a 资本主义经济 $x 经济制度 $j 文集

33.《资本趋利与市场开放:美国对发展中国家的经济关系》,CIP 标引为:外资引进—研究—发展中国家。该书应标出书名反映的主题。

手检标题:①国际经济关系—美国:发展中国家,②外资引进—研究—发展中国家

机检标题:6060 $a 国际经济关系 $x 美国 $y 发展中国家

6060 $a 外资引进 $x 研究 $x 发展中国家

34.《新农村文化建设与管理》(2010 年 1 月初版),CIP 标引为:农村—文化事业—建设—研究—中国。该书两个主题,《对应表》(二版)上有“农村文化”专指词,应标引为:

手检标题:①农村文化—文化事业—建设—研究—中国,②农村文化—文化管理—研究—中国

机检标题:6060# $a 农村文化 $x 文化事业 $x 建设 $x 研究 $y 中国

6060# $a 农村文化 $x 文化管理 $x 研究 $y 中国

35.《食话食说》,CIP 标引为:饮食—文化—通俗读物。该书是讲食物养生与食物疗法的,应标引这两个主题。

手检标题:①食物养生,②食物疗法

机检标题:6060# $a 食物养生

6060# $a 食物疗法

36.《产权、制度变迁与经济发展——新制度经济学前沿专题》(转型经济丛书),CIP 标引为:经济体制改革—研究—中国。该书书名反映主题,全面、专指标法:

手检标题:①新制度经济学—专题研究,②中国经济—经济体制改革—专题研究

机检标题:6060# $a 新制度经济学 $x 专题研究

6060# $a 中国经济 $x 经济体制改革 $x 专题研究

37.《现代汉语直检字典》,CIP 标引为:汉字编码,梅码—字典。该书是一部中型语文工具书,主要供中小学生使用,一般读者也可参考。附录中有梅氏编码法,供学习梅码和查检单字编码使用。应标出这两个主题。《对应表》(二版)“汉字编码Y 汉字信息处理”。

手检标题:①现代汉语—字典,②汉字信息处理—字典

机检标题:6060# $a 现代汉语 $j 字典

6060# $a 汉字信息处理 $j 字典

38.《对联 100 副欣赏》(书法名作欣赏,2009 年 12 月出版),CIP 标引为:汉字—书法—鉴赏—中国。应标出对联欣赏的主题。《对应

表》(二版)上"书法欣赏Y 书法评论",应用书法评论参与标引,不应该用"书法"与"鉴赏"组配标引。该书全面、专指标法:

手检标题:①对联—文学欣赏—中国,②汉字:毛笔字—书法评论

机检标题:6060# $a 对联 $x 文学欣赏 $y 中国

6060# $a 汉字 $x 毛笔字 $x 书法评论

39.《微波传输线及其电路》(2010 年 8 月出版),CIP 标引为:微波电路。该书还应标出"微波传输",标出两个主题。

手检标题:①微波传输,②微波电路

机检标题:6060# $a 微波传输

6060# $a 微波电路

40.《创新与企业竞争力》(2010 年 8 月出版),CIP 标引为:企业管理—技术革新—研究。该书应按书名反映的主题标引,全面、专指地标出两个主题。

手检标题:①企业创新—研究,②企业竞争—竞争力—研究

机检标题:6060# $a 企业创新 $x 研究

6060# $a 企业竞争 $x 竞争力 $x 研究

41.《西方经济学 · 宏观部分》(21 世纪经济学系列教材),CIP 标引为:资产阶级经济学。应标出"宏观部分",标出两个主题。

手检标题:①资产阶级政治经济学—高等学校—教材,②宏观经济学—高等学校—教材

机检标题:6060# $a 资产阶级政治经济学 $x 高等学校 $j 教材

6060# $a 宏观经济学 $x 高等学校 $j 教材

42.《实用轴承技术手册》,CIP 标引为:滚动轴承—技术手册。这里只标了该书部分主题。该书共七篇:一、滚动轴承;二、自润滑动轴承;三、油润滑动轴承;四、气体润滑轴承;五、直线轴承与导轨;六、宝石支承与叉簧支承;七、电磁轴承。应既做整体标引又适当做分析标引,这样才标得全。

手检标题:①轴承—技术手册,②滚动轴承—技术手册,③滑动轴承—技术手册

机检标题:6060# $a 轴承 $j 技术手册

6060# $a 滚动轴承 $j 技术手册

6060# $a 滑动轴承 $j 技术手册

43.《缔造战略:统治者、国家与战争》,CIP 标引为:国际关系—研究。"本书汇集的这些论文系 1985 至 1986 学年期间源自美国海军学院,当时一些投稿人正式和非正式聚集在一起讨论战略和政策,对军政领导人的回应外部挑战时逐渐形成和明确表达战略的方式进行了历史的考察和展示。"该书全面、专指标引:

手检标题:①国际政治关系—研究,②军事战略—研究,③国防政策—研究

机检标题:6060# $a 国际政治关系 $x 研究

6060# $a 军事战略 $x 研究

6060# $a 国防政策 $x 研究

44.《汝信文集》(中国社会科学院委员文库),CIP 标引为:社会科学—文集。作者自序:"这个文集是我从 20 世纪 50 年代以来在西方哲学和美学方面发表的文章中编选而成的。"该书全面、专指标引:

手检标题:①社会科学—文集,②西方哲学—文集,③美学—西方国家—文集

机检标题:6060# $a 社会科学 $j 文集

6060# $a 西方哲学 $j 文集

6060# $a 美学 $x 西方国家 $j 文集

45.《CorelDRAW 平面设计与广告制作精解》,CIP 标引为:图形软件,CorelDRAW。《对应表》(二版)上"CorelDRAW Y 图形软件",该书全面、专指标引:

手检标题:①平面设计—图形软件,②广告—制作—图形软件

机检标题:6060# $a 平面设计 $x 图形软件

6060# $a 广告 $x 制作 $x 图形软件

46.《形象色彩学》(21 世纪高等职业教育通用教材),CIP 标引为:色彩学—高等学校:技术学校—教学。该书的"形象"是指人的形

象，服饰、美容的东西，全面专指标引：

手检标题：①服饰美学：色彩学—高等学校：技术学校—教材，②美容—色彩学—高等学校：技术学校—教材

机检标题：6060# $a 服饰美学 $x 色彩学 $x 高等学校 $x 技术学校 $j 教材

6060# $a 美容 $x 色彩学 $x 高等学校 $x 技术学校 $j 教材

47.《产权·激励与公司治理》，CIP 标引为：公司—企业管理。前言开头一句话："这是一本关于公司所有权与治理结构的理论著作。"该书全面、专指标引：

手检标题：①公司—所有权—理论研究，②公司—法人治理结构—理论研究

机检标题：6060# $a 公司 $x 所有权 $x 理论研究

6060# $a 公司 $x 法人治理结构 $x 理论研究

48.《轮船史》，CIP 标引为：船舶技术—技术史—世界。该书"简要地叙述了轮船的发展史，主要是运输船舶和海军舰艇的发展"。《对应表》（二版）上"轮船Y 机动船"，"舰艇Y 军用船"，该书全面、专指标引：

手检标题：①机动船—船舶技术—技术史—世界，②运输船—船舶技术—技术史—世界，③军用船—船舶技术—技术史—世界

机检标题：6060# $a 机动船 $x 船舶技术 $x 技术史 $y 世界

6060# $a 运输船 $x 船舶技术 $x 技术史 $y 世界

6060# $a 军用船 $x 船舶技术 $x 技术史 $y 世界

49.《政党差异性研究—中国共产党与西方政党的比较》，CIP 标引为：政党—对比研究—中国、西方国家。该书全面、专指标法：

手检标题：①中国共产党—对比研究—政党—西方国家，②政党—差异性—研究

机检标题：60102 $a 中国共产党 $x 对比研究 $x 政党 $x 西方

国家

6060# $a 政党 $x 差异性 $x 研究

50.《现代建筑语言》(国外建筑理论译丛),CIP 标引为:建筑理论。该书应标出单种书的内容主题“建筑语言”,应标引为:

手检标题:①建筑理论—国外—译丛,②现代语言:建筑语言

机检标题:6060# $a 建筑理论 $x 国外 $j 译丛

6060# $a 现代语言 $x 建筑语言

51.《音乐文化修养与赏析》(2009 年 9 月出版),CIP 标引为:音乐欣赏。该书两个主题,“与”字前面一个,“与”字后面一个,应标出两个主题。

手检标题:①音乐文化—文化修养,②音乐欣赏

机检标题:6060# $a 音乐文化 $x 文化修养

6060# $a 音乐欣赏

52.《印刷工艺设计》,CIP 标引为:印刷—生产工艺—设计。该书重点是讲丝网印刷。全书 6 章 66 页。第一、二章讲印刷历史与印刷工艺基础知识,占 21 页;第三、四、五、六章讲丝网印刷,占 45 页。应标出这个重点,标出两个主题。

手检标题:①印刷—基本知识,②丝网印刷—工艺设计

机检标题:6060# $a 印刷 $x 基本知识

6060# $a 丝网印刷 $x 工艺设计

53.《世界三大宗教与中国文化》,CIP 标引为:宗教文化—研究—中国。全书共三篇:第一篇,佛教与中国文化;第二篇,基督教与中国文化;第三篇,伊斯兰教与中国文化。全面、专指标法:

手检标题:①佛教—关系—中华文化,②基督教—关系—中华文化,③伊斯兰教—关系—中华文化

机检标题:6060# $a 佛教 $x 关系 $x 中华文化

6060# $a 基督教 $x 关系 $x 中华文化

6060# $a 伊斯兰教 $x 关系 $x 中华文化

54.《人本主义心理学与教育》,CIP 标引为:教育理论—研究。该

书两个主题，“与”字前面一个，“与”字后面一个，应标出这两个主题。

手检标题：①人本心理学，②教育理论—教育研究

机检标题：6060# $a 人本心理学

6060# $a 教育理论 $x 教育研究

55.《在艺术中呼吸——意大利博物馆之旅》，CIP 标引为：博物馆—简介—意大利。我们不能单看书名标引，还要看其他方面。从目录上看，该书内容是博物馆与美术馆，篇幅各占一半，CIP 漏标了“美术馆”，应标出“美术馆”。

手检标题：①博物馆—介绍—意大利，②美术馆—介绍—意大利

机检标题：6060# $a 博物馆 $x 介绍 $y 意大利

6060# $a 美术馆 $x 介绍 $y 意大利

56.《夏丏尊散文译文精选》，CIP 标引为：散文—作品集—中国—现代。全书 503 页，其中散文占 243 页，译文占 260 页，译文是意大利近代长篇小说《爱的教育》。这种标法漏掉了译文。全面标法：

手检标题：①散文集—中国—现代，②长篇小说—意大利—近代

机检标题：6060# $a 散文集 $y 中国 $z 现代

6060# $a 长篇小说 $y 意大利 $z 近代

57.《现代工程机械液压与液力实用技术》，CIP 标引为：工程机械—液压传动。“与”字后面一个主题也要标引出来，这里漏标了这个主题。

手检标题：①工程机械—液压传动—实用技术，②工程机械—液力传动—实用技术

机检标题：6060# $a 工程机械 $x 液压传动 $x 实用技术

6060# $a 工程机械 $x 液力传动 $x 实用技术

58.《“三河”、“三湖”水污染防治计划及规划》，CIP 标引为：①河流污染—污染防治—计划—中国，②河流污染—污染防治—区域规划：环境规划—中国。该书是讲淮河、海河、辽河、太湖、巢湖、滇池水污染防治情况的。河流污染与污染防治计划及规划，湖泊污染与污染防治计划及规划都是该书内容主题，不能标“三河”丢“三湖”。该书

可概括性标引。

手检标题:①河流污染—污染防治—区域规划:环境规划—中国,②湖泊污染—污染防治—区域规划:环境规划—中国

机检标题:6060# $a 河流污染 $x 污染防治 $x 区域规划 $x 环境规划 $y 中国

6060# $a 湖泊污染 $x 污染防治 $x 区域规划 $x 环境规划 $y 中国

59.《语言制胜技巧》,CIP 标引为:语言艺术—语言交往。从目录上看,该书的主题是辩论语言的制胜技巧,谈判语言的制胜技巧与演讲语言的制胜技巧,标引人员应该抓住这 3 个主题进行全面、专指标引。

手检标题:①辩论—语言艺术,②谈判—语言艺术,③演说—语言艺术

机检标题:6060# $a 辩论 $x 语言艺术

6060# $a 谈判 $x 语言艺术

6060# $a 演说 $x 语言艺术

60.《流体力学、泵与风机》,CIP 标引为:①泵—高等学校—教材;②鼓风机—高等学校—教材。该书分两篇,上篇讲流体力学,下篇讲泵与风机。主题标引应该标出 3 个内容主题。

手检标题:①流体力学—高等学校—教材,②泵—高等学校—教材,③鼓风机—高等学校—教材

机检标题:6060# $a 流体力学 $x 高等学校 $j 教材

6060# $a 泵 $x 高等学校 $j 教材

6060# $a 鼓风机 $x 高等学校 $j 教材

61.《甘肃窟塔寺庙》,CIP 标引为:名胜古迹—甘肃。按照这个标题,用户要查找甘肃石窟、塔、寺庙方面文献是难以查到的,相反,通过书名途径会容易找到这方面文献。主题标引在标引规则许可下应标引具体讲的东西,全面、专指地标引。

手检标题:①石窟—甘肃,②佛塔—甘肃,③寺庙—甘肃

机检标题:6060# $a 石窟 $y 甘肃

6060# $a 佛塔 $y 甘肃

6060# $a 寺庙 $y 甘肃

62.《发电厂变电所及电力系统的无功功率》,CIP 标引为:电力系统—无功功率。这种标法起不到书名途径的检索作用。主题标引应标出书名反映的三个主题。

手检标题:①发电厂—无功功率,②变电所—无功功率,③电力系统—无功功率

机检标题:6060# $a 发电厂 $x 无功功率

6060# $a 变电所 $x 无功功率

6060# $a 电力系统 $x 无功功率

63.《经济理论与房地产研究论文集》,CIP 标引为:房地产经济学—文集。该论文集分上部、下部。上部内容为社会主义经济理论研究,437 页,50 篇论文, CIP 漏标了。下部内容为房地产经济研究,274 页,50 篇论文,CIP 只标了这部分主题。

手检标题:①社会主义经济学—文集,②房地产经济学—文集

机检标题:6060# $a 社会主义经济学 $j 文集

6060# $a 房地产经济学 $j 文集

64.《思想的历程:复关入世文集》,CIP 标引为:世界贸易组织—规则—文集。书中很大一部分是研究中国改革开放满足复关入世的要求,研究中国融入世界经济,实现长足发展。该书全面、专指标法:

手检标题:①世界贸易组织—规则—文集,②改革开放—中国—文集,③中国经济—经济体制改革—文集

机检标题:60102 $a 世界贸易组织 $x 规则 $j 文集

6060# $a 改革开放 $y 中国 $j 文集

6060# $a 中国经济 $x 经济体制改革 $j 文集

65.《藏族道德》,CIP 标引为:藏族—道德—研究—中国。该书有半数章节是讲藏传佛教道德的。作者前言:“藏传佛教道德是藏族道德的核心。过去,藏族几乎全民崇信藏传佛教。在信仰藏传佛教的实

践过程中，藏传佛教基本道德伦理深入到每一个藏族成员的心灵之中。且从它产生之日起，便贯穿于藏族社会的自始至终。与此同时，藏传佛教道德渗透于藏族社会的政治、经济、文化、艺术、法律、家庭、社会交往、习俗和日常生活等方方面面，给其以深刻影响，以至于这些诸多领域的道德无不打上藏传佛教道德的印记。藏族世世代代以藏传佛教道德作为判断善恶的标准，并且它规范自己的言行，发挥着调节人与人之间及个人与社会之间行为规范的巨大功能。”该书要标出“喇嘛教道德”。

手检标题：①藏族—道德—研究，②喇嘛教—道德—研究

机检标题：6060# $a 藏族 $x 道德 $x 研究

6060# $a 喇嘛教 $x 道德 $x 研究

66.《魏叔子文集》(中国古典文学基本丛书)，CIP 标引为：古典散文—作品集—中国—清代。《魏叔子文集》是魏禧的诗文集。CIP 只标了“文”，未标“诗”。

手检标题：①古典散文—散文集—中国—清代，②古典诗歌—诗集—中国—清代

机检标题：6060# $a 古典散文 $x 散文集 $y 中国 $z 清代

6060# $a 古典诗歌 $x 诗集 $y 中国 $z 清代

67.《中国特色的马克思主义哲学：毛泽东邓小平江泽民哲学思想研究》，CIP 标引为：马克思主义哲学—发展—中国。在标引深度许可下，尽可能提供多的检索途径，全面、专指地为用户服务。该书应标引为：

手检标题：①马克思主义哲学—发展—中国，②毛泽东思想：哲学思想—理论研究，③邓小平理论：哲学理论—理论研究，④江泽民(1926 -　)—哲学思想—理论研究

机检标题：6060# $a 马克思主义哲学 $x 发展 $x 中国

6060# $a 毛泽东思想 $x 哲学思想 $x 理论研究

6060# $a 邓小平理论 $x 哲学思想 $x 理论研究

600#0 $a 江泽民 $f(1926 -　) $x 哲学理论 $x 理论

研究

68.《云南植物志·第九卷(种子植物)》,CIP 标引为:植物志—云南省。该书要按多卷书的标法标引,即既要做综合标引又要做分析标引。

手检标题:①植物志—云南,②种子植物—植物志—云南

机检标题:6060# $a 植物志 $y 云南

6060# $a 种子植物 $x 植物志 $y 云南

69.《登堂入室——太极拳疑难解》(中华武术世纪精华·第三卷),CIP 标引为:武术—中国—文集,该书除做综合标引外,应做分析标引,标出第三卷主题。

手检标题:①武术—中国—文集,②太极拳—中国—文集

机检标题:6060# $a 武术 $y 中国 $j 文集

6060# $a 太极拳 $y 中国 $j 文集

70.《农村四荒资源开发与利用》(2010 年 1 月出版),CIP 标引为:①荒地—土地资源—资源开发—研究—中国,②荒地—土地资源—资源利用—研究—中国。《对应表》(二版)上有“四荒资源”叙词,应用该叙词当主标题,进行准确标引。

手检标题:①四荒资源—资源开发—研究—中国,②四荒资源—资源利用—研究—中国

机检标题:6060# $a 四荒资源 $x 资源开发 $x 研究 $y 中国

6060# $a 四荒资源 $x 资源利用 $x 研究 $y 中国

71.《地球与极地科学》,CIP 标引为:地球科学—高等学校—教材。该书两个主题,1—10 章讲地球科学,11—15 章讲极地科学,应标出两个主题。

手检标题:①地球科学—高等学校—教材,②极地—区域地理学—高等学校—教材

机检标题:6060# $a 地球科学 $x 高等学校 $j 教材

6060# $a 极地 $x 区域地理学 $x 高等学校 $j 教材

72.《国家司法考试专题讲座——诉讼法 55 讲》,CIP 标引为:刑

事诉讼法—司法考试—中国。从书的内容看，共讲三种法：民事诉讼法、行政诉讼法、刑事诉讼法。应标出三种法。表上没有“司法考试”一词。

手检标题：①民事诉讼法—考试—中国，②行政诉讼法—考试—中国，③刑事诉讼法—考试—中国

机检标题：6060# $a 民事诉讼法 $x 考试 $y 中国

6060# $a 行政诉讼法 $x 考试 $y 中国

6060# $a 刑事诉讼法 $x 考试 $y 中国

73.《职业道德与就业创业指导》（江苏省职业学校试用教材），CIP 标引为：专业学校—学生—就业—基本知识—中国。从目录上看，该书内容主题有职业教育、职业道德、就业与创造教育。全面标法：

手检标题：①职业道德—专业学校—教材，②毕业生—就业—专业学校—教材，③职业教育：创造教育—专业学校—教材

机检标题：6060# $a 职业道德 $x 专业学校 $j 教材

6060# $a 毕业生 $x 就业 $x 专业学校 $j 教材

6060# $a 职业教育 $x 创造教育 $x 专业学校 $j 教材

74.《你所关心的行政法律顾问》，CIP 标引为：行政法—中国—普及读物。作者后记：“本书内容由行政法和行政诉讼法两大部分组成。”该书是两个主题。

手检标题：①行政法—中国—通俗读物，②行政诉讼法—中国—通俗读物

机检标题：6060# $a 行政法 $y 中国 $j 通俗读物

6060# $a 行政诉讼法 $y 中国 $j 通俗读物

75.《税务会计与税务筹划》（世纪会计系列教材），CIP 标引为：税收会计—高等学校—教材。该书两个主题，“与”字前面一个，“与”字后面一个，CIP 只标了一个，另一个没标引。全面标法：

手检标题：①税收会计—高等学校—教材，②税收筹划—高等学校—教材

机检标题:6060# $a 税收会计 $x 高等学校 $j 教材

6060# $a 税收筹划 $x 高等学校 $j 教材

76.《干部党性党风党纪教育读本》,CIP 标引为:中国共产党—党的建设—干部教育—学习参考资料。全面专指标法应用“党性”、“党的纪律”、“党的作风”分别作副标题标引。

手检标题:①中国共产党—党性—干部教育—学习参考资料,②中国共产党—党的作风—干部教育—学习参考资料,③中国共产党—党的纪律—干部教育—学习参考资料

机检标题:60102 $a 中国共产党 $x 党性 $x 干部教育 $j 学习参考资料

60102 $a 中国共产党 $x 党的作风 $x 干部教育 $j 学习参考资料

60102 $a 中国共产党 $x 党的纪律 $x 干部教育 $j 学习参考资料

77.《外科骨伤五官歌诀》(中医歌诀精华丛书),CIP 标引为:中医外科学—普及读物,这种标法只标了一个内容主题,漏掉了两个内容主题。全书 326 页,中医外科科学 116 页,中医伤科学 55 页,中医五官科学 153 页,应标引为:

手检标题:①中医外科学—方歌,②中医伤科学—方歌,③中医五官科学—方歌

机检标题:6060# $a 中医外科学 $x 方歌

6060# $a 中医伤科学 $x 方歌

6060# $a 中医五官科学 $x 方歌

78.《要规模还是要利润》(日本经营大师稻盛和夫论经营),CIP 标引为:稻盛和夫—传记。漏标了经营的内容主题。应标引为:

手检标题:①稻盛和夫(1932 -　)—传记,②企业经营管理—经营经济学

机检标题:600#0 $a 稻盛和夫 $f(1932 -　) $x 传记

6060# $a 企业经营管理 $x 经营经济学

79.《微波加热技术的应用——干燥和杀菌》,CIP 标引为:微波技术—应用—研究。该书全面、专指标法:

手检标题:①微波技术—应用—人工干燥,②微波技术—应用—食品灭菌

机检标题:6060# $a 微波技术 $x 应用 $x 人工干燥

6060# $a 微波技术 $x 应用 $x 食品灭菌

80.《政治与命运》,CIP 标引为:政治理论。应标出命运,标出两个主题。

手检标题:①政治理论,②命运

机检标题:6060# $a 政治理论

6060# $a 命运

81.《东亚教育圈形成史论》(中日文化研究文库),CIP 标引为:教育史—研究—中国。这种标法只是部分内容主题,不全面。该书讲的是中国、韩国、日本、越南教育史,位置因素应是东亚与越南。中国的可做分析标引,越南从省。

手检标题:①教育史—研究—东亚,②教育史—研究—中国

机检标题:6060# $a 教育史 $x 研究 $y 东亚

6060# $a 教育史 $x 研究 $y 中国

82.《"反恐背景下"美国全球战略》,CIP 标引为:美国对外政策—研究。应标出全球战略。

手检标题:①全球战略—研究—美国,②美国对外政策—研究

机检标题:6060# $a 全球战略 $x 研究 $y 美国

6060# $a 美国对外政策 $x 研究

83.《诚信工程与技术创新战略》,CIP 标引为:企业管理—技术革新。该书第 1 至 4 章讲诚信工程战略(114 页),这部分东西 CIP 未标引。第 5 至 8 章讲技术创新战略(123 页),CIP 只标引了这部分内容主题。全面标法:

手检标题:①企业管理—诚实,②企业管理—商业信用,③企业管理—技术革新

机检标题:6060# $a 企业管理 $x 诚实

6060# $a 企业管理 $x 商业信用

6060# $a 企业管理 $x 技术革新

84.《修养·境界·审美:儒道释修养学解读》,CIP 标引为:伦理美学—研究—中国—古代。该书书名反映主题,全面、专指标法:

手检标题:①儒家—修养,②道家—修养,③佛教—修养,④伦理美学—研究—中国—古代

机检标题:6060# $a 儒家 $x 修养

6060# $a 道家 $x 修养

6060# $a 佛教 $x 修养

6060# $a 伦理美学 $x 研究 $y 中国 $z 古代

85.《土力学地基基础》(土木工程教材精选),CIP 标引为:地基—基础(工程)—高等学校—教材。内容简介:"本书系统地阐明了土力学的基本理论,介绍了地基基础的基本原理。"该书全面标法:

手检标题:①土力学—高等学校—教材②地基—基础(工程)—高等学校 —教材

机检标题:6060# $a 土力学 $x 高等学校 $j 教材

6060# $a 地基 $x 基础(工程) $x 高等学校 $j 教材

86.《陈子昂论考》,CIP 标引为:陈子昂(659 - 700)—唐诗—文学研究。全书 282 页,陈子昂年谱占 140 页,其余为生卒年考、天人合一、诗歌。全面标法:

手检标题:①陈子昂(659 - 700)—年谱,②陈子昂(659 - 700)—唐诗—诗歌评论

机检标题:600#0 $a 陈子昂 $f(659 - 700) $x 年谱

600#0 $a 陈子昂 $f(659 - 700) $x 唐诗 $x 诗歌评论

87.《复变函数论与运算微积》,CIP 标引为:复变函数—高等学校—教材。本书内容包括复变函数论、拉普拉斯变换和傅里叶变换三部分。全面标法:

手检标题:①复变函数—高等学校—教材,②拉普拉斯变换—高

等学校—教材,③傅里叶变换—高等学校—教材

机检标题:6060# $a 复变函数 $x 高等学校 $j 教材

6060# $a 拉普拉斯变换 $x 高等学校 $j 教材

6060# $a 傅里叶变换 $x 高等学校 $j 教材

88.《炉外精炼及铁水预处理实用技术手册》,CIP 标引为:铁水—炉外精炼—技术手册。CIP 漏标了铁水预处理的内容主题。全面标法:

手检标题:①铁水—炉外精炼—技术手册,②铁水预处理—技术手册

机检标题:6060# $a 铁水 $x 炉外精炼 $j 技术手册

6060# $a 铁水预处理 $j 技术手册

89.《中国冶金百科全书·炭素材料》,CIP 标引为:炭素材料。该书应按多卷书标法标引,标出"冶金"概念。

手检标题:①冶金—中国—百科全书,②炭素材料—百科全书

机检标题:6060# $a 冶金 $y 中国 $j 百科全书

6060# $a 炭素材料 $j 百科全书

90.《古蜀文明与三星堆文化》(2010 年 4 月出版),CIP 标引为:巴蜀文化—考古发掘—研究。该书两个主题,而且主要是三星堆文化。该书全面标引:

手检标题:①巴蜀文化—考古发掘—研究,②三星堆文化—考古发掘—研究

机检标题:6060# $a 巴蜀文化 $x 考古发掘 $x 研究

6060# $a 三星堆文化 $x 考古发掘 $x 研究

91.《体育赛事的经营与管理》,CIP 标引为:体育经济学。书名反映内容主题,全面、专指标引:

手检标题:①运动竞赛—体育经济学,②运动竞赛—管理

机检标题:6060# $a 运动竞赛 $x 体育经济学

6060# $a 运动竞赛 $x 管理

92.《东西方科学文化之桥:李约瑟研究》,CIP 标引为:李约瑟

(1900－1995)—人物研究。该书大部分内容为中国科技史,少部分内容为东亚科技史,中国部分要做分析标引。

手检标题:①李约瑟(1900－1995)—人物研究,②科学史:技术史—中国—古代

机检标题:6000#a 李约瑟 $f(1900－1995) $x 人物研究

6060#a 科学史 $x 技术史 $y 中国 $z 古代

93.《通鑑劄记》,CIP 标引为:资治通鉴—研究。副标题应用专指词“著作研究”标引,还要再按“K204.3”对应的词串标引。

手检标题:①《资治通鉴》—著作研究,②中国历史—古代史—编年体

机检标题:605## $a《资治通鉴》$x 著作研究

6060# $a 中国历史 $x 古代史 $j 编年体

94.《知堂回想录》,CIP 标引为:回忆录—中国—现代。关于个人回忆录的标法,《文献标引工作》第 191 页上是这样讲的:“个人回忆录一般按个人传记分类,先依国家或地区再按各科人物传细分。主题标引应以被回忆者的人名与写作形式的主题词组配标引,写作形式的主题词仅作为副标题。个人回忆录涉及重大事件或学科活动,应对被回忆的主题内容作分析标引。”该书全面、专指标法:

手检标题:①周作人(1885－1968)—回忆录,②中国作家:现代作家—生平事迹

机检标题:600#0 $a 周作人 $f(1885－1968) $x 回忆录

6060# $a 中国作家 $x 现代作家 $x 生平事迹

95.《趣味随机问题》(好玩的数学),CIP 标引为:随机—普及读物。作者前言:“本书是为高中生、大学生、研究生和数学爱好者学习与了解概率论、数理统计、随机过程而写的一本科普读物。”全面标法:

手检标题:①概率论—普及读物,②数理统计—普及读物,③随机过程—普及读物

机检标题:6060 $a 概率论 $j 普及读物

6060 $a 数理统计 $j 普及读物

6060 $a 随机过程 $j 普及读物

96.《沉沙集:李希凡论红楼梦及中国古典小说》,CIP 标引为:古典小说—文学研究—中国—文集。全书 520 页,《红楼梦》研究几乎占了一半篇幅(238 页),其余论古典小说(《三国演义》《西游记》及《水浒传》)。该书应按书名反映的主题进行全面、专指标引:

手检标题:①古典小说—小说研究—中国—明代—文集,②《红楼梦》研究—文集

机检标题:6060# $a 古典小说 $x 小说研究 $y 中国 $z 明代 $j 文集

6060# $a《红楼梦》研究 $j 文集

97.《银杏病虫草鼠防治》,CIP 标引为:银杏—病虫害防治方法。这种标法只标了部分内容主题,未标“第三章,银杏杂草防除”,“第四章,银杏苗圃鼠害防治”的内容主题。该书应标引为:

手检标题:①银杏—病虫害防治,②银杏—除草,③银杏—鼠害—防治

机检标题:6060# $a 银杏 $x 病虫害防治

6060# $a 银杏 $x 除草

6060# $a 银杏 $x 鼠害 $x 防治

98.《实用汽车摩托车在用铅酸蓄电池 400 例》,CIP 标引为:汽车—铅蓄电池。本书有两个主题,CIP 漏掉了一个“摩托车”。

手检标题:①汽车—铅蓄电池,②摩托车—铅蓄电池

机检标题:6060# $a 汽车 $x 铅蓄电池

6060# $a 摩托车 $x 铅蓄电池

99.《烟花爆竹生产工人安全技术》,CIP 标引为:爆竹—生产—安全技术。该书两个主题:烟花与爆竹,CIP 只标了一个,漏掉了一个。该书应标为:

手检标题:①爆竹—生产技术:安全技术,②焰火—生产技术:安全技术

机检标题:6060# $a 爆竹 $x 生产技术 $x 技术安全

6060# $a 焰火 $x 生产技术 $x 安全技术

100.《先秦两汉铁器的考古学研究》,CIP 标引为:铁器(考古)—研究—中国—秦汉时代。这里漏标了一个先秦时代,该书应标引为:

手检标题:①铁器(考古)—研究—中国—先秦时代,②铁器(考古)—研究—中国—秦汉时代

机检标题:6060# $a 铁器(考古) $x 研究 $y 中国 $z 先秦时代

6060# $a 铁器(考古) $x 研究 $y 中国 $z 秦汉时代

101.《工程力学(工程静力学与材料力学)》(面向 21 世纪课程教材),CIP 标引为:工程力学—高等学校—教材。本书共两篇:工程静力学与材料力学,全面标法:

手检标题:①工程力学:静力学—高等学校—教材,②材料力学—高等学校—教材

机检标题:6060# $a 工程力学 $x 静力学 $x 高等学校 $j 教材

6060# $a 材料力学 $x 高等学校 $j 教材

102.《世界最佳杂志封面 & 版式设计:专业杂志艺术总监手册》,CIP 标引为:期刊—设计—手册。应标出"封面"与"版式",全面、专指标引主题。

手检标题:①期刊—封面—工艺设计—手册,②期刊—版式—工艺设计—手册

机检标题:6060# $a 期刊 $x 封面 $x 工艺设计 $j 手册

6060# $a 期刊 $x 版式 $x 工艺设计 $j 手册

103.《每依北斗望京华:杜甫卷》,CIP 标引为:唐诗—选集,应再对单种书"杜甫卷"进行标引。

手检标题:①唐诗—诗集,②杜诗—诗集

机检标题:6060# $a 唐诗 $x 诗集

6060# $a 杜诗 $x 诗集

104.《常用中西药临床特点及用药护理》,CIP 标引为:药物—基本知识。在《对应表》(二版)上"中西药Y 药品",全面、专指标引:

手检标题:①药品—临床药学—特点,②用药法—基本知识

机检标题:6060# $a 药品 $x 临床药学 $x 特点

6060# $a 用药法 $x 基本知识

105.《驻极体与驻极体话筒》,CIP 标引为:驻极体—基本知识。全书 149 页,44 页讲驻极体基本知识,105 页讲驻极体话筒,《对应表》上"话筒Y 传声器",该书全面、专指标法:

手检标题:①驻极体—基本知识,②传声器—驻极体

机检标题:6060# $a 驻极体 $x 基本知识

6060# $a 传声器 $x 驻极体

106.《美味鲍翅燕》,CIP 标引为:海产品—菜谱。表上有"鲍鱼"、"鱼翅"的叙词,不应该用一个很大的概念"海产品"当主标题标引,同时"燕窝"不是海洋里的,更不应该用"海产品"标引。该书全面、专指标引:

手检标题:①鲍鱼—菜谱,②鱼翅—菜谱,③疗效食品—食谱,④燕窝

机检标题:6060# $a 鲍鱼 $x 菜谱

6060# $a 鱼翅 $x 菜谱

6060# $a 疗效食品 $x 食谱

6100# $a 燕窝

107.《饲料安全及其检测技术》,CIP 标引为:饲料—安全标准。本书分上、下两篇:上篇饲料安全(130 页),下篇饲料安全检测技术(200 页)。CIP 漏掉了 200 页的内容主题。本书全面、专指标法:

手检标题:①饲料—安全标准,②饲料—检测

机检标题:6060# $a 饲料 $x 安全标准

6060# $a 饲料 $x 检测

108.《工程数学:复变函数与数学物理方程》,CIP 标引为:复变函数—高等学校—教材。本书共两章:第一章,复变函数;第二章,数学物理方程。CIP 只标了一个主题,漏掉了一个。全面标法:

手检标题:①复变函数—高等学校—教材,②数学物理方程—高等学校—教材

机检标题:6060# $a 复变函数 $x 高等学校 $j 教材

6060# $a 数学物理方程 $x 高等学校 $j 教材

109.《汉代丧葬礼俗》,CIP 标引为:丧葬—研究—中国—汉代。该书两个主题:葬俗与葬礼。应标出两个主题:

手检标题:①葬俗—研究—中国—汉代,②葬礼—研究—中国—汉代

机检标题:6060# $a 葬俗 $x 研究 $y 中国 $z 汉代

6060# $a 葬礼 $x 研究 $y 中国 $z 汉代

110.《发光学与发光材料》,CIP 标引为:发光材料。这里漏掉了一个发光学内容主题。全面标法:

手检标题:①发光学,②发光材料

机检标题:6060# $a 发光学

6060# $a 发光材料

111.《周易、老子现代解读》,CIP 标引为:①象数之学—基本知识,②周易—研究。本书分两篇,上篇周易现代解读,下篇老子现代解读。全面标法:

手检标题:①象数之学—研究,②《周易》—著作研究,③《老子》—著作研究

机检标题:6060# $a 象数之学 $x 研究

605## $a《周易》$x 著作研究

605## $a《老子》$x 著作研究

112.《系统建模和辨识》(高等教材),CIP 标引为:系统建模—高等学校—教材。这里只标了一个系统建模,未标系统辨识这个内容主题。

手检标题:①系统建模—高等学校—教材,②系统辨识—高等学校—教材

机检标题:6060# $a 系统建模 $x 高等学校 $j 教材

6060# $a 系统辨识 $x 高等学校 $j 教材

113.《工程力学基础 I 理论力学》(高校教材),CIP 标引为:工程

力学—高等学校—教材。这种标法漏标理论力学,应标引为:

手检标题:①工程力学—高等学校—教材,②理论力学—高等学校—教材

机检标题:6060# $a 工程力学 $x 高等学校 $j 教材

6060# $a 理论力学 $x 高等学校 $j 教材

114. 大上海纪实文学丛书,如《不可遏止的活力:东西方面尺度上比照中的上海百年建筑》《走向高地:上海纺织百年纪事》《博物馆与收藏家》《商海潮:上海万商百年纪实》,CIP 对这些书仅从体裁、国别、时代角度进行标引。有的标为:纪实文学—作品集—中国—当代;有的标为:报告文学—作品集—中国—当代,未对其内容主题进行主题标引。《文献标引工作》第 200 页上说:报告文学具有新闻特点,当其反映的主题内容较集中时,除体裁方面标引外,应增加主题内容的分析标引。这些书内容主题集中,应再从内容方面进行标引。

例如,《走向高地:上海纺织品百年纪事》:

手检标题:①报告文学—中国—当代,②纺织工业—工业史—上海

机检标题:6060# $a 报告文学 $y 中国 $z 当代

6060# $a 纺织工业 $x 工业史 $y 上海

115.《曾国藩家训》,CIP 标引为:家庭道德—中国—清代。该书是曾国藩的书信集。关于书信集的标法,《文献标引工作》第 192 页上说:"非文学体裁的日记、书信集,主题标引选用人名或群体属性相对应的学科主题词与日记、书信集组配标引。"该书应标引为:

手检标题:①曾国藩(1811 - 1872)—书信集,②家庭道德—中国—清代

机检标题:600#0 $a 曾国藩 $f(1811 - 1872) $x 书信集

6060# $a 家庭道德 $y 中国 $z 清代

116.《血战——国民党军正面战场抗战纪实》,CIP 标引为:纪实文学—中国—当代。该书主题集中,与报告文学一样,要标出内容主题。

手检标题:①纪实文学—中国—当代,②国民党军—抗日战争

机检标题:606#0 $a 纪实文学 $y 中国 $z 当代

60102 $a 国民党军 $x 抗日战争 $j 史料

117.《星火燎原全集普及本之二:强渡大渡河》,CIP 标引为:革命回忆录—作品集—中国。应标出强渡大渡河,进行全面、专指标引。

手检标题:①革命回忆录—中国—当代,②强渡大渡河(1935)

机检标题:6060# $a 革命回忆录 $y 中国 $z 当代

6060# $a 强渡大渡河(1935)

118.《从饮食说健康:食疗与食补健康养生密码》(2010 年出版),CIP 标引为:食物疗法。该书两个主题,一个食疗,一个食补,CIP 只标引一个,另一个没标引。《对应表》(二版)上"食补Y 膳食营养",该书应标引为:

手检标题:①食物疗法,②膳食营养—食物养生

机检标题:6060# $a 食物疗法

6060# $a 膳食营养 $x 食物养生

119.《太监谈往录》(晚清宫廷见闻录,2010 年 6 月出版),CIP 标引为:宫廷—史料—中国—清代。《对应表》(二版)上"太监Y 宦官",该书全面标引:

手检标题:①宦官—回忆录—中国—清后期,②宫廷—中国—清后期—史料

机检标题:6060# $a 宦官 $x 回忆录 $y 中国 $z 清后期

6060# $a 宫廷 $y 中国 $z 清后期 $j 史料

120.《神奇之旅——世界最伟大动物旅行家的风采》,CIP 标引为:动物—普及读物。动物为了寻找食物、繁殖地或冬眠场所而进行的迁移是令人惊奇的。这种迁移就是该书的主题。主题标引要标出这个主题。该书全面、专指标引:

手检标题:①迁徙(动物)—普及读物,②动物行为—普及读物

机检标题:6060# $a 迁徙(动物) $j 普及读物

6060# $a 动物行为 $j 普及读物

121.《中国装饰花纹图案集》(2010 年 7 月出版),CIP 标引为:图案—中国—图集。“图案”有下位词“装饰图案”,该书全面、专指标引:

手检标题:①图案—中国—图集,②装饰图案—中国—图集

机检标题:6060# $a 图案 $y 中国 $j 图集

6060# $a 装饰图案 $y 中国 $j 图集

122.《文学评说朱向前》,CIP 标引为:朱向前—人物研究—文集。全书 350 页,161 页是评论朱向前的文学作品,189 页评论朱向前这位作家。该书全面、专指标引:

手检标题:①朱向前(1954 -)—当代文学—文学评论—文集,②朱向前(1954 -)—现代作家—作家评论—文集

机检标题:600#0 $a 朱向前 $f(1954 -) $x 当代文学 $x 文学评论 $j 文集

600#0 $a 朱向前 $f(1954 -) $x 现代作家 $x 作家评论 $j 文集

123.《反垄断与管制经济学》(经济教学译丛),CIP 标引为:垄断经济学。译者序:“全书贯穿了以实证分析来说明反垄断和政府经济管制基本理论观点的风格。”该书全面、专指的标法:

手检标题:①反垄断—垄断经济学—高等学校—教材,②国民经济管理学—高等学校—教材

机检标题:6060# $a 反垄断 $x 垄断经济学 $x 高等学校 $j 教材

6060# $a 国民经济管理学 $x 高等学校 $j 教材

124.《桃花扇·琵琶记·窦娥冤》,CIP 标引为:杂剧—剧本—中国—元代。《辞海》:《桃花扇》为清代传奇剧本,《琵琶记》为元代南戏剧本,《窦娥冤》为元代杂剧剧本。《对应表》“元杂剧Y 元曲”。该书全面、专指的标法:

手检标题:①传奇剧(戏曲)—剧本—中国—清代,②南戏—剧本—中国—元代,③元曲—剧本

机检标题:6060# $a 传奇剧(戏曲) $x 剧本 $y 中国 $z 清代

6060# $a 南戏 $x 剧本 $y 中国 $z 元代

6060# $a 元曲 $x 剧本

125.《近代中日两国企业家比较研究——张謇与涩泽荣一》,CIP标引为:①张謇(1853－1926)—人物研究,②涩泽荣一—人物研究。该书是讲比较研究的,应全面、专指地标引:

手检标题:张謇(1853－1926)—人物研究:对比研究—涩泽荣数字(1840－1931)

机检标题:600#0 $a 张謇 $f(1853－1926) $x 人物研究 $x 对比研究 $x 涩泽荣一(1840－1931)

126.《考试案例研究:分析与决策》,CIP标引为:考试—案例—研究。前言:"分析与决策试卷包含了市场营销所囊括的各种知识。"全面、专指标引:

手检标题:①市场营销—市场分析—考试—个案研究,②市场营销—经济决策—考试—个案研究

机检标题:6060# $a 市场营销 $x 市场分析 $x 考试 $x 个案研究

6060# $a 市场营销 $x 经济决策 $x 考试 $x 个案研究

127.《祛风抗菌100种养生本草》(2008年8月出版),CIP标引为:食物疗法。该书全面、专指标引:

手检标题:①本草—中药疗法:食物疗法,②本草—养生(中医)

机检标题:6060# $a 本草 $x 中药疗法 $x 食物疗法

6060# $a 本草 $x 养生(中医)

128.《环境中有毒有害物质与分析检测》,CIP标引为:有害物质—检测。书名反映主题,应标出"有毒物质"、"污染测定"等叙词,进行全面、专指标引。

手检标题:①有毒物质:有害物质—污染物分析,②有毒物质:有害物质—污染测定

机检标题:6060# $a 有毒物质 $x 有害物质 $x 污染物分析

6060# $a 有毒物质 $x 有害物质 $x 污染测定

129.《步机枪》(现代兵器丛书),CIP标引为:步枪—世界—图

集。该书讲的是自动步枪、机枪与榴弹枪，表上“榴弹枪Y 榴弹发射器”。CIP 标引的“步枪”是“自动步枪”、“机枪”的上位概念，不用下位概念“自动步枪”、“机枪”标引，而用上位概念标引，那是越级标引。该书全面、专指标引应是：

手检标题：①自动步枪—世界—图集，②机枪—世界—图集，③榴弹发射器—世界—图集

机检标题：6060# $a 自动步枪 $y 世界 $j 图集

6060# $a 机枪 $y 世界 $j 图集

6060# $a 榴弹发射器 $y 世界 $j 图集

130.《广义水资源与适水发展》(2009 年出版)，CIP 标引为：水资源—资源利用—研究。这种标法不全面、不专指。根据书的内容主题应标引：

手检标题：①水资源开发—研究，②水资源利用—研究

机检标题：6060# $a 水资源开发 $x 研究

6060# $a 水资源利用 $x 研究

131.《机场工程特殊土地基处理技术》，CIP 标引为：机场—地基—建筑工程。该书要抓住“特殊土地基处理”进行全面、专指标引。

手检标题：①机场—软土地基—地基处理，②机场—膨胀土地基—地基处理，③机场—黄土地基—地基处理，④机场—冻土地基—地基处理

机检标题：6060# $a 机场 $x 软土地基 $x 地基处理

6060# $a 机场 $x 膨胀土地基 $x 地基处理

6060# $a 机场 $x 黄土地基 $x 地基处理

6060# $a 机场 $x 冻土地基 $x 地基处理

132.《百姓自制泡酱糟卤菜 1000 例》，CIP 标引为：小菜—菜谱。这种标法不全面、不专指。根据《对应表》收词情况，该书应标引为：

手检标题：①泡菜—菜谱，②酱菜—菜谱，③卤制—菜谱

机检标题：6060# $a 泡菜 $x 菜谱

6060# $a 酱菜 $x 菜谱

6060# $a 卤制 $x 菜谱

133.《设计符号》(高等学校教材),CIP 标引为:设计学。绪言:“全书分两篇,分别论述符号学的基础与符号学在设计中的应用。”该书应标引这两个主题。

手检标题:①符号学—基础理论—高等学校—教材,②符号学—应用—设计—高等学校—教材

机检标题:6060# $a 符号学 $x 基础理论 $x 高等学校 $j 教材

6060# $a 符号学 $x 应用 $x 设计 $x 高等学校 $j 教材

134.《21 世纪中国现实问题研究报告》,CIP 标引为:①经济体制改革—研究报告—中国,②对外开放—研究报告—中国 。本书共 4 篇:经济篇、政法篇、管理篇、党建篇。该书全面、专指标法:

手检标题:①中国经济—经济体制改革—研究报告,②中国特色社会主义—社会主义法制—研究报告,③中国共产党—党的建设—研究报告

机检标题:6060# $a 中国经济 $x 经济体制改革 $x 研究报告

6060# $a 中国特色社会主义 $x 社会主义法制 $x 研究报告

60102 $a 中国共产党 $x 党的建设 $x 研究报告

135.《环中国岛链——海洋地理、军事区位、信息系统》,CIP 标引为:岛弧—研究—中国。本书应用“海洋地理”、“军事区位”、“信息系统”的概念与“岛弧”组配标引,全面、专指地表达内容主题。

手检标题:①岛弧—海洋地理学:军事地理学—中国,②岛弧—地理信息系统—中国

机检标题:6060# $a 岛弧 $x 海洋地理学 $x 军事地理学 $y 中国

6060# $a 岛弧 $x 地理信息系统 $y 中国

136.《氧化沟污水处理技术及工程实例》,CIP 标引为:污水处理。《对应表》上“氧化沟法Y 氧化塘法”,是“污水处理”的下位概念,应标出这个概念。

手检标题:①氧化塘法,②污水处理

机检标题:6060# $a 氧化塘法

6060# $a 污水处理

137.《如何管理:影响世界经济进程的28种管理工具》,CIP标引为:企业管理。内容简介:“头脑风暴法、SWOT分析法、知识管理法、目标管理法、学习型组织、时间管理法……这些产生于不同时代的管理方法为社会创造了巨大的财富,有的甚至引起了深刻的社会变革。”该书全面、专指标引:

手检标题:①管理方法—研究,②管理方法—作用—世界经济—经济发展

机检标题:6060# $a 管理方法 $x 研究

6060# $a 管理方法 $x 作用 $x 世界经济 $x 经济发展

138.《测字》《择吉》《相术》《八卦》《风筝》《剪纸》这几本书都属于中国民俗文化系列读本,CIP一律标引为:风俗习惯—中国。这几本书应紧扣书名主题,既做整体标引又做分析标引。

例如《风筝》:

手检标题:①中华文化:俗文化,②风筝

机检标题:6060# $a 中华文化 $x 俗文化

6060# $a 风筝

例如《剪纸》:

手检标题:①中华文化:俗文化,②剪纸

机检标题:6060# $a 中华文化 $x 俗文化

6060# $a 剪纸

139.《古代少数民族诗词曲家研究》,CIP标引为:少数民族文学—古典诗歌—文化研究—中国。该书全面标引:

手检标题:①古代民族:少数民族—诗人—作家评论—中国,②少数民族文学—古典诗歌—诗歌研究—中国

机检标题:6060# $a 古代民族 $x 少数民族 $x 诗人 $x 作家评论 $y 中国

6060# $a 少数民族文学 $x 古典诗歌 $x 诗歌研究 $y

中国

140.《肿瘤科中西药物手册》,CIP 标引为:肿瘤—药物—手册。该书是讲中西抗癌药的,应参考 R979.1 对应的词串标引。

手检标题:①抗癌药—手册,②抗癌药(中药)—手册,③抗肿瘤作用—药物—手册

机检标题:6060# $a 抗癌药 $j 手册

6060# $a 抗癌药(中药) $j 手册

6060# $a 抗肿瘤作用 $x 药物 $j 手册

141.《中国强制性国家标准汇编:车辆、船舶、航空、航天卷》,CIP 标引为:国家标准—汇编—中国。该书要按多卷要求标引,标出车辆、船舶、航空、航天国家标准的主题。汇编应放在中国后面,作为文献类型因素标引。

手检标题:①国家标准—中国—汇编,②车辆—国家标准—中国—汇编,③船舶—国家标准—中国—汇编,④航空航天工业—国家标准—中国—汇编

机检标题:6060# $a 国家标准 $y 中国 $j 汇编

6060# $a 车辆 $x 国家标准 $y 中国 $j 汇编

6060# $a 船舶 $x 国家标准 $y 中国 $j 汇编

6060# $a 航空航天工业 $x 国家标准 $y 中国 $j 汇编

142.《让关节"活"起来——人工关节 100 问》(2008 年出版),CIP 标引为:人工关节—问答。主题标引不能单看书名,还要看其他方面。"本书通过 100 个关节炎常见问题的解答,深入浅出地讲述了关节炎的诊断、治疗和人工关节置换等各方面的知识"。该书应全面标引。

手检标题:①关节炎—诊疗—问题解答,②人工关节—临床应用—问题解答

机检标题:6060# $a 关节炎 $x 诊疗 $j 问题解答

6060# $a 人工关节 $x 临床应用 $j 问题解答

143.《现代陶瓷色釉料与装饰技术手册》,CIP 标引为:陶瓷—颜色釉—装饰技术—手册。标引主题除看书名外,还应该看看目录等内

容。从目录上看,该书讲了40多种釉,如成釉,功能釉,结晶釉,颜色釉,乳浊釉,陶瓷釉料等。考虑到标引规则不允许标引这么多的东西,该书应选用上位概念“釉”进行上位标引,分析标引可标出颜色釉,这样才能标引出该书主题。

手检标题:①陶瓷—釉—装饰工艺—技术手册,②陶瓷—颜色釉—装饰工艺—技术手册

机检标题:6060# $a 陶瓷 $x 釉 $x 装饰工艺 $j 技术手册

6060# $a 陶瓷 $x 颜色釉 $x 装饰工艺 $j 技术手册

144.《材料表面工程艺术》(2010年8月出版),CIP标引为:金属表面处理。该书前言说:“表面工程技术是由多学科相互交叉与融合而形成的通用性工程技术。”只用“金属表面处理”标引表达不了该书主题。该书应标引为:

手检标题:①材料—表面—通用技术:工程技术,②金属表面处理

机检标题:6060# $a 材料 $x 表面 $x 通用技术 $x 工程技术

6060# $a 金属表面处理

145.《新编西方经济学》(2011年1月出版),CIP标引为:现代资产阶级经济学。应标出“西方经济学”,全面、专指地标引该书主题。

手检标题:①西方经济学,②现代资产阶级经济学

机检标题:6060# $a 西方经济学

6060# $a 现代资产阶级经济学

146.《现代政治经济学》(2008年6月出版),CIP标引为:马克思主义政治经济学—高等学校—教材。该教材针对当前政治经济学资本主义部分和社会主义部分两分法的局限性,以马克思生产关系的四分法的思想为指导,建立了有生产方式与基本经济制度、生产理论、交换理论、消费理论、分配理论、宏观经济理论、全球化理论七大部分构成的现代政治经济学新体系。该教材应标出现代政治经济学,全面、专指地表达主题。

手检标题:①现代经济学:政治经济学—高等学校—教材,②马克思主义政治经济学—高等学校—教材

机检标题:6060# $a 现代经济学 $x 政治经济学 $x 高等学校 $j 教材
6060# $a 马克思主义政治经济学 $x 高等学校 $j 教材

147.《技术创新与技术竞争情报》(2009 年 8 月出版),CIP 标引为:技术革新—国际学术会议—文集。内容简介说:"本书以介绍技术竞争情报的理论、方法、技术和工具的发展前沿和热点为基础,重点论述了技术竞争情报在技术创新体系建设和企业急速创新活动中的作用和应用实践,有助于推动我国产业和企业中技术竞争情报系统的建立,促进技术竞争情报在各行业中的应用,加快我国技术创新体系建设的步伐。"该书应标出技术竞争情报,全面、专指地表达主题。《对应表》(二版)上"技术情报Y 科技情报"。

手检标题:①技术革新—国际学术会议—文集,②科技情报:竞争情报—国际学术会议—文集

机检标题:6060# $a 技术革新 $x 国际学术会议 $j 文集
6060# $a 科技情报 $x 竞争情报 $x 国际学术会议 $j 文集

148.《当代中国利益关系分析》(2007 年 11 月出版),CIP 标引为:经济利益—研究—中国。该书序言开头一句话:"利益和利益关系问题是重大的现实问题,也是当代中国哲学必须关注的重大课题。"该书目录:一、利益关系分析的重要作用;二、马克思主义关于利益关系分析的方法;三、当代中国利益关系的新变化新特点;四、城乡之间的利益关系;五、中央与地方之间的利益关系;六、区域之间的利益关系;七、社会阶层利益关系;八、民族、宗教与海内外同胞关系;九、贫富利益关系;等等。该书全面标法:

手检标题:①利益关系—研究—中国—现代,②经济利益—研究—中国—现代

机检标题:6060# $a 利益关系 $x 研究 $y 中国 $z 现代
6060# $a 经济利益 $x 研究 $y 中国 $z 现代

149.《全球化、现代化与马克思主义哲学中国化》(2010 年 1 月出版),CIP 标引为:马克思主义—发展—研究—中国。该书有上、中、下

三大部分：上篇全球化、现代化与现代社会发展，中篇现时代的马克思主义哲学——反思与建构，下篇马克思主义哲学中国现代化——理论与方法。该书全面、专指标引：

手检标题：①全球化：现代化—关系—社会发展—研究，②马克思主义哲学—理论研究，③马克思主义哲学—发展—研究—中国

机检标题：6060# $a 全球化 $x 现代化 $x 关系 $x 社会发展 $x 研究

6060# $a 马克思主义哲学 $x 理论研究

6060# $a 马克思主义哲学 $x 发展 $x 研究 $y 中国

150.《转型政治经济学——中国经济改革模式的理论阐释》(2008 年出版)，CIP 标引为：政治经济学—高等学校—教材。该书全面、专指标法：

手检标题：①转型经济—政治经济学—高等学校—教材，②中国经济—经济改革—经济模式—高等学校—教材

机检标题：6060# $a 转型经济 $x 政治经济学 $x 高等学校 $j 教材

6060# $a 中国经济 $x 经济改革 $x 经济模式 $x 高等学校 $j 教材

151.《舆情信息工作概论》(2006 年 10 月出版)，CIP 标引为：中国共产党—宣传工作—概论。该书第一章开头说："舆情，简单地解释就是民众的意愿，是指社会各阶层民众对社会存在和发展所持有的情绪、看法、意见和态度。因此，舆情也可以说是社情民意。舆情信息工作，就是有计划有组织地收集、整理和反映社情民意的专门活动。"主题标引要标出这个内容主题，该书全面标法：

手检标题：①中国共产党—宣传工作—概论，②舆论—信息获取—信息利用—中国

机检标题：60102 $a 中国共产党 $x 宣传工作 $x 概论

6060# $a 舆论 $x 信息获取 $x 信息利用 $y 中国

152.《教师教育模式研究》(2009 年 6 月出版),CIP 标引为:师资培养—研究—中国。该书全面标法:

手检标题:①教师队伍—教育模式—教育研究—中国,②师资培养—研究—中国

机检标题:6060# $a 教师队伍 $x 教育模式 $x 教育研究 $y 中国
6060# $a 师资培养 $x 研究 $y 中国

153.《2050:中国的区域发展:"中国至 2050 年区域科技发展路线图"研究报告》(2009 年出版),CIP 标引为:科学技术—技术发展—区域规划—研究报告—中国。该书内容简介说:"区域发展研究是近年来中国蓬勃发展的、具有重要影响的交叉研究领域。本书探讨了区域发展研究的特性、未来区域发展走势及科学需求、区域发展研究重大命题,以及中国科学院在区域发展研究领域的策略等。"该书全面、专指标法:

手检标题:①区域发展—研究报告—中国,②区域发展:科技发展—研究报告—中国

机检标题:6060# $a 区域发展 $x 研究报告 $y 中国
6060# $a 区域发展 $x 科技发展 $x 研究报告 $y 中国

154.《管理浮动汇率制度与汇率调控:从国际经验到人民币管理》(2010 年出版),CIP 标引为:浮动汇率制—研究。题名":"后面的内容主题"从国际经验到人民币管理"应标引出来。该书全面、专指标法:

手检标题:①浮动汇率制—货币管理,②国际货币体系—浮动汇率制—经验,③人民币汇率: 浮动汇率—货币管理

机检标题:6060# $a 浮动汇率制 $x 货币管理
6060# $a 国际货币体系 $x 浮动汇率制 $x 经验
6060# $a 人民币汇率 $x 浮动汇率 $x 货币管理

155.《城市与区域旅游发展机制研究》(2010 年 12 月出版),CIP 标引为:旅游业—区域发展—中国—文集。该书两个主题,"与"字前面一个,"与"后面一个,全面、专指标法:

手检标题:①城市旅游—旅游业发展—经济机制—研究—中国—

文集，②区域旅游—旅游业发展—经济机制—研究—中国—文集

机检标题：6060# $a 城市旅游 $x 旅游业发展 $x 经济机制 $x 研究 $y 中国 $j 文集

6060# $a 区域旅游 $x 旅游业发展 $x 经济机制 $x 研究 $y 中国 $j 文集

156.《中国经济：宏观经济分析与监管改革研究》(2011 年 2 月出版)，CIP 标引为：经济—研究—中国。该书书名反映主题，应全面、专指地标出书名反映的主题。

手检标题：①中国经济—研究，②宏观经济分析—研究—中国，③监管体制—经济体制改革—研究—中国

机检标题：6060# $a 中国经济 $x 研究

6060# $a 宏观经济分析 $x 研究 $y 中国

6060# $a 监管体制 $x 经济体制改革 $x 研究 $y 中国

157.《债券市场：分析与策略(第七版)》(2010 年出版)，CIP 标引为：债券—资本市场—研究。该书是一个事物(债券市场)两个方面概念：市场分析与市场策略，应用《对应表》(二版)上专指词“债券市场”当主标题，标出两个主题。

手检标题：①债券市场—市场分析—研究，②债券市场—市场策略—研究

机检标题：6060# $a 债券市场 $x 市场分析 $x 研究

6060# $a 债券市场 $x 市场策略 $x 研究

158.《农村信用社服务与管理》(2010 年 1 月出版)，CIP 标引为：农村—信用合作社—研究—中国。《对应表》(二版)上有“农村信用社”专指词，应用专指词全面标引该书主题。

手检标题：①农村信用社—承诺服务—研究—中国，②农村信用社—贷款管理—研究—中国

机检标题：6060# $a 农村信用社 $x 承诺服务 $x 研究 $y 中国

6060# $a 农村信用社 $x 贷款管理 $x 研究 $y 中国

159.《政府与事业单位会计》(2010 年 6 月出版),CIP 标引为:单位预算会计—专业学校—教材。该书应标出“政府会计”,《对应表》(二版)上“政府会计Y 预算会计”,“预算会计”是“单位预算会计”的上位概念。该书全面标引:

手检标题:①单位预算会计—专业教育—教材,②预算会计—专业教育—教材

机检标题:6060# $a 单位预算会计 $x 专业教育 $j 教材

6060# $a 预算会计 $x 专业教育 $j 教材

160.《你的工资和奖金从哪里来》(2011 年 3 月出版),CIP 标引为:劳动工资管理—通俗读物。《对应表》(二版)上没有“劳动工资管理”这个词,该书全面标法:

手检标题:①工资—通俗读物,②奖金—通俗读物

机检标题:6060# $a 工资 $j 通俗读物

6060# $a 奖金 $j 通俗读物

161.《面试学:三分靠能力,七分靠技巧》(2011 年 4 月出版),CIP 标引为:职业选择—基本知识。《对应表》(二版)上“面试Y 口试”,该书全面标引:

手检标题:①口试—基本知识,②职业选择—基本知识

机检标题:6060# $a 口试 $x 基本知识

6060# $a 职业选择 $x 基本知识

162.《罗素论中西文化》(2009 年 5 月出版),(英)罗素(Russell, B.)著,杨发庭等译,CIP 标引为:罗素(Russel, Bertrand 1877 ~ 1930)—哲学思想—研究。该书内容是中西文化,还应标出中西文化,客观地全面地标引该书主题。

手检标题:①罗素,B(1872 - 1970)—哲学思想—研究,②中华文化:西方文化—研究

机检标题:601#1 $a 罗素 $c(Russell, Bertrand $f 1877 - 1930) $x 哲学思想 $x 研究

6060# $a 中华文化 $x 西方文化 $x 研究

163.《教育管理现象学》(2010 年 12 月出版),CIP 标引为:教育管理学—研究。应标出“现象学”,进行全面标引。

手检标题:教育管理学: 现象学—研究

机检标题:6060# $a 教育管理学 $x 现象学 $x 研究

164.《中国技能短缺治理》(2010 年 12 月出版),CIP 标引为:人才—管理—研究—中国。主标题应是专指词“人才管理”,用“人才”与“管理”组配是不对的。还应标出书名反映的主题,进行全面标引。

手检标题:①职业技能—短缺—治理—中国,②人才管理—研究—中国

机检标题:6060# $a 职业技能 $x 短缺 $x 治理 $y 中国

6060# $a 人才管理 $x 研究 $y 中国

165.《刘过与〈龙洲词〉》(2010 年 2 月出版),CIP 标引为:刘过(1154~1206)—人物研究。刘过是南宋词人、诗人,该书应标出“词人”、《龙洲词》,进行全面标引。

手检标题:①刘过(1154 - 1206)—词人—作家评论,②《龙洲词》—诗词研究:著作研究

机检标题:600#0 $a 刘过 $f(1154 - 1206) $x 词人 $x 作家评论

605## $a《龙洲词》$x 诗词研究 $x 著作研究

166.《考古发现与文史新证》(2011 年 2 月出版),CIP 标引为:文史—研究—中国—古代。该书讲的是先秦、三代时期的主题内容,全面、专指地标法:

手检标题:①考古发现—研究—中国—先秦时代,②考古发现—研究—中国—三代时期

机检标题:6060# $a 考古发现 $x 研究 $y 中国 $z 先秦时代

6060# $a 考古发现 $x 研究 $y 中国 $z 三代时期

167.《金融市场中的法律风险》(2009 年 12 月出版),(英)麦克罗米(McCormick, R.)著;胡滨译,CIP 标引为:金融法—研究。应标出书名反映的主题,该书全面标引:

手检标题:①金融市场—法律—风险管理—研究,②金融法—

研究

机检标题:6060# $a 金融市场 $x 法律 $x 风险管理 $x 研究

6060# $a 金融法 $x 研究

168.《环境法学》(2010 年 12 月出版),CIP 标引为:环境保护法—法的理论—中国—高等学校—教材。《对应表》(二版)上有专指词“环境法学”,应用专指词标引,不应该用“环境保护法”与“法的理论”组配标引。该书的“环境法学”有中国的,有国际上的,应标出“国际环境法学”内容主题。该书全面标法:

手检标题:①环境法学—法的理论—中国—高等学校—教材,②国际环境法学—法的理论—高等学校—教材

机检标题:6060# $a 环境法学 $x 法的理论 $y 中国 $x 高等学校 $j 教材

6060# $a 国际环境法学 $x 法的理论 $x 高等学校 $j 教材

169.《罪犯改造心理学》(2010 年 12 月出版),CIP 标引为:犯罪分子—劳动改造—心理学。根据该书内容主题,全面专指标法:

手检标题:①犯罪心理学,②罪犯—劳动改造—劳动心理学: 管理心理学

机检标题:6060# $a 犯罪心理学

6060# $a 罪犯 $x 劳动改造 $x 劳动心理学 $x 管理心理学

170.《雨水权利制度研究:西部缺水地区雨水资源利用的法律问题》(2008 年 4 月出版),CIP 标引为:降水—蓄水—法律—研究—中国。该书全面、专指标引:

手检标题:①雨水资源—资源利用—水法—研究—中国,②降水—蓄水—水法—研究—中国

机检标题:6060# $a 雨水资源 $x 资源利用 $x 水法 $x 研究 $y 中国

6060# $a 降水 $x 蓄水 $x 水法 $x 研究 $y 中国

四、非正式叙词标引 101 例

主题标引规定：要选用正式叙词标引文献主题，词表中非正式叙词只起指引查找正式叙词的作用，本身不得直接用来标引。下列图书用了非正式叙词标引。

1.《北京地热画册》(2008 年 5 月出版)，CIP 标引为：地热—北京市—画册。《对应表》(二版)上“地热”是个非正式叙词，正式叙词是“地热能”。该书应标引为：

手检标题：地热能—北京—画册

机检标题：6060# $a 地热能 $y 北京 $j 画册

2.《混沌学引论—2 版》(2010 年 4 月出版)，CIP 标引为：混沌学—研究。《对应表》(二版)上“混沌学”是个非正式叙词，正式叙词是“混沌理论”。

手检标题：混沌理论—研究

机检标题：6060# $a 混沌理论 $x 研究

3.《海洋波浪能量综合利用》(2011 年 1 月出版)，CIP 标引为：海洋—波能—综合利用—研究。《对应表》(二版)上“波能”是非正式叙词，正式叙词是“波浪能”，该书标引为：

手检标题：海洋—波浪能—能量利用：综合利用—研究

机检标题：6060# $a 海洋 $x 波浪能 $x 能量利用 $x 综合利用 $x 研究

4.《煤矿三维地震数据动态解释系统》(2008 年 1 月出版)，CIP 标引为：煤矿—三维地震法勘探。《对应表》(二版)上“三维地震法勘探”是个非正式叙词，正式叙词是“三维地震法”，应用正式叙词标引。该书标引为：

手检标题：①煤矿—三维地震法，②煤矿—地震数据—三维地震

解释

机检标题:6060# $a 煤矿 $x 三维地震法

6060# $a 煤矿 $x 地震数据 $x 三维地震解释

5.《女性发展与心理辅导》(2006 年 10 月出版),CIP 标引为:妇女心理学—通俗读物。《对应表》(二版)2005 年 9 月出版,表上“妇女心理学Y 女性心理学”,该书应用正式叙词“女性心理学”当主标题标引。

手检标题:女性心理学—通俗读物

机检标题:6060# $a 女性心理学 $j 通俗读物

6.《稠油油田储层精细描述技术》(2010 年 1 月出版),CIP 标引为:高黏度油气田—储层—油藏描述。《对应表》(二版)上“储层”是个非正式叙词,正式叙词是“储集层”;“油藏描述”是个自由词,表上没有这个词。该书标引为:

手检标题:高黏度油气田—储集层描述

机检标题:6060# $a 高黏度油气田 $x 储集层描述

7.《沙尘暴科学问题研究》(2009 年 11 月出版),CIP 标引为:沙暴—研究。《对应表》(二版)上“沙暴Y 沙尘暴”,该书应用正式叙词“沙尘暴”作主标题标引。

手检标题:沙尘暴—科学研究

机检标题:6060# $a 沙尘暴 $x 科学研究

8.《中药二维相关红外光谱鉴定图集》,CIP 标引为:中药材—中药鉴定学—红外光谱法—光谱图。《对应表》中“红外光谱法”为非正式叙词,其正式叙词为“红外分光光度法”,应该用正式叙词作副副标题标引。

手检标题:中药材—中药鉴定学—红外分光光度法—光谱图

机检标题:6060# $a 中药材 $x 中药鉴定学 $x 红外分光光度法 $x 光谱图

9.《新京都站》,CIP 标引为:火车站—建筑设计—日本—图集。词表上“火车站Y 铁路车站”,“火车站”为非正式叙词,“铁路车站”为正式叙词,应该用“铁路车站”当主标题。

手检标题:铁路车站—建筑设计—日本—图集

机检标题:6060# $a 铁路车站 $x 建筑设计 $y 日本 $j 图集

10.《新型高性能混凝土耐久性研究与工程应用》,CIP 标引为:高强混凝土—耐久性—研究。《对应表》上“耐久性”为非正式叙词,其正式叙词为“耐用性”,应该用“耐用性”作副标题。

手检标题:高强混凝土—耐用性—研究

机检标题:6060# $a 高强混凝土 $x 耐用性 $x 研究

11.《计算机辅助零件工艺过程设计原理》,CIP 标引为:机械零件—生产工艺—计算机辅助设计。《对应表》上“机械零件”为非正式叙词,正式叙词为“机械元件”,应用“机械元件”作主标题标引。

手检标题:机械元件—生产工艺—计算机辅助设计

机检标题:6060# $a 机械元件 $x 生产工艺 $x 计算机辅助设计

12.《洞穴探险》,CIP 标引为:洞穴—旅游。“洞穴”为非正式叙词,其正式叙词为“溶洞”。

手检标题:溶洞—探险—中国

机检标题:6060# $a 溶洞 $x 探险 $y 中国

13.《永动机与哥德巴赫猜想》,CIP 标引为:科学工作者—心理分析。“心理分析”为非正式叙词,正式叙词为“精神分析”。

手检标题:科学工作者—精神分析

机检标题:6060# $a 科学工作者 $x 精神分析

14.《清代禁毁书目题外注一种》,CIP 标引为:①禁书—书目—研究—中国—清代,②毁书—书目—研究—中国—清代。“书目”为非正式叙词,正式叙词为“图书目录”。

手检标题:①禁书—图书目录—研究—中国—清代,②毁书—图书目录—研究—中国—清代

机检标题:6060# $a 禁书 $x 图书目录 $x 研究 $y 中国 $z 清代
6060# $a 毁书 $x 图书目录 $x 研究 $y 中国 $z 清代

15.《电脑局域网全面上手》,CIP 标引为:局域网络—基础知识。

《对应表》(初版)上"局域网络Y 局部网络",该书应标引为:局部网络—基本知识。根据《对应表》(二版),该书要标引为:

手检标题:局域网—基本知识

机检标题:6060# $a 局域网 $x 基本知识

16.《计算机系统维护技术》(高等学校本科应用型教材),CIP 标引为:计算机系统—维护。《对应表》上"维护Y 维修"。该书应用"维修"作副标题标引。在《对应表》(二版)上有"计算机维护"叙词,该书应标引为:

手检标题:计算机系统—计算机维护—高等学校—教材

机检标题:6060# $a 计算机系统 $x 计算机维护 $x 高等学校 $j 教材

17.《李卓吾传》,CIP 标引为:李卓吾(1527 - 1602)—传记。《对应表》上"李卓吾Y 李贽",该书应该用"李贽"当主标题标引。

手检标题:李贽(1527 - 1602)—传记

机检标题:600#0 $a 李贽 $f(1527 - 1602) $x 传记

18.《创造力、记忆力测试》,CIP 标引为:①创造力—能力测验—试题,②记忆力—能力测验—试题。《对应表》上"能力测验Y 能力倾向测验",该书要用正式叙词"能力倾向测验"作副标题标引。

手检标题:①创造力—能力倾向测验—试题,②记忆力—能力倾向测验—试题

机检标题:6060# $a 创造力 $x 能力倾向测验 $j 试题

6060# $a 记忆力 $x 能力倾向测验 $j 试题

19.《建筑安装工程概预算与投标报价》,CIP 标引为:①建筑安装工程—概算编制,②建筑安装工程—预算编制,③建筑安装工程—投标—建筑预算定额。"建筑安装工程"为非正式叙词,其正式叙词在《对应表》(初版)上为"工程装修",在《对应表》(二版)上为"建筑安装"。该书应标引为:

手检标题:①建筑安装—概算编制,②建筑安装—预算编制,③建筑安装—投标—建筑预算定额

机检标题:6060# $a 建筑安装 $x 概算编制

6060# $a 建筑安装 $x 预算编制

6060# $a 建筑安装 $x 投标 $x 建筑预算定额

20.《全球养老保障——改革与发展》,CIP 标引为:养老金—社会保障—制度—研究—世界。“养老金”为非正式叙词,其正式叙词为“退休金”,该书主标题应该用“退休金”标引。

手检标题:退休金—社会保障—福利制度—研究—世界

机检标题:6060# $a 退休金 $x 社会保障 $x 福利制度 $x 研究 $y 世界

21.《卒中的监测与防治》,CIP 标引为:①卒中—监测,②卒中—防治。《对应表》上“卒中”为非正式叙词,其正式叙词为“中风”。监测应用专指词“卫生监测”标引。该书应标引为:

手检标题:①中风—卫生监测,②中风—防治

机检标题:6060# $a 中风 $x 卫生监测

6060# $a 中风 $x 防治

22.《美国习语 101 则》,CIP 标引为:英语,美国—习语。“习语”为非正式叙词,正式叙词是“社会习惯语”,该书应标引为:

手检标题:英语—社会习惯语—美国

机检标题:6060# $a 英语 $x 社会习惯语 $y 美国

23.《GSM 移动通信网络优化》,CIP 标引为:时分多址—移动通信—通信网—优化。《对应表》上“优化”为非正式叙词,其正式叙词为“最佳化”,应该用“最佳化”参与组配标引。根据《对应表》(二版),该书应标引为:

手检标题:时分多址—移动通信—通信网—最优布局

机检标题:6060# $a 时分多址 $x 移动通信 $x 通信网 $x 最优布局

24.《如何撰写成功的筹资资信》,CIP 标引为:筹资—应用文—写作—基础知识。表上“筹资”为非正式叙词,其正式叙词为“资金来源”。该书应用“资金来源”标引。根据《对应表》(二版),该书应标

引为：

手检标题：汉语—资金来源—应用文—写作

机检标题：6060# $a 汉语 $x 资金来源 $x 应用文 $x 写作

25.《中国近现代报刊活动家思想评传》，CIP 标引为：①报刊—工作者—思想评论—中国—近代—文集，②报刊—工作者—思想评论—中国—现代—文集。《对应表》上“工作者”为非正式叙词，其正式叙词为“工作人员”。表上还有专指词“新闻工作者”，该书应标引为：

手检标题：报刊—新闻工作者—思想评论—中国—近现代—文集

机检标题：6060# $a 报刊 $x 新闻工作者 $x 思想评论 $y 中国 $z 近现代 $j 文集

26.《化学化工文献检索与利用》，CIP 标引为：化学工业—文献检索—高等学校—教材。《对应表》上“文献检索”为非正式叙词，其正式叙词为“情报检索”。该书应标引为：

手检标题：化学工业—情报检索—高等学校—教材

机检标题：6060# $a 化学工业 $x 情报检索 $x 高等学校 $j 教材

27.《水电厂运行技术问答》，CIP 标引为：水力发电厂—运行—问答。《对应表》“水力发电厂 Y 水力发电站”，本书应该用“水力发电站”当主标题标引。“运行”应用专指词“电力系统运行”标引。

手检标题：水力发电站—电力系统运行—问答

机检标题：6060# $a 水力发电站 $x 电力系统运行 $j 问答

28.《国际银团贷款法论》，CIP 标引为：国际金融—银团—贷款—法的理论。《对应表》上“银团 Y 银行团”，应用“银行团”当副标题标引。《对应表》（二版）上还有“银团贷款”叙词。该书应标引为：

手检标题：国际金融—银团贷款—法的理论

机检标题：6060# $a 国际金融 $x 银团贷款 $x 法的理论

29.《实用妇科腹腔镜学》，CIP 标引为：腹腔镜—应用—妇科外科手术。《对应表》（二版）上“腹腔镜 Y 腹腔镜检”，该书应用正式叙词标引。

手检标题：妇科外科手术—腹腔镜检

机检标题:6060# $a 妇科外科手术 $x 腹腔镜检

30.《中国经典营销案例集》,CIP 标引为:营销学—中国—案例。《对应表》(二版)上“营销学Y 市场营销学”,该书应标引为:

手检标题:市场营销学—个案研究—中国

机检标题:6060# $a 市场营销学 $x 个案研究 $y 中国

31.《塑料添加剂手册》,CIP 标引为:塑料添加剂—手册。《对应表》(二版)“上塑料添加剂Y 塑料助剂”,该书应用“塑料助剂”当主标题标引。

手检标题:塑料助剂—手册

机检标题:6060# $a 塑料助剂 $j 手册

32.《注射成型手册》,CIP 标引为:注射成型—技术手册。《对应表》上“注射成型(塑料加工) Y 注塑”,该书应用“注塑”当主标题标引:

手检标题:注塑—技术手册

机检标题:6060# $a 注塑 $j 技术手册

33.《二元合金状态图集》,CIP 标引为:二元合金—状态图—图集。《对应表》上“状态图Y 相图”,该书应用“相图”当副标题标引:

手检标题:二元合金—相图—图集

机检标题:6060# $a 二元合金 $x 相图 $j 图集

34.《新型空调故障自修代码大全》,CIP 标引为:①空气调节器—故障—代码,②空气调节器—维修。表上“代码Y 码”,该书应用正式叙词“码”作副标题标引。“故障”应用专指词“设备故障”作①的副标题标引,“维修”应用专指词“设备维修”作②的副标题标引。

手检标题:①空气调节器—设备故障—码,②空气调节器—设备检修

机检标题:6060# $a 空气调节器 $x 设备故障 $x 码

6060# $a 空气调节器 $x 设备检修

35.《苏门六君子研究》,CIP 标引为:①文学家—人物研究—中国—北宋,②古典文学—文学研究—中国—北宋。《对应表》上“文学

家Y 作家”,并有“中国作家”、“中国文学”主题词,该书应标引为:

手检标题:①中国作家—作家评论—北宋,②中国文学—古典文学研究—北宋

机检标题:6060# $a 中国作家 $x 作家评论 $z 北宋

6060# $a 中国文学 $x 古典文学研究 $z 北宋

36.《煤炭气化工艺》(教育部高职高专规划教材),CIP 标引为:煤炭气化—生产工艺—高等学校:技术学校—工艺。《对应表》上没有煤炭气化的叙词,《对应表》(二版)“煤炭气化Y 煤气化”,该书应标引为:

手检标题:煤气化—生产工艺—高等学校:技术学校—教材

机检标题:6060# $a 煤气化 $x 生产工艺 $x 高等学校 $x 技术学校 $j 教材

37.《观赏动物养殖与疾病防治》,CIP 标引为:①观赏动物—饲养管理,②观赏动物—动物疾病—防治。《对应表》(初版)上没有“观赏动物”这个词,《对应表》(二版)上“观赏动物Y 玩赏动物”,该书应标引为:

手检标题:①玩赏动物—饲养管理,②玩赏动物—动物疾病—防治

机检标题:6060# $a 玩赏动物 $x 饲养管理

6060# $a 玩赏动物 $x 动物疾病 $x 防治

38.《日语标记规范辞典》,CIP 标引为:日语—汉字—辞典。《对应表》上“辞典Y 词典”,应用正式叙词“词典”(更应该用字典)作副副标题标引。

手检标题:日语—汉字—字典

机检标题:6060# $a 日语 $x 汉字 $j 字典

39.《大抉择——美国站在十字路口》,CIP 标引为:外交政策—研究—美国。《对应表》上“外交政策”是非正式叙词,其正式叙词为“对外政策”。《对应表》(二版)上有“美国对外政策”的叙词,该书应标引为:

手检标题:美国对外政策—研究

机检标题:6060# $a 美国对外政策 $x 研究

40.《股权期权激励——高新技术企业激励理论与操作实务》,CIP 标引为:高新技术产业—企业管理—激励。“高新技术产业”是个非正式叙词,正式叙词是“高技术产业”。该书用“高技术企业”作主标题更好,并用“股权”、“期权”参与组配标引。

手检标题:①高技术企业—股权—激励理论,②高技术企业—期权—激励理论

机检标题:6060# $a 高技术企业 $x 股权 $x 激励理论

6060# $a 高技术企业 $x 期权 $x 激励理论

41.《文学家与名著的故事》,CIP 标引为:①文学家—生平事迹—世界—青少年读物,②文学史—世界—青少年读物。《对应表》(二版)上“文学家”是非正式叙词,正式叙词是“作家”,应用正式叙词作主标题标引。其次,词表上没有“青少年读物”这个词,可用“青年读物”标引。该书应标引为:

手检标题:①作家—生平事迹—世界—青年读物,②世界文学—名著—故事—青年读物

机检标题:6060# $a 作家 $x 生平事迹 $y 世界 $j 青年读物

6060# $a 世界文学 $x 名著 $x 故事 $j 青年读物

42.《拜占廷帝国史》,CIP 标引为:拜占廷—历史。表上“拜占庭”是非正式叙词,正式叙词是“拜占庭帝国”。拜占庭帝国是中古欧洲历史最长久的君主制国家,在其延续千余年的历史中,对中世纪欧洲的政治、经济、文化和宗教发挥了重要作用。该书应按照 K134 对应的词串“中世纪史\拜占庭帝国”标引。

手检标题:中世纪史—拜占庭帝国

机检标题:6060# $a 中世纪史 $x 拜占庭帝国

43.《远古的悸动:生命起源与进化》(2010 年出版),CIP 标引为:①生命起源—普及读物,②进化学说—普及读物。《对应表》(二版)上“进化学说”是个非正式叙词,正式叙词是“进化论”,应用“进化论”

当主标题标引。

手检标题:①生命起源—普及读物,②进化论—普及读物

机检标题:6060# $a 生命起源 $j 普及读物

6060# $a 进化论 $j 普及读物

44.《中国的名家》(2010 年出版),CIP 标引为:白马非马—简介。《对应表》(二版)上“白马非马”是个非正式叙词,正式叙词是“白马论”。该书应标引为:

手检标题:①名家—介绍—中国,②白马论—介绍

机检标题:6060# $a 名家 $x 介绍 $y 中国

6060# $a 白马论 $x 介绍

45.《紫金王朝》(2010 年 8 月出版),CIP 标引为:篮球运动—运动队—概况—洛杉矶。在《对应表》(二版)上“运动队”是个非正式叙词,正式叙词是“体工队”,应用该词当副标题标引。

手检标题:篮球运动—体工队—概况—美国—洛杉矶

机检标题:6060# $a 篮球运动 $x 体工队 $x 概况 $y 美国 $y 洛杉矶

46.《上班族实用商业会话》(2010 年出版),CIP 标引为:商业—英语—口语。《对应表》(二版)上“商业”是个非正式叙词,该书应标引为:

手检标题:商业工作人员—英语—口语

机检标题:6060# $a 商业工作人员 $x 英语 $x 口语

47.《物业电工一本通》(2010 年 7 月出版),CIP 标引为:建筑安装工程—电工—基本知识。《对应表》(二版)上“建筑安装工程Y 建筑安装”,应选用正式叙词当主标题。

手检标题:建筑安装—电工技术—基本知识

机检标题:6060# $a 建筑安装 $x 电工技术 $x 基本知识

48.《调料酱 67 例:汉朝对照》(2009 年 1 月出版),CIP 标引为:调料酱—制作—韩国—汉、朝。《精选家常酱料 1688 例》(2010 年 3 月出版),CIP 标引为:调料酱—制作。在《对应表》(二版)上“调料酱

Y 调味酱”,这两本书应用正式叙词“调味酱”当主标题标引。

第一本手检标题:调味酱—制作—汉语:朝鲜语—对照读物

机检标题:6060# $a 调味酱 $x 制作 $x 汉语 $x 朝鲜语 $j 对照读物

第二本手检标题:调味酱—制作

机检标题:6060# $a 调味酱 $x 制作

49.《尚品点心》(2009 年 5 月出版),CIP 标引为:面点—制作—华东地区。《对应表》(二版)上“面点Y 面食”,“面点制作Y 食品加工”,该书应用正式叙词“面食”作主标题,“食品加工”作副标题标引。

手检标题:面食—食品加工—华东地区

机检标题:6060# $a 面食 $x 食品加工 $y 华东地区

50.《脊柱决定健康—颈椎、胸椎、腰椎掌管寿命到百岁》(2010 年 3 月出版),CIP 标引为:脊椎病—防治。在《对应表》(二版)上“脊椎病”是非正式叙词,正式叙词是“脊柱病”,应标引为:

手检标题:脊柱病—防治

机检标题:6060# $a 脊柱病 $x 防治

标得细一点:

手检标题:①颈椎—脊柱病—防治,②胸椎—脊柱病—防治,③腰椎—脊柱病—防治

机检标题:6060# $a 颈椎 $x 脊柱病 $x 防治

6060# $a 胸椎 $x 脊柱病 $x 防治

6060# $a 腰椎 $x 脊柱病 $x 防治

51.《公文处理规范与实务》(2011 年 1 月出版),CIP 标引为:公文—文件处理—基本知识。《对应表》(二版)上“文件处理”是个非正式叙词,正式叙词是“文件管理”;表上也没有“公文”这个词。《辞海》上说:公文是“国家机关、公共组织在履行法定职责中形成的具有规范体式的文书”。文书是“以文字为主要方式记录信息的一种书面文件”。该书应标引为:

手检标题:①文书工作—规范化,②文件管理—基本知识

机检标题:6060# $a 文书工作 $x 规范化

6060# $a 文件管理 $x 基本知识

52.《中医如此神奇之阴阳五行藏象》(2008 年 12 月出版),CIP 标引为:①阴阳(中医),②五行(中医),③藏象。《对应表》(二版)上"藏象Y 脏腑",应用正式叙词"脏腑"标引。

手检标题:①阴阳(中医),②五行(中医),③脏腑

机检标题:6060# $a 阴阳(中医)

6060# $a 五行(中医)

6060# $a 脏腑

53.《设备安装工程应用技术》(2009 年出版),CIP 标引为:房屋建筑设备—建筑安装工程—新技术应用。《对应表》(二版)上"建筑安装工程"是个非正式叙词,正式叙词是"建筑安装"。表上还有"设备安装",与"建筑安装"同级,共同上位概念是"安装"。该书应标引为:

手检标题:房屋建筑设备—设备安装:建筑安装—新技术应用

机检标题:6060# $a 房屋建筑设备 $x 设备安装 $x 建筑安装 $x 新技术应用

54.《艾滋病证人》(2009 年 7 月出版),CIP 标引为:艾滋病—防治—普及读物。《对应表》(二版)上"艾滋病Y 获得性免疫缺陷综合征",应用这个正式叙词标引。

手检标题:获得性免疫缺陷综合征—防治—普及读物

机检标题:6060# $a 获得性免疫缺陷综合征 $x 防治 $j 普及读物

55.《基因资源与现代渔业》(2009 年 12 月出版),CIP 标引为:①基因—生物—资源研究,②渔业—研究。《对应表》(二版)上"基因资源Y 种质资源",该书应标引为:

手检标题:①种质资源—理论研究,②渔业—理论研究

机检标题:6060# $a 种质资源 $x 理论研究

6060# $a 渔业 $x 理论研究

56.《冰雹灾害》(2009 年出版),CIP 标引为:①雹—基本知识,②

雹—气象灾害—灾害防治。《对应表》(二版)上“雹Y 冰雹”,“冰雹灾害Y 雹灾”,应用这两个正式叙词标引。

手检标题:①冰雹—基本知识,②雹灾—灾害防治

机检标题:6060# $a 冰雹 $x 基本知识

6060# $a 雹灾 $x 灾害防治

57.《外星人与UFO》(2009年出版),CIP标引为:①地外生命—普及读物,②飞碟—普及读物。《对应表》(二版)上“飞碟Y 飞盘”,应用正式叙词“飞盘”当②的主标题标引,该书应标引为:

手检标题:①地外生命 —普及读物,②飞盘—普及读物

机检标题:6060# $a 地外生命 $j 普及读物

6060# $a 飞盘 $j 普及读物

58.《用故事激发孩子的创新能力》(2010年12月出版),CIP标引为:创造力—能力培养—儿童读物。《对应表》(二版)上“创造力”、“创新能力”都是非正式叙词,正式叙词是“创造能力”,应选用“创造能力”当主标题标引。

手检标题:创造能力—能力培养—儿童读物

机检标题:6060# $a 创造能力 $x 能力培养 $j 儿童读物

59.《毛泽东诗词欣赏》(2010年4月出版),CIP标引为:毛泽东诗词—鉴赏。“毛泽东诗词”是非正式叙词,应选用正式叙词“毛主席诗词”当主标题,该书应标引为:

手检标题:毛主席诗词—诗歌欣赏

机检标题:6060# $a 毛主席诗词 $x 诗歌欣赏

60.《现代世界的引擎:工业革命》(2010年出版),CIP标引为:工业革命—通俗读物。《对应表》(二版)上“工业革命Y 产业革命”,应选用正式叙词“产业革命”当主标题。该书应标引为:

手检标题:产业革命—通俗读物

机检标题:6060# $a 产业革命 $j 通俗读物

61.《领导科学丛书》,共三十种,种种都有独立的研究对象,都有单种书书名。CIP对其一律用了一个非正式叙词“领导科学”进行综

合标引或整体标引,标引为:领导科学—文集。正确标法应用正式叙词"领导学"进行整体标引,即:领导学—丛书。国家图书馆《中文图书主题标引工作条例》规定:"如果综合著录的丛书有分卷册号或分卷册名的,采用多卷书的标引方式",即除整体标引外,还要做分散标引或分析标引。《领导科学丛书》除用正式主题词进行整体标引外,还应进行下一层次的分散标引。例如第9种《领导心理学》一书,该书应标引为:

手检标题:①领导学—丛书,②领导心理学—文集

机检标题:6060# $a 领导学 $j 丛书

6060# $a 领导心理学 $j 文集

62.《速度·质量·效益——卢中原谈宏观调控》(2010年出版),CIP标引为:宏观调控—研究—中国。《对应表》(二版)上"宏观调控Y宏观经济调控",应选用正式叙词"宏观经济调控"当副标题标引。主标题应是"中国经济"。该书应标引为:

手检标题:中国经济—宏观经济调控—研究

机检标题:6060# $a 中国经济 $x 宏观经济调控 $x 研究

63.《小酒馆之歌(插图本)》(20世纪西方时尚文化,2009年11月出版),CIP标引为:餐厅—简介—西方国家。《对应表》(二版)上"餐厅"是个非正式叙词,应用正式叙词"餐馆"当主标题标引。

手检标题:餐馆—介绍—西方国家

机检标题:6060# $a 餐馆 $x 介绍 $x 西方国家

64.《Google真相》(2010年7月出版),CIP标引为:网络企业—概况—美国。"网络企业"在《对应表》(二版)上是个非正式叙词,正式叙词是"网络公司",应选用正式叙词当主标题。

手检标题:网络公司—概况—美国

机检标题:6060# $a 网络公司 $x 概况 $y 美国

65.《农民工访谈录》,CIP标引为:农民—访谈录—中国。《对应表》(二版)上"农民工Y民工",要选用"民工"作主标题。其次,表上没有"访谈录"一词,应用"访问记"作副标题标引。该书应标引为:

手检标题:民工—访问记—中国

机检标题:6060# $a 民工 $x 访问记 $y 中国

66.《水能资源开发生态补偿机制研究》(2010 年 11 月出版),CIP 标引为:水电资源—资源开发—生态环境—补偿性财政政策—研究—中国。《对应表》(二版)上“水能资源Y 水力资源”,《辞海》上也是水能资源即水力资源。标引时应选用“水力资源”,不用“水电资源”。表上“资源开发”有下位词“水资源开发”,应用“水资源开发”当副标题。该书应标引为:

手检标题:水力资源—水资源开发—生态环境—补偿性财政政策—研究—中国

机检标题:6060# $a 水力资源 $x 水资源开发 $x 生态环境 $x 补偿性财政政策 $x 研究 $y 中国

67.《长江治理开发保护 60 年》(2009 年 12 月出版),CIP 标引为:①长江—治理开发保护整治—概况,②长江—水利资源开发—概况。《对应表》(二版)上没有“治理开发保护整治”这个词,表上“水利资源开发”是个非正式叙词,正式叙词是“水资源开发”。该书书名反映主题,应按其标引。

手检标题:①长江—河道整治,②长江—水资源开发,③长江—水资源—资源保护

机检标题:607## $a 长江 $x 河道整治

607## $a 长江 $x 水资源开发

607## $a 长江 $x 水资源 $x 资源保护

68.《青年治淮论坛论文集》,CIP 标引为:淮河—流域综合治理—文集。初版、二版《对应表》上都没有“流域综合治理”这个词,根据初版,该书手检标题应是(机检从省):淮河—流域—综合治理。根据二版,该书应标引为:

手检标题:淮河—流域治理: 综合治理

机检标题:607## $a 淮河 $x 流域治理 $x 综合治理

69.《震撼中国的 100 位英雄模范人物》,CIP 标引为:英雄模范事

迹—中国—现代。《对应表》(二版)上“英雄模范事迹”是个非正式叙词,正式叙词是“先进事迹”,该书应标引为:

手检标题:先进工作者—先进事迹—中国—现代

机检标题:6060# $a 先进工作者 $x 先进事迹 $y 中国 $z 现代

70.《电磁灶·微波炉·电饭煲维修数据速查宝典》(2010年6月出版),CIP标引为:①电磁灶—维修—图解,②微波加热设备—维修—图解,③电饭煲—维修—图解。《对应表》(二版)上“电磁灶”的书写形式为“电磁炉灶”,“电饭煲”的书写形式为“电饭锅”,“微波炉”就是“微波炉”,不是“微波加热设备”。“维修”应用“维修数据”。

手检标题:①电磁炉灶—维修数据—检索,②电饭锅—维修数据—检索,③微波炉—维修数据—检索

机检标题:6060# $a 电磁炉灶 $x 维修数据 $x 检索

6060# $a 电饭锅 $x 维修数据 $x 检索

6060# $a 微波炉 $x 维修数据 $x 检索

71.《茶韵禅风》,CIP标引为:茶—文化—中国。《对应表》(二版)上“茶Y茶叶”,该书应标引为:

手检标题:茶叶—中华文化

机检标题:6060# $a 茶叶 $x 中华文化

72.《生物工艺学》(2010年2月出版),CIP标引为:生物工程学—高等学校—教材。《对应表》(二版)上“生物工程学”是个非正式叙词,正式叙词是“生物工程”,应用正式叙词标引。

手检标题:生物工程—高等学校—教材

机检标题:6060# $a 生物工程 $x 高等学校 $j 教材

注:《对应表》(二版)上“生物工艺学Y工效学”,按照这个用代关系,该书应标引为:

手检标题:工效学—高等学校—教材

机检标题:6060# $a 工效学 $x 高等学校 $j 教材

73.《2009中国生物技术发展报告》(2010年出版),CIP标引为:生物技术—技术发展—研究报告—中国—2009。“生物技术”是个非

正式叙词,应用《对应表》(二版)上“生物工程”标引。

手检标题:生物工程—技术发展—研究报告—中国—2009

机检标题:6060# $a 生物工程 $x 技术发展 $x 研究报告 $y 中国 $z2009

74.《登革病毒与登革病毒病》(2010 年 8 月出版),CIP 标引为:①登革病毒—研究,②登革病毒病—研究。《对应表》(二版)上“登革病毒”是个非正式叙词,正式叙词是“登革热病毒”,应用正式叙词标引。表上没有“登革病毒病”这个词,根据书的内容应用“登革热”标引。该书应标引为:

手检标题:①登革热病毒—研究,②登革热—研究

机检标题:6060# $a 登革热病毒 $x 研究

6060# $a 登革热 $x 研究

75.《柑橘黄龙病及综合防治》(2010 年 1 月出版),CIP 标引为:柑橘类果树—病虫害防治方法。《对应表》(二版)上“柑桔类果树Y 柑桔类”、“病虫害防治方法Y 病虫害防治”,应用正式叙词、专指词标引。表上还有“黄龙病”等叙词,该书应标引为:

手检标题:柑桔类—黄龙病—农药防治:综合防治

机检标题:6060# $a 柑桔类 $x 黄龙病 $x 农药防治 $x 综合防治

76.《草坪生态工程学导论》(2009 年 1 月出版),CIP 标引为:草坪—生态系统。《对应表》(二版)上“生态系统”是非正式叙词,正式叙词是“生态系”,该书应标引为:

手检标题:①草坪—生态工程—概论,②草坪—生态系—概论

机检标题:6060# $a 草坪 $x 生态工程 $x 概论

6060# $a 草坪 $x 生态系 $x 概论

77.《怎样保护和利用好草原》(2008 年 6 月出版),CIP 标引为:①草原保护,②草原利用。《对应表》(二版)上“草原利用Y 草原开发”,应用正式叙词“草原开发”标引。

手检标题:①草原保护,②草原开发

机检标题:6060# $a 草原保护

6060# $a 草原开发

78.《兽医针灸学》(2006 年 8 月出版),CIP 标引为:中兽医—针灸学—高等学校—教材。《对应表》(二版)上"中兽医"为非正式叙词,正式叙词是"中兽医学",应用正式叙词标引。

手检标题:中兽医学:针灸学—高等学校—教材

机检标题:6060# $a 中兽医学 $x 针灸学 $x 高等学校 $j 教材

79.《采气工艺技术》(2009 年 9 月出版),CIP 标引为:天然气开采。《对应表》(二版)上"天然气开采Y 采气",应用正式叙词"采气"标引。

手检标题:采气

机检标题:6060# $a 采气

80.《碎矿与磨矿技术回答》(2010 年 8 月出版),CIP 标引为:①原矿—破碎—技术培训—问答,②磨矿—技术培训—问答。《对应表》(二版)上"碎矿Y 矿石破碎",①的标题应选用正式叙词"矿石破碎"标引,用非正式叙词"原矿与破碎"组配是不对的。

手检标题:①矿石破碎—技术培训—问题解答,②磨矿—技术培训—问题解答

机检标题:6060# $a 矿石破碎 $x 技术培训 $j 问题解答

6060# $a 磨矿 $x 技术培训 $j 问题解答

81.《空气和气体钻井手册》(2006 年出版),CIP 标引为:空气钻井—技术手册。按初版《对应表》标引有两个问题:①表上没有"空气钻井"这个词,有"空气钻进"叙词,应用"空气钻进"标引。②漏了"和"字后面"气体钻井"内容主题,表上有"气体钻进法"叙词,应用该叙词标引"和"字后面的内容主题。

手检标题:①空气钻进—技术手册,②气体钻进法—技术手册

机检标题:6060# $a 空气钻进 $j 技术手册

6060# $a 气体钻进法 $j 技术手册

二版《对应表》上"空气钻井Y 气体钻井"。该书应标引为:

手检标题:气体钻井—技术手册

机检标题:6060# $a 气体钻井 $j 技术手册

82.《简明宠物疾病诊断与防治原色图谱》(2009 年 1 月出版),CIP 标引为:①观赏动物—动物疾病—诊断—图谱,②观赏动物—动物疾病—防治—图谱。“观赏动物”在《对应表》(二版)上是非正式叙词,正式叙词是“玩赏动物”,表上还有专指词“宠物”,该书应标引为:

手检标题:①宠物—动物疾病—诊断—图谱,②宠物—动物疾病—防治—图谱

机检标题:6060# $a 宠物 $x 动物疾病 $x 诊断 $j 图谱

6060# $a 宠物 $x 动物疾病 $x 防治 $j 图谱

83.《包装机械》(2010 年 2 月出版),CIP 标引为:包装机械—高等学校—教材。《对应表》(二版)上“包装机械Y 包装机”,应用正式叙词“包装机”标引。该书应标引为:

手检标题:包装机—高等学校—教材

机检标题:6060# $a 包装机 $x 高等学校 $j 教材

84.《中国互联网治理问题研究》(2010 年出版),CIP 标引为:因特网—管理—研究—中国。《Internet 路由结构》(2011 年 6 月出版),CIP 标引为:因特网—路由选择—结构。《对应表》(二版)上“因特网 Y 互联网络”,这两本书应用正式叙词“互联网络”当主标题。

第一本手检标题:互联网络—管理—研究—中国

机检标题:6060# $a 互联网络 $x 管理 $x 研究 $y 中国

第二本手检标题:互联网络—路由选择—结构

机检标题:6060# $a 互联网络 $x 路由选择 $x 结构

85.《电镀添加剂技术问答》(2009 年 1 月出版),CIP 标引为:电镀—添加剂—问答。“添加剂”在《对应表》(二版)上是非正式叙词,正式叙词是“助剂”,应用正式叙词标引。

手检标题:电镀—助剂—问题解答

机检标题:6060# $a 电镀 $x 助剂 $j 问题解答

86.《纬编针织新产品开发》(2010 年 6 月出版),CIP 标引为:纬编织物—技术开发。“纬编织物”在《对应表》(二版)上是非正式叙

词,正式叙词是“纬编针织物”,应用正式叙词标引。

手检标题:纬编针织物—新工业产品—产品开发

机检标题:6060# $a 纬编针织物 $x 新工业产品 $x 产品开发

87.《1966-1976 年的天津》(2011 年 1 月出版),CIP 标引为:无产阶级文化大革命—研究—天津市。《对应表》(二版)上“无产阶级文化大革命Y 文化大革命”,应用正式叙词“文化大革命”当主标题标引。

手检标题:文化大革命—研究—天津

机检标题:6060# $a 文化大革命 $x 研究 $y 天津

88.《投资学(英文版·原书第 8 版)》(2009 年 6 月出版),CIP 标引为:投资学—高等学校—教材—英文。《对应表》(二版)上“投资学Y 投资经济学”,应用正式叙词“投资经济学”当主标题标引。

手检标题:投资经济学—高等学校—教材—英文

机检标题:6060# $a 投资经济学 $x 高等学校 $j 教材 $j 英文

89.《国际企业:人力资源管理(第四版)》(2010 年 5 月出版),CIP 标引为:国际企业—企业管理—劳动力资源—资源管理。《国际人力资源管理》(2011 年 4 月出版),CIP 标引为:国际企业—企业管理—人力资源管理—高等学校—教材。《对应表》(二版)上“国际企业 Y 跨国公司”,应用正式叙词“跨国公司”当主标题。表上有“人力资源管理”叙词,应选用该词参与组配。

第一本手检标题:跨国公司—企业管理:人力资源管理

机检标题:6060# $a 跨国公司 $x 企业管理 $x 人力资源管理

第二本手检标题:跨国公司—企业管理:人力资源管理—高等学校—教材

机检标题:6060# $a 跨国公司 $x 企业管理 $x 人力资源管理 $x 高等学校 $j 教材

90.《让灵魂跟上脚步》(2011 年 1 月出版),CIP 标引为:公务员—心理卫生。《对应表》(二版)上“心理卫生Y 心理健康”,应用正式叙词当副标题标引。

手检标题:公务员—心理健康

机检标题:6060# $a 公务员 $x 心理健康

91.《上海游民改造研究:1949 ~ 1958》(2008 年 3 月出版),CIP 标引为:流动人口—社会主义改造—研究—上海市—1949 ~ 1958。《对应表》(二版)上“游民无产阶级Y 流氓无产阶级”,该书应用正式叙词“流氓无产阶级”当主标题标引。

手检标题:流氓无产阶级—社会主义改造—研究—上海—1949 - 1958

机检标题:6060# $a 流氓无产阶级 $x 社会主义改造 $x 研究 $y 上海 $z1949 - 1958

92.《创造力开发与实践》(2009 年 6 月出版),CIP 标引为:创造力—能力培养。《大学生创新能力训练》(2010 年 8 月出版),CIP 标引为:创造力—能力培养—高等学校—教材。《对应表》(二版)上“创造力、创新能力Y 创造能力”,两本书都应用正式叙词“创造能力”参与组配标引,表达书的内容主题。

第一本手检标题:创造能力—能力培养

机检标题:6060# $a 创造能力 $x 能力培养

第二本手检标题:大学生—创作能力—能力培养—高等学校—教材

机检标题:6060# $a 大学生 $x 创作能力 $x 能力培养 $x 高等学校 $j 教材

93.《教育解释学》(2009 年 3 月出版),CIP 标引为:教育哲学:解释学—研究。《对应表》(二版)上“解释学Y 阐释学”,该词下面有个注释:阐释学是对于意义的理解和解释的理论或哲学,该书应用正式叙词“阐释学”参与组配标引。

手检标题:教育哲学: 阐释学—教育研究

机检标题:6060# $a 教育哲学 $x 阐释学 $x 教育研究

94.《语言学语言模型研究》(2009 年 3 月出版),CIP 标引为:语符学派—研究。《对应表》(二版)上“语符学派Y 语言学派”,应用正式叙词“语言学派”当主标题。表上还有“语言模型”,该书应标引为:

手检标题:语言学派—语言模型—研究

机检标题:6060# $a 语言学派 $x 语言模型 $x 研究

95.《汉语史中的语言接触问题研究》(2011 年 3 月出版),CIP 标引为:汉语史—语言接触—文集。《对应表》(二版)上“语言接触Y 语言融合”,副标题应是正式叙词“语言融合”。

手检标题:汉语史—语言融合—文集

机检标题:6060# $a 汉语史 $x 语言融合 $j 文集

96.《铁流二万五千里:长征》(2011 年 4 月出版),CIP 标引为:二万五千里长征(1934 - 1936)—史料。《对应表》(二版)上“二万五千里长征Y 中国工农红军长征”,应用正式叙词当主标题标引。

手检标题:中国工农红军长征—史料

机检标题:6060# $a 中国工农红军长征 $j 史料

97.《解读苏南》(2011 年 4 月出版),CIP 标引为:地区经济—经济发展—研究—苏南地区。《对应表》(二版)上“地区经济Y 区域经济”,应用正式叙词“区域经济”当主标题标引。

手检标题:区域经济—经济发展—研究—苏南地区

机检标题:6060# $a 区域经济 $x 经济发展 $x 研究 $x 苏南地区

98.《国债基差交易:为避险者、投资者和套利者提供的详解(第三版)》(2010 年 12 月出版),盖伦. D. 伯格哈特等著,王玮译。CIP 标引为:①公债—资本市场—基本知识,②期货市场—基本知识。《对应表》(二版)上“公债Y 国债”,①的标题应用正式叙词“国债”当主标题。

手检标题:①国债—资本市场—基本知识,②期货市场—基本知识

机检标题:6060# $a 国债 $x 资本市场 $x 基本知识

6060# $a 期货市场 $x 基本知识

99.《走向健康人生》(2011 年 6 月出版),CIP 标引为:心理卫

生—基本知识。《对应表》(二版)上"心理卫生Y 心理健康",应用正式叙词"心理健康"标引。

手检标题:心理健康—基本知识

机检标题:6060# $a 心理健康 $x 基本知识

100.《中央与地方关系的法治化》(2009 年 12 月出版),(美)斯通(Stone,G. R.)等著,张千帆,(美)葛维宝(Gewirtz,P)编,程迈、牟效波译。CIP 标引为:立法—中央和地方关系—法律关系—国际学术会议—文集。《对应表》(二版)上"中央和地方关系Y 中央与地方的关系",应用正式叙词参与组配标引。该书应标引为:

手检标题:法治—中央与地方关系—法律关系—国际学术会议—文集

机检标题:6060# $a 法治 $x 中央与地方关系 $x 法律关系 $x 国际学术会议 $j 文集

101.《外国警察法》(2007 年 1 月出版),CIP 标引为:警察法—汇编—外国。初版、二版《对应表》上都没有"警察法"这个词。二版《对应表》上有"人民警察法"叙词,应用该叙词当主标题标引。

手检标题:人民警察法—国外—汇编

机检标题:6060# $a 人民警察法 $y 国外 $j 汇编

五、书写形式方面差错126例

主题标引规定:文献标引用词(标引词)的书写形式要与词表中的书写形式一致,不得不一致标引。下列图书标引词的书写形式是有问题的。

1.《大型围海造地吹填土地基处理技术原理及应用》(2009年出版),CIP标引为:填海造地:吹填造地—地基处理。《对应表》(二版)上没有“吹填造地”这个形式词,有“吹填土”的叙词。该书应标引为:

手检标题:填海造地—吹填土—软土地基—地基处理

机检标题:6060# $a 填海造地 $x 吹填土 $x 软土地基 $x 地基处理

2.《地震安全手册》(2008年6月出版),CIP标引为:抗震救灾—手册。《对应表》(二版)上没有“抗震救灾”这个词,该手册应标引为:

手检标题:①抗震—安全—手册,②地震灾害—灾区—救灾—手册

机检标题:6060# $a 抗震 $x 安全 $j 手册

6060# $a 地震灾害 $x 灾区 $x 救灾 $j 手册

3.《GPS原理及应用》(2010年2月出版),CIP标引为:全球定位系统(GPS)—高等学校—教材。《对应表》(二版)上“GPS系统Y全球定位系统”,应用这种书写形式标引。

手检标题:全球定位系统—高等学校—教材

机检标题:6060# $a 全球定位系统 $x 高等学校 $j 教材

4.《岩土地震工程学》(2007年出版),CIP标引为:岩土工程:地震工程。《对应表》(二版)上没有“岩土工程”这个词,表上“地震工程”是非正式叙词,正式叙词是“工程地震”,应用“工程地震”标引。根据该书内容,应标引为:

手检标题:①工程地震,②岩土动力学—关系—工程地震

机检标题:6060# $a 工程地震

6060# $a 岩土动力学 $x 关系 $x 工程地震

5.《中国地震构造运动》(2010 年 3 月出版),CIP 标引为:中国地震构造运动—中国。《对应表》(二版)上没有“中国地震构造运动”这个词,表上“构造运动Y 地壳运动”,并有“地震构造”叙词,该书应标引为:

手检标题:地震构造—地壳运动—中国

机检标题:6060# $a 地震构造 $x 地壳运动 $y 中国

6.《成像光学导论》(2008 年 11 月出版),CIP 标引为:成像。《对应表》(二版)上“成像”的书写形式为“成象”。

手检标题:成象—概论

机检标题:6060# $a 成象 $x 概论

7.《水声学原理》(2009 年 8 月出版),CIP 标引为:水声学原理。《对应表》(二版)上没有“水声学原理”这个词,有“水体声学”叙词,应用该词标引。

手检标题:水体声学—理论研究

机检标题:6060# $a 水体声学 $x 理论研究

8.《物质结构》(2010 年 10 月出版),CIP 标引为:物质结构—高等学校—教材。《对应表》(二版)上没有“物质结构”这个词,应按 O592. 5 对应的词串“物质\结构”标引。该书应标引为:

手检标题:物质—结构—高等学校—教材

机检标题:6060# $a 物质 $x 结构 $x 高等学校 $j 教材

9.《我的主题家具设计》(2010 年 6 月出版),CIP 标引为:住宅—室内设计—图集。《对应表》(二版)上没有“室内设计”这个词,该书应标引为:

手检标题:居室设计:室内装饰设计

机检标题:6060# $a 居室设计 $x 室内装饰设计

10.《分子印迹技术及应用》(2010 年 6 月出版),CIP 标引为:分

子印迹—技术—应用。分子印迹技术是20世纪80年代迅速发展起来的一种化学分析分离技术。《对应表》(二版)上没有“分子印迹”这个词,根据《对应表》(二版)收词情况,该书应标引为:

手检标题:分子—印迹—技术—应用

机检标题:6060# $a 分子 $x 印迹 $x 技术 $x 应用

11.《河流动力学》(2010年6月出版),CIP标引为:河流动力学—高等学校—教材。《对应表》(二版)上没有“河流动力学”这个词,“河流动力学”(TV143)对应的词串是“河流\流体动力学”,应按这个词串形式标引。该书应标引为:

手检标题:河流—流体动力学—高等学校—教材

机检标题:6060# $a 河流 $x 流体动力学 $x 高等学校 $j 教材

12.《南水北调中线工程与汉江流域可持续发展》(2007年9月出版),CIP标引为:南水北调—水利工程—关系—汉江—流域—可持续发展—研究。《对应表》(二版)上是“汉水”,不是“汉江”,应用“汉水”标引。表上有“调水工程”,应用该词标引,不应该用“水利工程”标引。“流域”应用“流域开发”标引。

手检标题:南水北调—调水工程—关系—汉水—流域开发—可持续性发展

机检标题:6060# $a 南水北调 $x 调水工程 $x 关系 $x 汉水 $x 流域开发 $x 可持续性发展

13.《坝工实用检测技术》(2009年12月出版),CIP标引为:坝工—检测。《对应表》(二版)上没有“坝工”这个词,应用“大坝”标引。

手检标题:大坝—检测

机检标题:6060# $a 大坝 $x 检测

14.《治理黄河思辨与践行》(2006年出版),CIP标引为:黄河—河流治理—研究。《对应表》上没有“河流治理”这个词,该书应标引为:

手检标题:黄河—河道整治—研究

机检标题:607## $a 黄河 $x 河道整治 $x 研究

15.《南水北调中线穿黄工程泥水盾构施工技术》(2010年6月出版),CIP标引为:南水北调—水利工程—引水隧洞—盾构(隧洞)—施工技术。《对应表》(二版)上没有“盾构”(隧洞)与“施工技术”这两个词,表上“盾构施工法Y盾构法”,该书应标引为:

手检标题:南水北调—引水隧洞—隧洞开挖—泥水平衡盾构—盾构法

机检标题:6060# $a南水北调 $x引水隧洞 $x隧洞开挖 $x泥水平衡盾构 $x盾构法

16.《苏东坡传》,CIP标引为:苏东坡(1036－1101)—传记。词表上叙词为“苏轼”。

手检标题:苏轼(1036－1101)—传记

机检标题:600#0 $a苏轼 $f(1036－1101) $x传记

17.《刮痧保健治疗图解》,CIP标引为:刮搓疗法(中医)—图解。表上没有带“(中医)”的刮搓疗法书写形式,应去掉“(中医)”,应标引为:

手检标题:刮搓疗法—图解

机检标题:6060# $a刮搓疗法 $j图解

18.《中国果树志·杏卷》,CIP标引为:①果树—品种志—中国,②杏—品种志—中国。表上没有“品种志”这个词,要用“品种”与“植物志”组配标引。

手检标题:①果树—品种—植物志—中国,②杏—品种—植物志—中国

机检标题:6060# $a果树 $x品种 $x植物志 $y中国

6060# $a杏 $x品种 $x植物志 $y中国

19.《遥感数字图像处理》,CIP标引为:遥感图像—数字图像处理—高等学校—教材。表上的“像”字书写形式为“象”,该书应标引为:

手检标题:遥感图象—数字图象处理—高等学校—教材

机检标题:6060# $a遥感图象 $x数字图象处理 $x高等学校 $j

教材

20.《东观阁本研究》,CIP 标引为:《红楼梦研究》—刻本。《红楼梦研究》书写形式为“《红楼梦》研究”,副标题应用“刻本”的下位概念“木刻本”标引。该书应标引为:

手检标题:《红楼梦》研究—木刻本

机检标题:6060# $a《红楼梦》研究 $x 木刻本

21.《艾灸保健治疗图解》,CIP 标引为:艾灸疗法(中医)—图解。表上没有“艾灸疗法”(中医)的书写形式,有的是“艾灸”二字的叙词。该书应标引为:

手检标题:艾灸—图解

机检标题:6060# $a 艾灸 $j 图解

22.《联合国民商事司法准则摘要》,CIP 标引为:①国际民法—法则—研究,②国际商法—法则—研究。表上没有“国际民法”这个词,该书应标引为:

手检标题:①国际法:民法—法则—研究,②国际商法—法则—研究

机检标题:6060# $a 国际法 $x 民法 $x 法则 $x 研究

6060# $a 国际商法 $x 法则 $x 研究

23.《痕迹学》(法学丛书),CIP 标引为:痕迹学。法学方面痕迹学书写形式为“痕迹学(法学)”。用“痕迹学(法学)”标引,用户才找到法学痕迹学方面资料。按 CIP 标题“痕迹学”检索,检索到的很可能是古生物学方面资料。该书应标引为:

手检标题:痕迹学(法学)

机检标题:6060# $a 痕迹学(法学)

24.《审计理论与实务》,CIP 标引为:审计理论与实务—高等学校:技术学校—教材。词表上没有“审计理论与实务”书写形式的词,应用“审计理论”当主标题标引。

手检标题:审计理论—高等学校:技术学校—教材

机检标题:6060# $a 审计理论 $x 高等学校 $x 技术学校 $j 教材

25.《牛津英语搭配词典》(英语版),CIP 标引为:英语—搭配—词典。表上没有“搭配”的这个词,应用“语法”作副标题标引。

手检标题:英语—语法—词典

机检标题:6060# $a 英语 $x 语法 $j 词典

26.《土木工程材料》,CIP 标引为:土木工程材料。表上没有“土木工程材料”这个词,该书应用“土木工程”与“工程材料”组配标引。

手检标题:土木工程—工程材料

机检标题:6060# $a 土木工程 $x 工程材料

27.《生活化妆与影视化妆知识》,CIP 标引为:①生活化妆—问答,②影视化妆—问答。表上没有“生活化妆”与“影视化妆”这两个词。根据词表收词情况,该书应标引为:

手检标题:①生活—化妆—问题解答,②电影化妆—问题解答

机检标题:6060# $a 生活 $x 化妆 $j 问题解答

6060# $a 电影化妆 $j 问题解答

28.《地基与基础规范》,CIP 标引为:①地基—建筑规范—汇编—中国,②基础工程—建筑规范—汇编—中国。在《对应表》(初版)上基础工程书写形式为“基础(工程)”,在《对应表》(二版)上“基础工程”为非正式叙词,正式叙词为“基础(工程)”。汇编应放在最后一级标引。该书应标引为:

手检标题:①地基—建筑规范—中国—汇编,②基础(工程)—建筑规范—中国—汇编

机检标题:6060# $a 地基 $x 建筑规范 $y 中国 $j 汇编

6060# $a 基础(工程) $x 建筑规范 $y 中国 $j 汇编

29.《技术创新专利申请策划基础》,CIP 标引为:技术创新—专利申请—策略技术。表上没有“技术创新”这个词,应选用“技术革新”当主标题标引。

手检标题:技术革新—专利申请—策略

机检标题:6060# $a 技术革新 $x 专利申请 $x 策略

30.《药学前沿》(2003 年卷),CIP 标引为:药学—研究。表上叙

词为“药物学”，没有“药学”，该书应标引为：

手检标题：药物学—研究

机检标题：6060# $a 药物学 $x 研究

31.《计算机组成原理习题与解析》，CIP 标引为：计算机组成原理—高等学校—解题。表上没有“计算机组成原理”的词，有“计算机组织”、“计算机体系结构”叙词，该书应标引为：

手检标题：计算机体系结构—高等学校—解题

机检标题：6060# $a 计算机体系结构 $x 高等学校 $j 解题

32.《拔罐保健治疗图解》，CIP 标引为：拔罐疗法（中医）—图解。表上“拔罐疗法”没有带圆括号“（中医）”二字，该书应标引为：

手检标题：拔罐疗法—图解

机检标题：6060# $a 拔罐疗法 $j 图解

33.《集成光路》（OHM 光通信/光电子系列），CIP 标引为：光集成。表上没有“光集成”。《对应表》“TN491 光学集成电路（集成光路）”对应的叙词为“光集成电路”，该书应用该词标引。

手检标题：光集成电路

机检标题：6060# $a 光集成电路

34.《雍正帝及其密折制度研究》，CIP 标引为：①雍正帝（1723－1735）—人物研究，②奏议—研究—中国—雍正（1723－1735）。初版《对应表》上“雍正帝”不带圆括号“（1723－1735）”，该书应标引为：

手检标题：①雍正帝—人物研究，②奏议—研究—中国—雍正（1723－1735）

机检标题：600#0 $a 雍正帝 $x 人物研究

6060# $a 奏议 $x 研究 $y 中国 $z 雍正（1723－1735）

35.《虚拟企业管理》（高校教材），CIP 标引为：网络企业—企业管理—高等学校—教材，表上没有网络企业这个词，《对应表》（二版）上“网络企业 Y 网络公司”，该书应标引为：

手检标题：网络公司—企业管理—高等学校—教材

机检标题：6060# $a 网络公司 $x 企业管理 $x 高等学校 $j 教材

表上有“虚拟公司”一词,该书可标引为:

手检标题:虚拟公司—企业管理—高等学校—教材

机检标题:6060# $a 虚拟公司 $x 企业管理 $x 高等学校 $j 教材

36.《储能材料与技术》,CIP 标引为:①储能—材料,②能量储存—技术。《对应表》上“能量储存”书写形式为“能量贮存”, 该书应标引为:

手检标题:①储能—材料,②能量贮存—技术

机检标题:6060# $a 储能 $x 材料

6060# $a 能量贮存 $x 技术

37.《标题的制作艺术》,CIP 标引为:新闻写作—标题。《对应表》上“新闻写作”的标题书写形式为“标题(文献)”,该书应标引为:

手检标题:标题(文献)—新闻写作

机检标题:6060# $a 标题(文献) $x 新闻写作

《对应表》(二版)上有“新闻标题”叙词,该书应标引为:

手检标题:新闻标题—新闻写作

机检标题:6060# $a 新闻标题 $x 新闻写作

38.《全球知识经济中终身学习——发展中国家的挑战》,CIP 标引为:知识经济—影响—终身教育—研究—发展中国家。《对应表》上“终身教育”的书写形式为“终生教育”,应标引为:

手检标题:知识经济—影响—终生教育—研究—发展中国家

机检标题:6060# $a 知识经济 $x 影响 $x 终生教育 $x 研究 $x 发展中国家

39.《鲁迅:为爱情作证——破解(野草)世纪之谜》,CIP 标引为:鲁迅散文诗—文学研究。表上没有“鲁迅散文诗”这个词,应用“鲁迅诗歌”当主标题标引:

手检标题:鲁迅诗歌—诗歌研究

机检标题:6060# $a 鲁迅诗歌 $x 诗歌研究

40.《糖尿病·高脂血症·高血压病的辨证论治》,CIP 标引为:①糖尿病—辨证论治,②高脂血症—辨证论治,③高血压病—辨证论治。

《对应表》(二版)只有“高血压”叙词,没有“高血压病”这个词,该书应标引为:

手检标题:①糖尿病—辨证论治,②高血脂病—辨证论治,③高血压—辨证论治

机检标题:6060# $a 糖尿病 $x 辨证论治

6060# $a 高血脂病 $x 辨证论治

6060# $a 高血压 $x 辨证论治

41.《颈肩腰腿痛患者120条》,CIP标引为:颈肩腰腿痛—宜忌。《对应表》上只有“颈肩痛”与“腰腿痛”叙词,没有“颈肩腰腿痛”这个词,也没有宜忌这个词。该书应标引为:

手检标题:①颈肩痛—防治,②腰腿痛—防治

机检标题:6060# $a 颈肩痛 $x 防治

6060# $a 腰腿痛 $x 防治

42.《性别:心理学视角》,CIP标引为:性别心理学—英文。《对应表》上没有“性别心理学”这个词,只有“性别差异心理学”的叙词,应用该词标引:

手检标题:性别差异心理学—英文

机检标题:6060# $a 性别差异心理学 $j 英文

43.《电子元器件可靠性试验工程》,CIP标引为:电子元器件—可靠性试验。《对应表》上是两个叙词:“电子元件”与“电子器件”,没有“电子元器件”这个词,该书应标引为:

手检标题:①电子元件—可靠性试验,②电子器件—可靠性试验

机检标题:6060# $a 电子元件 $x 可靠性试验

6060# $a 电子器件 $x 可靠性试验

44.《家庭早期教育全书》,CIP标引为:婴幼儿—早教—基础知识。表上没有“早教”一词,有“早期教育”叙词,应用该词标引。“基础知识”应是“基本知识”。该书应标引为:

手检标题:婴幼儿—早期教育—基本知识

机检标题:6060# $a 婴幼儿 $x 早期教育 $x 基本知识

45.《济南百年城市发展史:开埠以来的济南》,CIP 标引为:济南史—城市史—现代。表上没有“济南史”这个词,应标引为:

手检标题:城市史—济南—1904 - 2003

机检标题:6060# $a 城市史 $y 济南 $z1904 - 2003

46.《天眼——美国高空间谍情报侦察揭秘》,CIP 标引为:间谍—情报活动—美国。表上没有“情报活动”这个词,该书应标引为:

手检标题:间谍—空中侦察:谍报侦察—美国

机检标题:6060# $a 间谍 $x 空中侦察 $x 谍报侦察 $y 美国

47.《金融与金融犯罪》,CIP 标引为:金融—经济犯罪—研究—中国。根据《对应表》(二版),该书应标引为:

手检标题:金融犯罪—研究—中国

机检标题:6060# $a 金融犯罪 $x 研究 $y 中国

48.《核磁共振成像法》(研究生教学用书),CIP 标引为:核磁共振—成像—研究生—教材。《对应表》(初版)上“成像”的书写形式为“成象”,该标题应是:核磁共振—成象—研究生教育—教材。《对应表》(二版)上“核磁共振成像Y 核磁共振成象”,该书应标引为:

手检标题:核磁共振成象—研究生教育—教材

机检标题:6060# $a 核磁共振成象 $x 研究生教育 $j 教材

49.《富媒体 穷民主:不确定时代的传播政治》(西方新闻传播学经典文库),CIP 标引为:媒体—关系—民主—研究,这里“媒体”书写形式应是“媒体(新闻)”,同时要标出“西方国家”。该书应标引为:

手检标题:媒体(新闻)—关系—民主—西方国家

机检标题:6060# $a 媒体(新闻) $x 关系 $x 民主 $x 西方国家

50.《防恐怖战略与对策》,CIP 标引为:防恐怖活动—研究—世界。内容提要:“预防和打击各种形式的恐怖主义,是我国军民在复杂的国际环境中,维护世界和平及国家安全稳定的战略性任务。”词表上没有“防恐怖活动”一词,该书应标引为:

手检标题:①反恐怖活动—国际问题,②反恐怖活动—战略任务—中国

机检标题:6060# $a 反恐怖活动 $x 国际问题

6060# $a 反恐怖活动 $x 战略任务 $y 中国

51.《传递现象》,CIP 标引为:传递现象—英文。词表上没有传递现象一词,书名是从“TRANSPORT PHENOMENA”翻译过来的,应用“传递”与“现象”组配标引。应标引为:

手检标题:传递—现象—英文

机检标题:6060# $a 传递 $x 现象 $j 英文

52.《湿地植物生态过程理论及其应用:三江平原典型湿地研究》,CIP 标引为:沼泽地—植物生态学—研究。表上“湿地 Y 沼泽化地”,而且该书是讲三江平原典型湿地研究,该书应标引为:

手检标题:沼泽化地—植物生态学—研究—三江平原

或:三江平原—沼泽化地—植物生态学—研究

机检标题:6060# $a 沼泽化地 $x 植物生态学 $x 研究 $y 三江平原

或:607## $a 三江平原 $x 沼泽化地 $x 植物生态学 $x 研究

53.《吃出一个聪明宝宝——0 - 3 岁婴儿饮食全程指南》,CIP 标引为:孕妇—合理营养。表上没有“孕妇”这个词,而且该书八章中只有一章讲孕妇营养。该书应按书名反映的内容主题标引,应标引为:

手检标题:①婴幼儿—营养卫生,②妊娠期—合理营养

机检标题:6060# $a 婴幼儿 $x 营养卫生

6060# $a 妊娠期 $x 合理营养

54.《篮球技术教学训练步骤与方法》,CIP 标引为:①篮球运动—体育教学,②篮球运动—运动训练。该书应标引为:

手检标题:①篮球运动—体育教学,②篮球运动—运动训练法

机检标题:6060# $a 篮球运动 $x 体育教学

6060# $a 篮球运动 $x 运动训练法

55.《公共政策分析:概念、过程、方法》,CIP 标引为:公共政策—分析—研究生—教材。词表上没有“公共政策”这个词,该书是《政策

科学导论》一书的重写，可标引为：

手检标题：政策科学—研究生教育—教材

机检标题：6060# $a 政策科学 $x 研究生教育 $j 教材

6100# $a 公共政策

56.《世界古董百科图鉴》，CIP 标引为：古玩—鉴赏—世界—图案。词表上没有"古玩"这个词，从目录上看，该书内容有 6 个方面：陶器和瓷器，玻璃器皿，银器，家具，钟表，东方器皿。应标引为：

手检标题：①古代陶瓷—鉴赏—世界—图集，②古器皿—鉴赏—世界—图集，③古代生活用具—鉴赏—世界—图集

机检标题：6060# $a 古代陶器 $x 鉴赏 $y 世界 $j 图集

6060# $a 古器皿 $x 鉴赏 $y 世界 $j 图集

6060# $a 古代生活用具 $x 鉴赏 $y 世界 $j 图集

57.《电子式电能表与抄表系统》，CIP 标引为：①电能表—基础知识，②电能电量测量—基础知识。表上没有"电能表"与"电能电量测量"这两个词，"基础知识"应是"基本知识"，该书应标引为：

手检标题：①电子式电度表—基本知识，②电度表自动抄读—基本知识

机检标题：6060# $a 电子式电度表 $x 基本知识

6060# $a 电度表自动抄读 $x 基本知识

58.《风云海洋——变幻莫测的海洋水文与气象》，CIP 标引为：海洋水文气象—普及读物。表上没有"海洋水文气象"这个词，应用"海洋水文"与"海洋气象"分别当主标题。

手检标题：①海洋水文—普及读物，②海洋气象—普及读物

机检标题：6060# $a 海洋水文 $j 普及读物

6060# $a 海洋气象 $j 普及读物

59.《商业空间室内设计系列—美容、美发、桑拿中心》，CIP 标引为：商业建筑。《对应表》上没有"商业建筑"这个词，该书应标引为：

手检标题：①美容—服务建筑—室内装饰设计，②理发—服务建筑—室内装饰设计，③沐浴—服务建筑—室内装饰

设计

机检标题:6060# $a 美容 $x 服务建筑 $x 室内装饰设计

6060# $a 理发 $x 服务建筑 $x 室内装饰设计

6060# $a 沐浴 $x 服务建筑 $x 室内装饰设计

60.《语言文字词典》,CIP 标引为:语言文字—词典。《对应表》上没有“语言文字”这个词,该书内容包括语言学、文字学等 13 类,应标引为:

手检标题:语言学—词典

机检标题:6060# $a 语言学 $j 词典

61.《小说妙语》,CIP 标引为:小说妙语—词典。《对应表》上没有“小说妙语”这个词,该书应标引为:

手检标题:小说语言—名句—中国—明代 ~ 现代—汇编

机检标题:6060# $a 小说语言 $x 名句 $y 中国 $z 明代 ~ 现代 $j 汇编

62.《一分钟让你拥有好人缘》,CIP 标引为:人间交往—通俗读物。“人间交往”是个非正式叙词,正式叙词为“心理交往”。本书实际内容是开口说话与说话的语言技巧。该书应标引为:

手检标题:①汉语—口语—语言艺术—通俗读物,②心理交往—通俗读物

机检标题:6060# $a 汉语 $x 口语 $x 语言艺术 $j 通俗读物

6060# $a 心理交往 $j 通俗读物

63.《制革清洁生产技术》,CIP 标引为:制革—清洁—工艺。《对应表》上既没有“清洁”二字,也没有“工艺”二字。该书应标引为:

手检标题:制革—生产技术: 无污染技术

机检标题:6060# $a 制革 $x 生产技术 $x 无污染技术

64.《低温冷害》,CIP 标引为:作物—低温冷害。《对应表》(二版)上没有“低温冷害”这个词,应用“低温伤害”作副标题标引。该书应标引为:

手检标题:作物—低温伤害

机检标题:6060# $a 作物 $x 低温伤害

65.《人性的弱点》,(美)卡耐基(Carnegie・D)著,CIP 标引为:人际交往—通俗读物。《对应表》(二版)上没有“人际交往”这个词,该书是人际关系学培训的第一品牌书,应用“人际关系学”作主标题标引。

手检标题:人际关系学—通俗读物

机检标题:6060# $a 人际关系学 $j 通俗读物

66.《新版建筑工程施工质量验收规范汇编》(修订版),CIP 标引为:建筑工程—质量验收—建筑规范—汇编—中国。词表上没有“质量验收”这个词,要用组配标引。该书应标引为:

手检标题:建筑施工企业—工程质量—工程验收—建筑规范—中国—汇编

机检标题:6060# $a 建筑施工企业 $x 工程质量 $x 工程验收 $x 建筑规范 $y 中国 $j 汇编

67.《地球的灾难:地震、火山及其他地质灾害》,CIP 标引为:地质灾害—普及读物。《对应表》上没有“地质灾害”这个词,该书应标引为:

手检标题:①地震灾害—普及读物,②火山灾害—普及读物,③地质—灾害—普及读物

机检标题:6060# $a 地震灾害 $j 普及读物

6060# $a 火山灾害 $j 普及读物

6060# $a 地质 $x 灾害 $j 普及读物

68.《中华名医皇甫谧》,CIP 标引为:①皇甫谧(215—282)—人物研究,②中医典籍—汇编—中国—西晋时代。《对应表》上没有“中医典籍”这个词,该书应标引为:

手检标题:①皇甫谧(215—282)—医药人物—人物研究,②中国医药学—药典—中国—西晋时代—汇编

机检标题:600#0 $a 皇甫谧 $f(215—282) $x 医药人物 $x 人物研究

6060# $a 中国医药学 $x 药典 $y 中国 $z 西晋时代 $j 汇编

69.《炭素机械设备》(2010 年 6 月出版),CIP 标引为:碳素材料—机械设备。《对应表》(二版)上没有“碳素材料”这个词,只有“炭素材料”书写形式的叙词,该书应标引为:

手检标题:炭素材料—机械设备

机检标题:6060# $a 炭素材料 $x 机械设备

70.《类风湿关节炎合理用药与调养》(2010 年 6 月出版),CIP 标引为:①类风湿关节炎—用药法,②类风湿关节炎—防治。《对应表》(二版)上“类风湿关节炎”的书写形式是“类风湿性关节炎”,该书应标引为:

手检标题:①类风湿性关节炎—用药法,②类风湿性关节炎—防治

机检标题:6060# $a 类风湿性关节炎 $x 用药法

6060# $a 类风湿性关节炎 $x 防治

71.《口腔疾病和口腔保健知识问答》(2009 年出版),CIP 标引为:①口腔颌面部疾病—防治—问答,②口腔保健—问答。《对应表》(二版)上没有“口腔保健”这个词,该书应标引为:

手检标题:①口腔颌面部疾病—防治—问题解答,②口腔—医疗保健—问题解答

机检标题:6060# $a 口腔颌面部疾病 $x 防治 $j 问题解答

6060# $a 口腔 $x 医疗保健 $j 问题解答

72.《胃肠养生使用指南》(2010 年 4 月出版),CIP 标引为:①养生(中医)—手册,②肠胃病—治疗—手册。《对应表》(二版)上没有“肠胃病”这个词,该书应标引为:

手检标题:①养生(中医)—手册,②胃肠病—治疗—手册

机检标题:6060# $a 养生(中医) $j 手册

6060# $a 胃肠病 $x 治疗 $j 手册

73.《脱发合理用药 185 问》(2009 年出版),CIP 标引为:脱发—

用药法—问答。《对应表》(二版)上没有“脱发”这个词,该书应标引为:

手检标题:秃病—用药法—问题解答

机检标题:6060# $a 秃病 $x 用药法 $j 问题解答

74.《生命探秘》(2009 年 6 月出版),CIP 标引为:生命科学—普及读物。《对应表》(二版)上没有“生命科学”这个词,标引“生命”即可。

手检标题:生命—普及读物

机检标题:6060# $a 生命 $j 普及读物

75.《胶黏剂毒性与安全使用手册》,CIP 标引为:胶黏剂—技术手册。在词表上“胶黏剂”书写形式为“胶粘剂”,“毒性与安全使用”两个概念应标引出来。该书应标引为:

手检标题:①胶粘剂—毒性—手册,②胶粘剂—安全教育—手册

机检标题:6060# $a 胶粘剂 $x 毒性 $j 手册

6060# $a 胶粘剂 $x 安全教育 $j 手册

76.《从显微镜到干细胞研究:探索再生医学》(2010 年 4 月出版),CIP 标引为:①干细胞—普及读物,②再生(细胞)—普及读物。《对应表》(二版)上没有“再生”(细胞)这个书写形式的词,第二个标题可用“再生与医学”组配标引。

手检标题:①干细胞—研究,②再生—医学—科学探索

机检标题:6060# $a 干细胞 $x 研究

6060# $a 再生 $x 医学 $x 科学探索

77.《雷电灾害》(2009 年出版),CIP 标引为:雷击火—气象灾害—基本知识。《对应表》上没有“雷击火”这个词,根据该书内容主题,该书应标引为:

手检标题:①雷—气象灾害—灾害防治,②闪电—气象灾害—灾害防治,③防雷—基本知识

机检标题:6060# $a 雷 $x 气象灾害 $x 灾害防治

6060# $a 闪电 $x 气象灾害 $x 灾害防治

6060# $a 防雷 $x 基本知识

78.《家庭厨事 ABC》(2009 年出版),CIP 标引为:厨事—烹饪—食物。《对应表》(二版)上没有“厨事”这个词,该书应标引为:

手检标题:①家常菜肴—烹饪—基本知识,②厨房设备—设备利用—基本知识

机检标题:6060# $a 家常菜肴 $x 烹饪 $x 基本知识

6060# $a 厨房设备 $x 设备利用 $x 基本知识

79.《保卫人民币》(2010 年 8 月出版),CIP 标引为:人民币(元)—货币理论—研究。《对应表》(二版)上“人民币”书写形式是“人民币”,没有带“(元)”的人民币,该书应标引为:

手检标题:人民币—货币理论—研究

机检标题:6060# $a 人民币 $x 货币理论 $x 研究

80.《坏女人有人爱》,CIP 标引为:心理励志—女性魅力—通俗读物。表上没有“心理励志”与“女性魅力”这两个词,这也不是该书的主题。该书是讲爱情的,应标引为:

手检标题:女性—爱情—通俗读物

机检标题:6060# $a 女性 $x 爱情 $j 通俗读物

81.《怎样离开他》,(美)霍华德·哈尔彭着,CIP 标引为:社科生活—两性情感。表上没有“两性情感”这个词。该书讲的是“恋爱问题”与“婚姻问题”,应标引为:

手检标题:①恋爱问题,②婚姻问题

机检标题:6060# $a 恋爱问题

6060# $a 婚姻问题

82.《资源枯竭城市灾害形成机理与控制战略研讨》,CIP 标引为:城市—地质灾害—防治—文集。表上没有“地质灾害”这个词。该书序言:“我国目前有矿业城市(镇)426 座,其中处于枯竭期的有 51 座。资源枯竭城市灾害表现为:继续大规模损毁土地、岩层结构抗震性能降低、水资源流失、塌陷区积水、废旧地下采场积水形成地下暗湖、固体废矿渣积存污染、有害气体污染、大型露天闭坑后以环境影响等主

要衍生灾害类型和现象。"该书应标引为：

手检标题：①矿业城镇—自然灾害—灾害防治—中国—文集，②矿业城镇—自然灾害—形成机制—中国—文集

机检标题：6060# $a 矿业城镇 $x 自然灾害 $x 灾害防治 $y 中国 $j 文集

6060# $a 矿业城镇 $x 自然灾害 $x 形成机制 $y 中国 $j 文集

83.《室内设计：展示空间》，CIP 标引为：商店—陈列设计：室内设计—韩国—图集。表上没有"室内设计"这个词，而且该书内容是博物馆、美术馆、展示厅与交易会厅室内设计，应标引为：

手检标题：①博物馆—室内装饰设计—韩国—图集，②美术馆—室内装饰设计—韩国—图集，③展览馆—商品陈列—陈列设计—韩国—图集

机检标题：6060# $a 博物馆 $x 室内装饰设计 $y 韩国 $j 图集

6060# $a 美术馆 $x 室内装饰设计 $y 韩国 $j 图集

6060# $a 展览馆 $x 商品陈列 $x 陈列设计 $y 韩国 $j 图集

84.《医学生物学及医学遗传学实验指导》，CIP 标引为：医学生物学—实验—医学院校—教材。表上没有"医学生物学"这个词。该书为实验课教材，实验一、二为动物解剖学部分，实验三至实验十四为细胞生物学部分，实验十五至实验二十五为医学遗传学部分。应标引为：

手检标题：①动物解剖学—实验课—医学院校—教材，②细胞生物学—实验课—医学院校—教材，③医学遗传学—实验课—医学院校—教材

机检标题：6060# $a 动物解剖学 $x 实验课 $x 医学院校 $j 教材

6060# $a 细胞生物学 $x 实验课 $x 医学院校 $j 教材

6060# $a 医学遗传学 $x 实验课 $x 医学院校 $j 教材

85.《药用当而通神》(2010 年 7 月出版)，CIP 标引为：中医学临

床—经验—中国—现代。《对应表》(二版)上没有“中医学临床”这个词。该书内容主题是“药用当”,要标出这个主题。

手检标题:中医学:临床医学:临床药学—经验—中国—现代

机检标题:6060# \$a 中医学 \$x 临床医学 \$x 临床药学 \$x 经验 \$y 中国 \$z 现代

86.《大洋双雄:(上)21 世纪美利坚海军,(下)21 世纪俄罗斯海军》,CIP 标引为:双雄—海战—史料。词表上没有“双雄”这个词,该书是讲 21 世纪美国与俄罗斯海军实力的,应标引为:

手检标题:①海军—军事实力—美国—21 世纪,②海军—军事实力—俄罗斯—21 世纪

机检标题:6060# \$a 海军 \$x 军事实力 \$y 美国 \$z21 世纪

6060# \$a 海军 \$x 军事实力 \$y 俄罗斯 \$z21 世纪

87.《向权力说真话:赛义德和批评家的工作》,CIP 标引为:文学批评—文学理论。这里要注意两个问题:①爱德华·赛义德(Edward W. Saod, 1935 -),是美国的批评家。该书是美国学术杂志《疆界 2》出版的一期评论赛义德的 14 篇文章汇编。②在《对应表》(初版)上没有“文学批评”这个词,在《对应表》(二版)上“文学批评”是个非正式叙词,正式叙词是“文学评论”。该书应标引为:

手检标题:①赛义德(Saod, Edward W. , 1935 -)—思想评论—文集,②文学评论—文集

机检标题:600#1 \$a 赛义德 \$c(Saod,Edward W. \$f1935 -) \$x 思想评论 \$j 文集

6060# \$a 文学评论 \$j 文集

88.《千年词史待平章:晚清三大词话研究》(2010 年 9 月出版),CIP 标引为:词话(文学)—研究—中国—清代。《对应表》(二版)上没有“词话”(文学)这个词。该书研究的对象是晚清三大词话,正如作者说:“我对晚清三部词话的研究从《蕙风词话》开始,经过王国维《人间词话》的研究,再到陈廷焯《白雨斋词话》的研究……”该书应标引为:

手检标题:①词(文学)—诗词研究—中国—清后期,②《人间词话》—诗词研究:著作研究,③《蕙风词话》—诗词研究:著作研究,④《白雨斋词话》—诗词研究:著作研究

机检标题:6060# $a 词(文学) $x 诗词研究 $y 中国 $z 清后期

605## $a《人间词话》$x 诗词研究 $x 著作研究

605## $a《蕙风词话》$x 诗词研究 $x 著作研究

605## $a《白雨斋词话》$x 诗词研究 $x 著作研究

89.《印美关系爱恨录:半个世纪的回顾与展望》,CIP 标引为:印度—对外关系—美国。《对应表》初版上没有"对外关系"一词,《对应表》二版上"对外关系"为非正式叙词,正式叙词为"外交关系"。这里用"印度"当主标题是不合适的。该书应标引为:

手检标题:外交关系—印度:美国

机检标题:6060# $a 外交关系 $y 印度 $y 美国

6100# $a 印美关系

90.《骨科治疗方法选择与并发症防治》,CIP 标引为:①骨科—治疗,②骨科—治疗方法—并发症—防治。表上没有"骨科"这个词。本书是骨科常见疾病治疗方法的选择及常见手术并发症的预防处理的专著。

手检标题:①骨疾病—治疗方法,②骨疾病—外科手术—并发症—预防(卫生)

机检标题:6060# $a 骨疾病 $x 治疗方法

6060# $a 骨疾病 $x 外科手术 $x 并发症 $x 预防(卫生)

91.《影视动画场景设计》(高等学校动画专业教材),CIP 标引为:动画—场景设计—高等学校—教材。表上没有"场景设计"这个词。影视动画场景设计是指动画影片中除人物角色造型以外的一切物的造型设计。该书可标引为:

手检标题:①动画—内景—造型设计—高等学校—教材,②动画—外景—造型设计—高等学校—教材

机检标题:6060# $a 动画 $x 内景 $x 造型设计 $x 高等学校 $j 教材
6060# $a 动画 $x 外景 $x 造型设计 $x 高等学校 $j 教材

92.《调水工程管道系统泄漏检测的全频域法》(2010 年 6 月出版),CIP 标引为:调水工程—管道—检漏(管道)。表上没有“检漏(管道)”这个词,表上有相应的专指词:“管道泄漏”、“管道检测”、“泄漏检测”。

手检标题:调水工程—管道泄漏—管道检测:泄漏检测

机检标题:6060# $a 调水工程 $x 管道泄漏 $x 管道检测 $x 泄漏检测

93.《分子免疫学实验指南》(2009 年出版),CIP 标引为:分子免疫学—实验—指南。《对应表》(二版)上没有“分子免疫学”这个词,有“分子免疫”叙词。该书内容提要告诉我们:“迄今,免疫学技术已广泛应用到生命科学研究的各个领域。本书涵盖了目前常用的常规免疫学技术方法。”应标引为:

手检标题:分子免疫—免疫学—实验技术—指南

机检标题:6060# $a 分子免疫 $x 免疫学 $x 实验技术 $j 指南

94.《生物信息学》(2009 年出版),CIP 标引为:生物信息学—高等学校—教材。《对应表》(二版)上没有“生物信息学”这个词,该书分类是 Q811. 4,其对应的词是“生物信息论”。

手检标题:生物信息论—高等学校—教材

机检标题:6060# $a 生物信息论 $x 高等学校 $j 教材

95.《应用微生物技术》(2010 年 7 月出版),CIP 标引为:应用微生物学—高等学校:技术学院—教材,Q939.9。《对应表》(二版)上没有“应用微生物学”这个词,Q939.9 对应的词串是“微生物学\应用”,应用该词串标引。

手检标题:微生物学—应用—高等学校:技术学校—教材

机检标题:6060# $a 微生物学 $x 应用 $x 高等学校 $x 技术学校

$j 教材

96.《临床听力学》(2008 年 10 月出版),CIP 标引为:听力学。《对应表》(二版)上没有"听力学"这个词,有"听力"与"听觉"叙词。该书应标引为:

手检标题:①临床—听力—理论,②临床—听觉—理论

机检标题:6060# $a 临床 $x 听力 $x 理论

6060# $a 临床 $x 听觉 $x 理论

97.《今日凉茶》(2009 年 7 月出版),CIP 标引为:药茶疗法—验方。《对应表》(二版)上没有"药茶疗法"这个词,凉茶是一种清凉饮料,该书应标引为:

手检标题:①茶剂—验方,②饮料—民间疗法:食物疗法—验方

机检标题:6060# $a 茶剂 $x 验方

6060# $a 饮料 $x 民间疗法 $x 食物疗法 $x 验方

98.《中药外用指南》(2010 年 5 月出版),CIP 标引为:中药外用法。《对应表》(二版)上没有"中药外用法"这个词,表上"中药外用Y 中药外敷疗法"、"中药外治法Y 外治法",该书应标引为:

手检标题:①外治法—指南,②中药外敷疗法—指南

机检标题:6060# $a 外治法 $j 指南

6060# $a 中药外敷疗法 $j 指南

99.《生物医学中的核技术》(2010 年 5 月出版),CIP 标引为:R318,核技术应用—生物医学工程—高等学校—教材。《对应表》(二版)上没有"生物医学工程"这个词,R318 生物医学工程对应的词串是"生物工程\医学工程",该书应按词串组配标引。

手检标题:核技术应用—生物工程:医学工程—高等学校—教材

机检标题:6060# $a 核技术应用 $x 生物工程 $x 医学工程 $x 高等学校 $j 教材

100.《拜耳法生产氧化铝》(2007 年 11 月出版),CIP 标引为:拜耳法(氧化铝生产)—高等学校—教材。应根据《对应表》(二版)选词标引。表上没有"拜耳法(氧化铝生产)"的书写形式,只有"拜耳法"

叙词，该书应标引为：

手检标题：氧化铝—生产—拜耳法—高等学校—教材

机检标题：6060# $a 氧化铝 $x 生产 $x 拜耳法 $x 高等学校 $j 教材

101.《海洋石油工程》（2010年1月出版），CIP标引为：海上石油开采。《对应表》（二版）上没有“海上石油开采”这个词，应按该书书名反映的主题标引。

手检标题：海洋工程：石油工程

机检标题：6060# $a 海洋工程 $x 石油工程

102.《油层物理》（2007年12月出版），（美）D. 佳布、E. C. 唐纳森著，沈平平、秦积舜等译，CIP标引为：油层物理化学—英文。《对应表》（二版）上没有“油气层物理化学”这个词，TE 311 油气层物理对应的词与词串是“油层物理学”、“油层\物理性质”、“气层（物理性质）”，可选择“油层物理学”标引。

手检标题：油层物理学

机检标题：6060# $a 油层物理学

103.《井下作业安全手册》（2010年1月出版），CIP标引为：井下作业（油气田）—安全技术—技术手册，TE358－62。《对应表》（二版）上没有“井下作业（油气田）”这个书写形式，表上书写形式是“井下作业”，TE358 对应的词串“采油井\井下作业”也是这样。该书应按词串标引。

手检标题：采油井—井下作业—安全技术—技术手册

机检标题：6060# $a 采油井 $x 井下作业 $x 安全技术 $j 技术手册

104.《家畜疾病诊疗手册》（2009年6月出版），CIP标引为：家畜疾病—诊疗—手册，S858. 2－62。《对应表》（二版）上没有“家畜疾病”这个词，应按 S858. 2 对应的词串“家畜\动物疾病”标引。

手检标题：家畜—动物疾病—诊疗—手册

机检标题：6060# $a 家畜 $x 动物疾病 $x 诊疗 $j 手册

105.《寻味·红茶》(2008 年出版),CIP 标引为:茶馆—简介—世界。《对应表》(二版)上没有“茶馆”这个词,应按书名反映的内容主题标引。

手检标题:红茶—饮食业—介绍—世界

机检标题:6060# $a 红茶 $x 饮食业 $x 介绍 $y 世界

106.《粉体工程》(2009 年 12 月出版),CIP 标引为:粉末技术—高等学校—教材,TB44。表上没有“粉末技术”这个词,《对应表》(二版)上 TB44 粉末技术对应的叙词是“粉末法”,表上还有“粉体”叙词。该书应标引为:

手检标题:粉末法—高等学校—教材

或:粉体—工程—高等学校—教材

机检标题:6060# $a 粉末法 $x 高等学校 $j 教材

或:6060# $a 粉体 $x 工程 $x 高等学校 $j 教材

107.《电气设备防爆检查工考试习题集》(2008 年出版),CIP 标引为:防爆电气—矿山安全—资格—考核—习题,TD684 -44。《对应表》(二版)上没有“防爆电气”这个词,该书应按 TD684 对应的词串“矿用电气设备\防爆电气设备”标引。

手检标题:矿用电气设备:防爆电气设备—资格考试—习题集

机检标题:6060# $a 矿用电气设备 $x 防爆电气设备 $x 资格考试 $j 习题集

108.《危险化学品应急处理手册》(2009 年出版),CIP 标引为:化学品—危险物品管理—手册,TQ086.5 -62。《对应表》(二版)上没有“化学品”这个词,该书应按 TQ086.5 对应的词串“化学工业\危险品”标引。

手检标题:化学工业—危险品—应急对策—手册

机检标题:6060# $a 化学工业 $x 危险品 $x 应急对策 $j 手册

109.《非洲的贫困与反贫困问题研究》(2010 年 10 月出版),CIP 标引为:贫困—问题—研究—非洲。《对应表》(二版)上有“贫困问题”叙词,其组配标引是错误的。该书应标引为:

手检标题:贫困问题—研究—非洲

机检标题:6060# $a 贫困问题 $x 研究 $y 非洲

110.《海关缉毒》(海关高等教育材料,2010 年 7 月出版),CIP 标引为:海关—缉毒—中国—教材。《对应表》(二版)上没有“缉毒”这个词,根据《对应表》(二版)收词情况,该书应标引为:

手检标题:①海关管理:毒品管理—中国—高等教育—教材,②鸦片走私—海关—侦缉—中国—高等教育—教材

机检标题:6060# $a 海关管理 $x 毒品管理 $y 中国 $x 高等教育 $j 教材

6060# $a 鸦片走私 $x 海关 $x 侦缉 $y 中国 $x 高等教育 $j 教材

111.《论革命》(2011 年 2 月出版),(美)阿伦特(Arendt, H.)著,陈周旺译,CIP 标引为:美国独立战争(1775 ~ 1783)—对比研究—法国大革命(1789 - 1794)。《对应表》(二版)上只有“美国独立战争”与“法国大革命”的书写形式,没有“美国独立战争(1775 - 1783)”与“法国大革命(1789 - 1794)”的书写形式,该书应标引为:

手检标题:美国独立战争—对比研究—法国大革命

或:美国独立战争—1775 - 1783—对比研究—法国大革命—1789 - 1794

机检标题:6060# $a 美国独立战争 $x 对比研究 $x 法国大革命

或:6060# $a 美国独立战争 $z1775 - 1783 $x 对比研究 $x 法国大革命 $z1789 - 1794

112.《被害人当事人地位的根据与限度:公诉程序中被害人诉权问题研究》(2010 年 6 月出版),CIP 标引为:被害者—刑事诉讼—研究。《对应表》(二版)上没有“被害者”这个词,有“被害人”叙词,应用“被害人”当主标题标引。

手检标题:被害人—刑事诉讼—研究

机检标题:6060# $a 被害人 $x 刑事诉讼 $x 研究

113.《创意心理学》(2009 年出版),CIP 标引为:创意心理学。

《对应表》(二版)上没有“创意心理学”这个词,该书应标引为:

手检标题:创造心理学

或:创意—创造心理学

机检标题:6060# $a 创造心理学

或:6060# $a 创意 $x 创造心理学

114.《电子文件管理——电子文件与证据保留》(2009 年出版),CIP 标引为:电子文件—档案管理—高等学校—教材。《对应表》(二版)上没有“电子文件”这个词,该书应用“电子文献”与“文件管理”进行限定组配标引。

手检标题:电子文献—文件管理—高等学校—教材

机检标题:6060# $a 电子文献 $x 文件管理 $x 高等学校 $j 教材

115.《中国岩画发展史》(2008 年出版),CIP 标引为:崖画—美术考古—考古学史—中国,K879.42。《对应表》(二版)上“岩画”的分类号为 K879.42,“崖画”的分类号为 J218.9,从这个角度说,两者还有一点区别,该书应标引为:

手检标题:中国画:岩画—美术考古—考古发现—考古学史

机检标题:6060# $a 中国画 $x 岩画 $x 美术考古 $x 考古发现 $x 考古学史

116.《语言学简史》(2001 年出版),CIP 标引为:语言学简史—英文。初版《对应表》上没有“语言学简史”这个词,可用“语言学史”当主标题标引。

手检标题:语言学史—英文

机检标题:6060# $a 语言学史 $j 英文

117.《行政执法与行政审判. 2010 年. 第 6 集:总第 44 集》(2011 年 1 月出版),CIP 标引为:①行政执法—中国—丛刊,②行政诉讼—审判—中国—丛刊。《对应表》(二版)上没有“行政执法”与“审判”这两个词,该书应标引为:

手检标题:①行政法—执法监督—中国—丛刊,②行政诉讼—审理—判决—中国—丛刊

机检标题:6060# $a 行政法 $x 执法监督 $y 中国 $j 丛刊

6060# $a 行政诉讼 $x 审理 $x 判决 $y 中国 $j 丛刊

118.《公文写作技法与实用例文》(2010 年 10 月出版),CIP 标引为:公文—写作,H152.3。《对应表》(二版)上没有“公文”这个词,应参照 H152.3 对应的词串“汉语\应用文\写作”组配标引。

手检标题:汉语—文书—应用文—写作

机检标题:6060# $a 汉语 $x 文书 $x 应用文 $x 写作

119.《学习理论导论:第七版》(2011 年 1 月出版),CIP 标引为:学习理论—心理学—高等学校—教材。《对应表》(二版)上书写形式为“学习理论(心理学)”,应用这种书写形式标引。

手检标题:学习理论(心理学)—高等学校—教材

机检标题:6060# $a 学习理论(心理学) $x 高等学校 $j 教材

120.《三峡工程国际合作与国际法之实践》(2010 年 5 月出版),CIP 标引为:三峡工程—国际合作—国际法:水法—研究。《对应表》(二版)上只有“三峡水利工程”的叙词,没有“三峡工程”这个词。副标题应选用“国际合作”的下位词“国际科技合作”标引。该书应标引为:

手检标题:三峡水利工程—国际科技合作—国际法:水法—研究

机检标题:6060# $a 三峡水利工程 $x 国际科技合作 $x 国际法 $x 水法 $x 研究

121.《浙东学派溯源》(2011 年 1 月出版),CIP 标引为:浙东学派—研究。《对应表》(二版)上没有“浙东学派”这个词,没有必要增词标引。该书大部分讲的都是程朱学派内容,应标引为:

手检标题:①浙东—学派—起源—研究,②程朱学派—研究

机检标题:6060# $a 浙东 $x 学派 $x 起源 $x 研究

6060# $a 程朱学派 $x 研究

122.《狱苑摭言》(2010 年 6 月出版),CIP 标引为:监狱学—文集,D916.7。《对应表》(二版)上没有“监狱学”这个词,应按 D916.7 对应的词串“监狱\理论”标引。

手检标题:监狱—法的理论—文集

机检标题:6060# $a 监狱 $x 法的理论 $j 文集

123.《眼外伤的法医学鉴定》(2008 年 7 月出版),CIP 标引为:眼外伤—法医学鉴定。《对应表》(二版)上没有“眼外伤”这个词,应用“眼挫伤”当主标题标引。

手检标题:眼挫伤—法医学鉴定

机检标题:6060# $a 眼挫伤 $x 法医学鉴定

124.《动物保护法概论》(2009 年 8 月出版),CIP 标引为:动物保护法—中国—教材,D922.68。《对应表》(二版)上没有“动物保护法”这个词,应参照 D922.68 对应的词串“野生动物\动物保护\自然资源保护法\中国”标引。

手检标题:动物保护—自然资源保护法—中国

机检标题:6060# $a 动物保护 $x 自然资源保护法 $y 中国

125.《新编竞争法教程》(2009 年 1 月出版),CIP 标引为:①反不正当竞争法—中国—高等学校—教材,②反托拉斯法—中国—高等学校—教材。《对应表》(二版)上没有“反不正当竞争法”这个词,表上“反托拉斯法Y 反垄断法”,该书应标引为:

手检标题:①反不正当竞争—中国—高等学校—教材,②反垄断法—中国—高等学校—教材

机检标题:6060# $a 反不正当竞争 $y 中国 $x 高等学校 $j 教材
6060# $a 反垄断法 $y 中国 $x 高等学校 $j 教材

126.《劳动合同法律手册》(2010 年 3 月出版),CIP 标引为:劳动合同法—中国—手册,《对应表》(二版)上没有“劳动合同法”这个词,应按表上“劳动合同\合同法\中国”词串标引。

手检标题:劳动合同—合同法—中国

机检标题:6060# $a 劳动合同 $x 合同法 $y 中国

六、单个专指词标引方面差错 23 例

主题标引规定:标引时要首先选用与文献主题概念直接相对应的专指的单个叙词标引。在有这种单个叙词情况下,不得用其上位词或下位词标引,也不允许采用组配标引。下列图书主题标引在这方面是有问题的。

1.《大屏幕显示器》,CIP 标引为:显示器—大屏幕。《对应表》上有与该书主题概念相对应的专指的单个词“大屏幕显示器”,应用该词标引。CIP 的组配标引是错误的,应标引为:

手检标题:大屏幕显示器

机检标题:6060# $a 大屏幕显示器

2.《现代临床药物学》,CIP 标引为:临床医学—药物学。表上有单个叙词“临床药学”,应选用“临床药学”标引,不应该组配标引。

手检标题:临床药学

机检标题:6060# $a 临床药学

3.《体育社会学:议题与争议》,CIP 标引为:体育—运动—社会学。表上有“体育运动社会学”这个专指的单个叙词,应用这个词标引,方便检索。

手检标题:体育运动社会学

机检标题:6060# $a 体育运动社会学

4.《老年人身心保健》(老年人生活实用丛书),CIP 标引为:老年人—保健—基础知识。这个组配是不应该的。表上有“老年保健学”这个专指的单个词,应用该词标引:

手检标题:老年保健学

机检标题:6060# $a 老年保健学

5.《推销心理与推销实务》,CIP 标引为:推销—心理学。表上有

"推销心理学"这个专指的单个词,应该用这个专指词标引,方便检索。

手检标题:推销心理学

机检标题:6060# $a 推销心理学

6.《生物科学的哲学》,CIP 标引为:生物学:哲学。《对应表》上"哲学"为族首词,其下位概念有"生物学哲学",应用该词标引:

手检标题:生物学哲学

机检标题:6060# $a 生物学哲学

7.《北洋往事:那些军阀那些人》(2010 年 10 月出版),CIP 标引为:军阀—历史—中国—民国。该书应用《对应表》(二版)上"北洋军阀史"单个叙词标引,组配标引是不对的。

手检标题:北洋军阀史

机检标题:6060# $a 北洋军阀史

8.《时间域电磁法原理》(2007 年 12 月出版),CIP 标引为:电磁法勘探。这是用上位词标引的。时间域电磁法即瞬变电磁法,"瞬变电磁法"在《对应表》(二版)上"勘探"词族中是"电磁法勘探"的下位词,该书应用这个下位词标引。

手检标题:瞬变电磁法

机检标题:6060# $a 瞬变电磁法

9.《有机农业》(2009 年 11 月出版),CIP 标引为:农业—无污染工艺。该书讲的有机农业,有机农业主要或完全依靠来源于生物的有机物来提高产量的农业生产制度。《对应表》(二版)上有这个叙词,应用单个叙词"有机农业"标引。

手检标题:有机农业

机检标题:6060# $a 有机农业

10.《生物农药》(2010 年 3 月出版),CIP 标引为:微生物农药。《对应表》(二版)上有"生物农药"叙词,应用这个单个专指叙词标引。该书应标引为:

手检标题:生物农药

机检标题:6060# $a 生物农药

11.《石油微生物采油技术》(2009 年 1 月出版),CIP 标引为:细菌采油。表上没有“细菌采油”这个词,应用单个专指词“微生物采油”标引。

手检标题:微生物采油

机检标题:6060# $a 微生物采油

12.《经济型喷微灌》(2009 年 11 月出版),CIP 标引为:喷灌。该书是两个主题,还应用单个专指词“微灌”标引。

手检标题:①喷灌,②微灌

机检标题:6060# $a 喷灌

6060# $a 微灌

13.《昔日重现:旧损照片修复技术》(2009 年 2 月出版),CIP 标引为:影片修复。《对应表》(二版)上“影片修复”是个非正式叙词,不能用来标引。该书应用单个专指词“相片修整”标引。

手检标题:相片修整

机检标题:6060# $a 相片修整

14.《气体膜技术》(2010 年 5 月出版),CIP 标引为:膜—应用—气体分离。《对应表》(二版)上有单个专指词“气体膜分离”叙词,应用该词表达本书内容主题, CIP 用组配标引是错误的。

手检标题:气体膜分离

机检标题:6060# $a 气体膜分离

15.《一生的学习》(2010 年出版),CIP 标引为:教育—研究。这个组配是不应该的。《对应表》(二版)上有“教育研究”这个单个专指词,应用该词标引。

手检标题:教育研究

机检标题:6060# $a 教育研究

16.《国际贸易理论:对偶和一般均衡方法》(2011 年 1 月出版),迪克西特著,李辉文等译,CIP 标引为:国际贸易—经济理论。应用《对应表》(二版)上单个专指词“国际贸易理论”标引,CIP 组配是不对的。

手检标题:国际贸易理论

机检标题:6060# $a 国际贸易理论

17.《把任何东西卖给任何人》(2011 年 3 月出版)(美)吉拉德(Girard, J.),(美)布朗(Brown, S. H.)著,闫晓丽译,CIP 标引为:销售—方法。《对应表》(二版)上有单个专指词"销售方式",应用该词标引。

手检标题:销售方式

机检标题:6060# $a 销售方式

18.《科技情报与信息技术》(2010 年 2 月出版),CIP 标引为:科技情报—情报工作。《对应表》(二版)上有单个专指词"科技情报工作",在此情况下用"科技情报"与"情报工作"组配是错误的。该书应用单个专指词标引。

手检标题:科技情报工作

机检标题:6060# $a 科技情报工作

19.《印刷电路技术》,CIP 标引为:印制电路,TN41。《对应表》"TN41 印刷电路"对应的叙词为"印刷电路",表上没有"印制电路"这个词,应用单个专指词"印刷电路"标引。

手检标题:印刷电路

机检标题:6060# $a 印刷电路

20.《电影经济学》(2009 年 1 月出版),CIP 标引为:电影—艺术经济。该书应用单个专指词"电影经济"标引,用"电影"与"艺术经济"组配标引是不对的。

手检标题:电影经济

机检标题:6060# $a 电影经济

21.《法律的信任:法理型权威的道德基础》(2009 年 11 月出版),CIP 标引为:法律—伦理学。这里组配标引是不对的,应用单个专指词"法伦理学"标引。

手检标题:法伦理学

机检标题:6060# $a 法伦理学

22.《法律社会学基本原理》(2009 年 12 月出版),(奥)尤根·埃利希著,叶名怡、袁震译。CIP 标引为:社会法学。应用单个专指词“法律社会学”标引。

手检标题:法律社会学

机检标题:6060# $a 法律社会学

23.《逻辑的训诫》(2008 年 11 月出版),CIP 标引为:逻辑—应用—法学—研究。应用单个专指词“法律逻辑学”标引。

手检标题:法律逻辑学

机检标题:6060# $a 法律社会学

七、组配标引方面差错简析

主题标引规定：当词表中没有与文献主题概念直接相对应的单个专指词时，应选用几个最直接、最相关的叙词进行组配标引。下列组配标引是有问题的。

（一）字面组配4例

组配标引规定：组配应是概念组配，即应用在概念上具有交叉关系的叙词进行的交叉组配，与具有限定关系的叙词进行限定组配，而不能用字面组配。下面4本书组配标引不是概念组配而是字面组配。

1.《新编公民诉讼法律手册》，CIP标引为：新编公民—诉讼法律—手册。这是当前不采用的字面组配，即单纯地从字面上分解与组配。该书共818页，内容分民事诉讼法、刑事诉讼法与行政诉讼法。概念组配应从概念上分解与组配，该书应标引为：

手检标题：①民事诉讼法—中国—手册，②刑事诉讼法—中国—手册，③行政诉讼法—中国—手册

机检标题：6060# $a 民事诉讼法 $y 中国 $j 手册

6060# $a 刑事诉讼法 $y 中国 $j 手册

6060# $a 行政诉讼法 $y 中国 $j 手册

2.《环境产权经济学》，CIP标引为：环境—产权—经济学。这不是概念组配，而是从字面上分解的字面组配。概念组配应用"环境经济学"、"产权经济学"进行交叉组配标引。

手检标题：环境经济学：产权经济学

机检标题：6060# $a 环境经济学 $x 产权经济学

3.《家庭传统疗法全书》,CIP 标引为:家庭—传统疗法(中医)。这也是字面组配。该书主题是常见病的点穴、按摩、拔罐、刮痧、艾灸疗法。概念组配的整体标引为:

手检标题:常见病—中医疗法

机检标题:6060# $a 常见病 $x 中医疗法

概念组配的分析标引为:

手检标题:①常见病—点穴,②常见病—按摩疗法(中医),③常见病—拔罐疗法,④常见病—刮搓疗法,⑤常见病—艾灸

机检标题:6060# $a 常见病 $x 点穴

6060# $a 常见病 $x 按摩疗法(中医)

6060# $a 常见病 $x 拔罐疗法

6060# $a 常见病 $x 刮搓疗法

6060# $a 常见病 $x 艾灸

4.《企业社会责任》(2010 年 5 月出版),CIP 标引为:企业—社会—职责—研究。这也是字面上分解与组配。《对应表》(二版)上有“社会责任”、“企业责任”叙词(两者为上下位关系),企业责任即企业经营活动的社会责任。该书概念组配标引为:

手检标题:企业责任—研究

机检标题:6060# $a 企业责任 $x 研究

(二)参与组配的专指叙词标引方面差错 217 例

在前面第二部分专指性标引方面实际上是讲了没有用专指词参与组配标引,只是讲的角度不同而已。这里再作专讲。

组配标引规定:组配时应选用最能表达文献主题的专指词参与组配,不得使用其上位词或下位词越级组配。下列图书用了非专指叙词参与组配标引。

1.《从海胆到多利羊:探索克隆技术》(2010 年 4 月出版),CIP 标

引为:无性系—遗传工程—普及读物。《对应表》(二版)上有“克隆”这个专指叙词,该书应用其标引。

手检标题:克隆—科学探索—普及读物

机检标题:6060# $a 克隆 $x 科学探索 $j 普及读物

2.《抗癌100问:中西医专家为您答疑》,CIP标引为:癌—治疗—问答。《对应表》(二版)上有专指词“中西医结合疗法”,应用该词作副标题标引。

手检标题:癌—中西医结合疗法—问题解答

机检标题:6060# $a 癌 $x 中西医结合疗法 $j 问题解答

3.《胎儿畸形产前超声诊断学》,CIP标引为:胎儿—超声波诊断—诊断学。该书应用“畸形”等专指词参与组配标引。

手检标题:胎儿—畸形—胎前诊断:超声波诊断—诊断学

机检标题:6060# $a 胎儿 $x 畸形 $x 胎前诊断 $x 超声波诊断 $x 诊断学

4.《鲁迅书影录》,CIP标引为:鲁迅著作—书话。该书应按照书名上主题用专指词“书影”当副标题标引。

手检标题:鲁迅著作—书影

机检标题:6060# $a 鲁迅著作 $x 书影

5.《在反法西斯战场上战死的中国将军》(2010年5月出版),CIP标引为:将军—生平事迹—中国—现代。应用《对应表》(二版)上“反法西斯战争”等专指词参与组配标引,专指地表达主题。

手检标题:反法西斯战争—战场—将军—死亡—中国

机检标题:6060# $a 反法西斯战争 $x 战场 $x 将军 $x 死亡 $y 中国

6.《家庭养生太极拳》,CIP标引为:养生(中医)—普及读物。这里“太极拳”一定要标引出来,书的内容是通过太极拳来养生。

手检标题:养生(中医)—太极拳—普及读物

机检标题:6060# $a 养生(中医) $x 太极拳 $j 普及读物

7.《省钱妙招800例》(2008年10月出版),CIP标引为:家庭管理。简介:本书搜罗日常生活中吃饭、穿衣、购物,到装修、旅游、娱乐等各个方面的省钱窍门,教你如何使得消费变得合理……专指的标法应用“家庭消费”等专指词进行组配标引。

手检标题:家庭消费—消费支出—合理化

机检标题:6060# $a 家庭消费 $x 消费支出 $x 合理化

8.《建筑施工企业财务管理》(2010 年 4 月出版),CIP 标引为:建筑企业—企业管理:财务管理。《对应表》(二版)上“建筑企业”有下位概念“建筑施工企业”专指词,表上还有“企业管理”的下位概念“工业企业管理”,应用这两个词当主副标题标引。

手检标题:建筑施工企业—工业企业管理:财务管理

机检标题:6060# $a 建筑施工企业 $x 工业企业管理 $x 财务管理

9.《涂料行业工作场所职业安全卫生检查手册》(2010 年出版),CIP 标引为:①涂料工程—劳动保护—劳动管理—手册,②涂料工业—劳动卫生—卫生检查—手册。《对应表》(二版)上有与该书相对应的专指词“职业安全卫生”叙词,应用其标引。表上没有“涂料工程”这个词,应用“涂料工业”标引。

手检标题:①涂料工业—劳动保护—劳动管理—手册,②涂料工业—职业安全卫生—卫生检查—手册

机检标题:6060# $a 涂料工业 $x 劳动保护 $x 劳动管理 $j 手册
6060# $a 涂料工业 $x 职业安全卫生 $x 卫生检查 $j 手册

10.《信仰之河》(2009 年出版),CIP 标引为:宗教哲学。应选用《对应表》(二版)上专指词“宗教信仰”标引,专指地表达主题。

手检标题:宗教信仰

机检标题:6060# $a 宗教信仰

11.《道家文化常识》(2010 年 1 月出版),CIP 标引为:道家—文化—基本知识。道家,是以先秦老子与庄子关于“道”的学说为中心的学派。应选用《对应表》(二版)上专指词“先秦哲学”、“文化哲学”当副标题标引,专指地表达该书主题。

手检标题:道家—先秦哲学:文化哲学—基本知识

机检标题:6060# $a 道家 $x 先秦哲学 $x 文化哲学 $x 基本知识

12.《价值中国家情》(2009 年出版),CIP 标引为:文化—研究—中国。应用《对应表》(二版)上专指词“中华文化”、“家庭文化”、“文化研究”参与组配标引,专指地表达主题。

手检标题:中华文化:家庭文化—文化研究

机检标题:中华文化 $x 家庭文化 $x 文化研究

13.《新编花病防治百科》(2010 年出版),CIP 标引为:花卉—病虫害防治方法。《对应表》(二版)上有“花病”这个专指词,应选用该词当主标题。表上“病虫害防治方法Y 病虫害防治”,应选用正式叙词当副标题。

手检标题:花病—病虫害防治

机检标题:6060# $a 花病 $x 病虫害防治

14.《晚间西红柿减肥》(2009 年 8 月出版),CIP 标引为:减肥—食物疗法。应标出专指词“西红柿”,《对应表》(二版)上“西红柿Y 番茄”,该书应标引为:

手检标题:减肥—食物疗法—番茄

机检标题:6060# $a 减肥 $x 食物疗法 $x 番茄

15.《脸部瑜伽》(2009 年出版),CIP 标引为:面—保健。应标出中医治疗法的下位概念“瑜伽”,专指地表达出主题。

手检标题:①面—保健—瑜伽,②面部疾病—瑜伽

机检标题:6060# $a 面 $x 保健 $x 瑜伽

6060# $a 面部疾病 $x 瑜伽

16.《深度物理丛书. 声》(2010 年出版),CIP 标引为:物理课—中学—课外读物。《深度物理丛书. 电与电路》(2010 年 4 月出版),CIP 标引为:物理课—中学—课外读物。《深度物理丛书. 磁铁与电磁》(2010 年 4 月出版),CIP 标引为:物理课—中学—课外读物。这三本书 CIP 标法都不是用专指词标引的,应该用专指词标引:

第一本手检标题:中学物理课—声学—课外读物

机检标题:6060# $a 中学物理课 $x 声学 $j 课外读物

第二本手检标题：①中学物理课—电—课外读物，②中学物理课—电路—课外读物

机检标题：6060# \$a 中学物理课 \$x 电 \$j 课外读物

6060# \$a 中学物理课 \$x 电路 \$j 课外读物

第三本手检标题：①中学物理课—磁铁—课外读物，②中学物理课—电磁学—课外读物

机检标题：6060# \$a 中学物理课 \$x 磁铁 \$j 课外读物

6060# \$a 中学物理课 \$x 电磁学 \$j 课外读物

17.《行星运动》(2010 年 5 月出版)，(美) P. 安德鲁·卡拉姆博士等著，马晶译，CIP 标引为：行星—天体运动理论—普及读物。该书应用《对应表》(二版)上专指词“行星运动”当主标题，专指地表达主题。

手检标题：行星运动—天体运动理论

机检标题：6060# \$a 行星运动 \$x 天体运动理论

18.《任伯年与吴昌硕绘画艺术读解与鉴赏》(2010 年 5 月出版)，CIP 标引为：①中国画—艺术评论—中国—清代，②中国画—艺术评论—中国—近代。该书应用专指词“绘画评论”当副标题标引。

手检标题：①中国画—绘画评论—中国—清后期，②中国画—画画评论—中国—民国

机检标题：6060# \$a 中国画 \$x 绘画评论 \$y 中国 \$z 清后期

6060# \$a 中国画 \$x 绘画评论 \$y 中国 \$z 民国

19.《中国民间美术造型》(2006 年出版)，CIP 标引为：民间工艺—造型—研究—中国。根据初版《对应表》，“造型”应用表上书写形式“造型(艺术)”当副标题标引。根据二版《对应表》，该书应用“民间美术”与“艺术造型”分别当主、副标引。

手检标题：民间美术—艺术造型—研究—中国

机检标题：6060# \$a 民间美术 \$x 艺术造型 \$x 研究 \$y 中国

20.《儒家的和谐理念与建构》(2010 年 11 月出版)，CIP 标引为：儒家—研究。应用《对应表》(二版)上“和谐”专指词参与组配(当副标题)标引。

手检标题:儒家—和谐—理论研究

机检标题:6060# $a 儒家 $x 和谐 $x 理论研究

21.《中国股票市场风险研究》,CIP 标引为:股票—资本市场—研究—中国。《对应表》(二版)有与该书相对应的"股票市场"等专指词,应用专指词参与组配标引。

手检标题:股票市场—投资风险—风险分析—中国

机检标题:6060# $a 股票市场 $x 投资风险 $x 风险分析 $y 中国

22.《现代表面镀覆技术问答》,CIP 标引为:电镀—问答。书名反映的主题是"电镀"上位概念"镀覆",不是"镀覆"的下位概念"电镀",该书应用"镀覆"标引。

手检标题:镀覆—问题解答

机检标题:6060# $a 镀覆 $j 问题解答

23.《中国生态环境建设地带性原理与实践》,CIP 标引为:生态环境,不同自然地带—研究—中国。该书应根据书名反映的主题用专指词进行标引。

手检标题:生态环境建设—地带性—理论研究—中国

机检标题:6060# $a 生态环境建设 $x 地带性 $x 理论研究 $y 中国

24.《企业信用监管理论与实务》,CIP 标引为:企业—监督管理。词表上没有"监督管理"这个词,应用《对应表》(二版)专指词标引。

手检标题:企业信用—信贷监督—贷款管理

机检标题:6060# $a 企业信用 $x 信贷监督 $x 贷款管理

25.《法学野渡——写给法学院新生》(2010 年出版),CIP 标引为:大学生—入学教育。《对应表》(二版)上有"法学教育"专指词,应标出这个专指词。

手检标题:大学生—法学教育:入学教育

机检标题:6060# $a 大学生 $x 法学教育 $x 入学教育

26.《锡林郭勒生物圈保护区退化生态系统管理》(中国生物圈保护区可持续管理案例研究丛书),CIP 标引为:草地—生态环境—环境保护—研究—锡林郭勒盟。该书应用专指词进行专指标引。

手检标题:生物圈保护区—退化草地—生态管理:系统管理—锡林郭勒盟

机检标题:6060# $a 生物圈保护区 $x 退化草地 $x 生态管理 $x 系统管理 $y 锡林郭勒盟

27.《汉语规范史略》,CIP 标引为:汉语规范化—历史。在什么情况下用“历史”标引,《文献标引工作》一书是这样说的:“主题标引专门学科史的著作,当词表中有相应专门学科史的主题词时,选用相应专门学科史的主题词标引;当词表中没有相应专门学科史的主题词时,则选用专门学科概念主题词与上位学科史主题词组配标引;若词表中没有上位学科史的主题词时,则应选用专门学科概念主题词与‘历史’组配标引,‘历史’只作副标题。”经查,词表中有专门学科史“汉语史”叙词,应选用这个专指词作副标题标引,CIP 不用“汉语史”而用“历史”作副标题是错误的。该书应标引为:

手检标题:汉语规范化—汉语史

机检标题:6060# $a 汉语规范化 $x 汉语史

28.《丰子恺谈艺录》(2009 年 10 月出版),CIP 标引为:①音乐—艺术评论—世界—文集,②绘画—艺术评论—世界—文集。《对应表》(二版)上有“音乐评论”与“绘画评论”的专指叙词,应选用这两个叙词分别当主标题,进行专指标引。

手检标题:①音乐评论—世界—文集,②绘画评论—世界—文集

机检标题:6060# $a 音乐评论 $y 世界 $j 文集

6060# $a 绘画评论 $y 世界 $j 文集

29.《水利干部培训实务》, CIP 标引为:干部—培训—中国—学习参考资料。该书讲的是水利系统的干部培训,表上有“干部培训”的专指叙词,在此情况下用“干部”与“培训”组配标引是错误的。该书应标引为:

手检标题:水利系统—干部培训—中国—学习参考资料

机检标题:6060# $a 水利系统 $x 干部培训 $y 中国 $j 学习参考

资料

30.《建筑装饰材料》,CIP 标引为:建筑材料—石材—问答。《对应表》(二版)上“建筑材料”有下位概念“装饰材料”,应用下位概念标引,不应该用上位词“建筑材料”标引。

手检标题:装饰材料:石料—问题解答

机检标题:6060# $a 装饰材料 $x 石料 $j 问题解答

31.《杨树遗传图谱构建与数量性状基因定位》,CIP 标引为:树木学:遗传学。该书书名反映主题,应用与该书相对应的“杨树”等专指词参与组配标引。

手检标题:杨树—植物遗传学—遗传图—图谱—数量性状—基因定位

机检标题:6060# $a 杨树 $x 植物遗传学 $x 遗传图 $x 图谱 $x 数量性状 $x 基因定位

32.《旅游饮食服务业会计》,CIP 标引为:①旅游业—会计,②第三产业—会计。应用与该书相对应的“饮食业”等专指词参与组配标引。

手检标题:①旅游业:服务业—商业会计,②饮食业:服务业—商业会计

机检标题:6060# $a 旅游业 $x 服务业 $x 商业会计

6060# $a 饮食业 $x 服务业 $x 商业会计

33.《隋唐两京考》,CIP 标引为:都城—简介—中国—隋唐时代。序言:长安与洛阳是隋唐时期的东、西两京,本书从其城市、街、坊、官府方面对二城进行比较深入而又广泛的探讨。该书应用专指词标引。

手检标题:①都城(遗址)—隋唐考古—长安(历史地名),②都城(遗址)—隋唐考古—洛阳(历史地名)

或:①长安(历史地名)—都城(遗址)—隋唐考古,②洛阳(历史地名)—都城(遗址)—隋唐考古

机检标题:6060# $a 都城(遗址) $x 隋唐考古 $y 长安(历史地名)

6060# $a 都城(遗址) $x 隋唐考古 $y 洛阳(历史地名)

或:607## $a 长安(历史地名) $x 都城(遗址) $x 隋唐考古

607## $a 洛阳(历史地名) $x 都城(遗址) $x 隋唐考古

34.《西方现代派绘画与平面设计》(2010 年 12 月出版),CIP 标引为:绘画—影响—平面设计—研究—西方国家。《对应表》(二版)上“西方绘画Y 西洋画”,该书专指标法为:

手检标题:西洋画—画派—现代—影响—平面设计—研究

机检标题:6060# $a 西洋画 $x 画派 $z 现代 $x 影响 $x 平面设计 $x 研究

35.《学校文化建设的理论与实践》(2010 年 7 月出版),CIP 标引为:中小学—校园—文化—建设—研究—中国。《对应表》(二版)上有专指词“校园文化(学校文化Y 校园文化)”,副标题应用专指词标引。

手检标题:中小学—校园文化—建设—研究—中国

机检标题:6060# $a 中小学 $x 校园文化 $x 建设 $x 研究 $y 中国

36.《新编基层领导工作手册》,CIP 标引为:领导学—手册。该书应按书名反映主题标引,用专指词表达其主题。

手检标题:基层干部—领导艺术—手册

机检标题:6060# $a 基层干部 $x 领导艺术 $j 手册

37.《衍生品市场基础(英文版)》,(美)麦克唐纳(McDonald,R. L.)著,CIP 标引为:金融市场—教材—英文。该书应用专指词标引,专指地表达主题。

手检标题:金融衍生品—金融衍生市场—高等学校—教材—英文

机检标题:6060# $a 金融衍生品 $x 金融衍生市场 $x 高等学校 $j 教材 $j 英文

38.《中国抗日战争史》,CIP 标引为:抗日战争(1937－1945)—历史—中国。《对应表》(初版)上有“战争史”,该书应选用“战争史”作副标题标引,不应该用“历史”作副标题标引。《对应表》(二版)上有“抗日战争史”这个词,该书应标引为:

手检标题:抗日战争史—中国

机检标题:6060 $a 抗日战争史 $y 中国

39.《君之的 10 分钟蛋糕》(2010 年 9 月出版),CIP 标引为:糕点—制作。《对应表》(二版)上有“蛋糕”的专指叙词,还有“糕点加工”的叙词,该书应标引为:

手检标题:蛋糕—糕点加工

机检标题:6060# $a 蛋糕 $x 糕点加工

40.《明末清初(1582－1687)的格物穷理之学》,CIP 标引为:自然科学史—研究—中国—1582－1687。作者的博导说:本书“是西方自然哲学与中国传统格致学说结合的结果”。作者说:“1582－1687 年间的格物穷理学是中西会通的独特产物,是中国科学发展进程中的独特历史形态。”“格物穷理学来自格物致知”。该书应用专指词标引。

手检标题:①西方哲学:自然哲学—理论研究,②格物致知—理论研究—1582－1687

机检标题:6060# $a 西方哲学 $x 自然哲学 $x 理论研究

6060# $a 格物致知 $x 理论研究 $z1582－1687

41.《赤道的故事》,CIP 标引为:自然地理—普及读物。本书集中叙述赤道故事,包括各种求财宝和荣耀的探险故事。组配标引为:

手检标题:赤道带—探险—普及读物

机检标题:607## $a 赤道带 $x 探险 $j 普及读物

42.《我国区域文化产业竞争力研究》(2011 年 1 月出版),CIP 标引为:区域—文化—产业—市场竞争—研究—中国。《对应表》(二版)上有这方面专指词,应用专指词标引。

手检标题:区域文化—文化产业—产品竞争力—研究—中国

机检标题:6060# $a 区域文化 $x 文化产业 $x 产品竞争力 $x 研

究 $y 中国

43.《道氏理论—市场分析的基石》,CIP 标引为:市场—分析—经济理论。译者前言:“客观的投资要依靠客观的思想方法,客观的理论指导。道氏理论正是指引我们客观投资的晴雨表。”我们应抓住“投资”进行专指标引。

手检标题:市场分析:投资分析—投资理论

机检标题:6060# $a 市场分析 $x 投资分析 $x 投资理论

44.《青春活力果蔬汁》(2010 年 11 月出版),CIP 标引为:①果汁饮料—制作,②蔬菜—饮料—制作,TS275.5。TS275.5 对应的词串是“果汁饮料\食品加工”与“菜汁\饮料\食品加工”,我们应按照词串用专指词参与组配标引。

手检标题:①果汁饮料—食品加工,②菜汁—饮料—食品加工

机检标题:6060# $a 果汁饮料 $x 食品加工

6060# $a 菜汁 $x 饮料 $x 食品加工

45.《红尾鱼养殖与加工技术》,CIP 标引为:①鲤科—淡水养殖,②鲤科—加工。红尾鱼是个商业名称,学名是指鲴鱼与铂鱼。该书应用《对应表》(二版)上专指词进行专指标引。

手检标题:①鲴属—淡水养殖,②鲴属—水产品加工,③红铂属—淡水养殖,④红铂属—水产品加工

机检标题:6060# $a 鲴属 $x 淡水养殖

6060# $a 鲴属 $x 水产品加工

6060# $a 红铂属 $x 淡水养殖

6060# $a 红铂属 $x 水产品加工

46.《果蔬贮藏加工及质量管理技术》,CIP 标引为:①水果—贮藏,②蔬菜—贮藏,③水果加工,④蔬菜加工。全书 657 页,共三大部分:果蔬贮藏保鲜技术(164 页),果蔬加工技术(164 - 524 页),果蔬及其制品的卫生质量管理与控制(525 - 657 页)。这三大部分主题应用《对应表》(二版)上专指词进行专指标引。

手检标题:①果蔬保藏,②果蔬加工,③水果—食品卫生—卫生管

理:质量管理,④蔬菜—食品卫生—卫生管理:质量管理

机检标题:6060# $a 果蔬保藏

6060# $a 果蔬加工

6060# $a 水果 $x 食品卫生 $x 卫生管理 $x 质量管理

6060# $a 蔬菜 $x 食品卫生 $x 卫生管理 $x 质量管理

47.《偃师商城初探》,CIP 标引为:都城—研究—中国—商代。该书应用《对应表》(二版)上专指词进行专指标引。

手检标题:都城(遗址)—古城遗址(考古)—商文化(考古学)—河南—偃师

机检标题:6060# $a 都城(遗址) $x 古城遗址(考古) $x 商文化(考古学) $y 河南 $y 偃师

48.《道路机动车污染测评技术与方法》,CIP 标引为:汽车—污染测定。表上"机动车污染Y 发动机排气",该书很多篇幅是讲噪声污染的,应用《对应表》(二版)上相应的专指词进行专指标引。

手检标题:①发动机排气—排气污染物—污染测定,②机动车—交通噪声—噪声污染—污染测定

机检标题:6060# $a 发动机排气 $x 排气污染物 $x 污染测定

6060# $a 机动车 $x 交通噪声 $x 噪声污染 $x 污染测定

49.《古代诗文选读》,CIP 标引为:①韵文—作品集—中国—古代,②古典散文—作品集—中国。前言:该书是北京大学中文系本科留学生开设先行课的教材。内容包括散文与诗词两大块,都是我国古代典范性作品。应用《对应表》(二版)上专指词进行专指标引。

手检标题:①古典散文—中国—对外汉语教学—高等教育—教材,②古典诗歌—中国—对外汉语教学—高等教育—教材

机检标题:6060# $a 古典散文 $y 中国 $x 对外汉语教学 $x 高等教育 $j 教材

6060# $a 古典诗歌 $y 中国 $x 对外汉语教学 $x 高等教育 $j 教材

50.《赫巴特文集》(该文集共6册:哲学2册,教育3册,心理学1册),CIP 标引为:赫巴特 J. F. (1776 - 1841)—文集。表上没有这个人的名字。该书应按6册学科内容主题用专指词标引。

手检标题:①哲学—文集,②教育学—文集,③心理学—文集

机检标题: 6060# $a 哲学 $j 文集

6060# $a 教育学 $j 文集

6060# $a 心理学 $j 文集

51.《太空学概论》,CIP 标引为:空间探索。太空即外层空间,也就是科学家常说的第四环境(大气层为第三环境,海洋为第二环境,陆地为第一环境),该书应用专指词标引。

手检标题:外层空间—空间科学—概论

机检标题:6060# $a 外层空间 $x 空间科学 $x 概论

6100# $a 太空学

52.《中国梅花大观》,CIP 标引为:①蔷薇科—花卉—观赏园艺,②蔷薇科—花卉—病虫害防治方法。根据《对应表》(初版)第一卷 S685.17(梅花)对应的词串标引应是:

手检标题:①腊梅科—花卉—观赏园艺,②腊梅科—花卉—病虫害防治

机检标题:6060# $a 腊梅科 $x 花卉 $x 观赏园艺

6060# $a 腊梅科 $x 花卉 $x 病虫害防治

根据《对应表》(二版),该书应标引为:

手检标题:①梅花—观赏园艺,②梅花—病虫害防治

机检标题:6060# $a 梅花 $x 观赏园艺

6060# $a 梅花 $x 病虫害防治

53.《糖尿病的非药物疗法》,CIP 标引为:糖尿病—疗法,非药物。这种标法对检索不利。从该书内容提要看,非药物疗法的具体内容是食物疗法、针灸疗法、运动疗法、气功疗法。标引人员应该在标引规则

允许下用这些专指词作副标题标引,以提供多的检索途径。

手检标题:①糖尿病—食物疗法,②糖尿病—针灸疗法(中医),③糖尿病—气功疗法,④糖尿病—运动疗法

机检标题:6060# $a 糖尿病 $x 食物疗法

6060# $a 糖尿病 $x 针灸疗法(中医)

6060# $a 糖尿病 $x 气功疗法

6060# $a 糖尿病 $x 运动疗法

54.《教育投入的革命》(2011 年 4 月出版),CIP 标引为:教育经费—社会文教支出—研究—中国。《对应表》(二版)上"教育投入Y 教育投资"、"教育革命Y 教育改革",该书应用专指词"教育投资"、"教育改革"当主、副标题标引。

手检标题:教育投资—教育改革—教育研究—中国

机检标题:6060# $a 教育投资 $x 教育改革 $x 教育研究 $y 中国

55.《灵芝与茯苓》《虫草与蜜环菌》《银耳、槐耳语血耳》《香菇与姬松》《猴头菌与黑木耳》《竹荪与灰树花》这 6 本书都属于名贵药用真菌栽培及加工利用丛书,CIP 只对整套丛书的学科内容作了综合标引,而且标得不准确,CIP 标引为:①菌类植物:药用植物—栽培,②菌类植物:药用植物—加工。表上有"真菌"、"药用菌类"、"中草药加工"专指词,应用专指词进行综合标引。

手检标题:①真菌—药用菌类—栽培—丛书,②真菌—药用菌类—中草药加工—丛书

机检标题:6060# $a 真菌 $x 药用菌类 $x 栽培 $j 丛书

6060# $a 真菌 $x 药用菌类 $x 中草药加工 $j 丛书

考虑到用户检索,这 6 本书除做综合标引外,还应对单种书做分散标引,标出单种书内容主题。

如果单位具体标引规则不许可,那可只做分散标引。例如《灵芝与茯苓》:

手检标题:①灵芝—栽培,②灵芝—中草药加工,③茯苓—栽培,④茯苓—中草药加工

机检标题:6060# $a 灵芝 $x 栽培

6060# $a 茯苓 $x 栽培

6060# $a 灵芝 $x 中草药加工

6060# $a 茯苓 $x 中草药加工

56.《化工工艺基础》(化工工作岗位培训教学),CIP 标引为:化工过程—技术培训—教材。该书应按书名反映的主题用专指词标引。

手检标题:化工生产—生产工艺—技术培训—教材

机检标题:6060# $a 化工生产 $x 生产工艺 $x 技术培训 $j 教材

57.《妇产科学实践指南》,CIP 标引为:妇产外科手术。表上没有“妇产外科手术”这个词。书名反映主题,应标引为:

手检标题:①妇产科学—实践能力—指南,②妇科外科手术—指南

机检标题:6060# $a 妇产科学 $x 实践能力 $j 指南

6060# $a 妇科外科手术 $j 指南

58.《树立和落实科学发展观》,CIP 标引为:社会发展—研究—中国—干部教育—教材。《科学发展观学习读本》,CIP 标引为:社会发展—研究—中国—学习参考资料。根据《对应表》(二版),上面两本书都应用“科学观”、“发展观”专指词进行组配标引。

手检标题:科学观:发展观—干部教育—教材

机检标题:6060# $a 科学观 $x 发展观 $x 干部教育 $j 教材

59.《档案信息网络化建设》,CIP 标引为:计算机网络—应用—档案—工作—研究。《对应表》上有专指词“档案工作”、“信息网络”,应该用这两个专指词分别当主、副标题标引。

手检标题:档案工作—信息网络—建设

机检标题:6060# $a 档案工作 $x 信息网络 $x 建设

根据《对应表》(二版),该书应标引为:

手检标题:档案信息—信息网络—建设

机检标题:6060# $a 档案信息 $x 信息网络 $x 建设

60.《含硫原油加工技术》,CIP 标引为:含硫原油—加工。《对应

表》上“石油加工Y石油炼制”，该书应该用专指词“石油炼制”当副标题标引。

手检标题：含硫原油—石油炼制

机检标题：6060# $a 含硫原油 $x 石油炼制

61.《新型彩色显示器维修实测数据宝典》，CIP标引为：显示器—维修—数据。《对应表》上有专指词“维修数据”，应用该词作副标题标引，不应该用“维修与数据”组配标引。

手检标题：显示器—维修数据

机检标题：6060# $a 显示器 $x 维修数据

根据《对应表》（二版），该书应标引为：

手检标题：彩色显示器—维修数据

机检标题：6060# $a 彩色显示器 $x 维修数据

62.《中国农产品和食品检测机构目录》，CIP标引为：①农产品—质量检验—组织机构—中国—目录，②食品检验—组织机构—中国—目录。《对应表》上有专指词“商品检验机构”，应用该词参与组配标引。

手检标题：①农产品—质量检验—商品检验机构—中国—目录，
②食品检验—商品检验机构—中国—目录

机检标题：6060# $a 农产品 $x 质量检验 $x 商品检验机构 $y 中国 $j 目录
6060# $a 食品检验 $x 商品检验机构 $y 中国 $j 目录

63.《土木工程结构振动控制》，CIP标引为：土木工程—结构—振动—控制。该书应用专指词“结构振动”与“振动控制”当副标题、副副标题标引。

手检标题：土木工程—结构振动—振动控制

机检标题：6060# $a 土木工程 $x 结构振动 $x 振动控制

64.《道路和建筑无障碍设计图说》，CIP标引为：①残疾人—城市道路—设计—规范—图解，②残疾人—住宅—建筑设计—规范—图解。《对应表》上有“设计规范”、“残疾人住宅”专指词，应该用专指词参与组配标引。

手检标题:①残疾人—城市道路—设计规范—图解,②残疾人住宅—建筑设计—设计规范—图解

机检标题:6060# $a 残疾人 $x 城市道路 $x 设计规范 $j 图解

6060# $a 残疾人住宅 $x 建筑设计 $x 设计规范 $j 图解

65.《中国丝绸史》,CIP 标引为:丝绸工业—历史—中国。《对应表》上有“工业史”专指词,应用该词作副标题标引。在没有“工业史”的情况下才可用“历史”当副标题标引。

手检标题:丝绸工业—工业史—中国

机检标题:6060# $a 丝绸工业 $x 工业史 $y 中国

66.《图说小康社会》,CIP 标引为:小康—建设—中国。《对应表》上有“社会主义建设”专指词,应用该词作副标题标引。根据《对应表》(二版),该书应标引为:

手检标题:中国特色社会主义—社会主义建设:小康建设

机检标题:6060# $a 中国特色社会主义 $x 社会主义建设 $x 小康建设

67.《中国对外贸易结构论》,CIP 标引为:对外贸易—结构—研究—中国。《对应表》上有“贸易结构”专指词,应用该词作副标题标引。

手检标题:对外贸易—贸易结构—研究—中国

机检标题:6060# $a 对外贸易 $x 贸易结构 $x 研究 $y 中国

68.《色觉奥妙和哲学基础问题》,CIP 标引为:色觉—语义—哲学。《对应表》上有“语义哲学”专指词,应用该词作副标题标引,用“语义”与“哲学”组配是不对的。

手检标题:色觉—语义哲学

机检标题:6060# $a 色觉 $x 语义哲学

69.《中国禁书简史》,CIP 标引为:禁书—文化史—中国。《对应表》上有专指词“图书史”,应用该词当副标题标引。

手检标题:禁书—图书史—中国

机检标题:6060# $a 禁书 $x 图书史 $y 中国

70.《生物农药应用指南》,CIP 标引为:微生物农药—使用—指南。《对应表》上有“农药施用”专指词,应用该词当副标题标引。

手检标题:微生物农药—农药施用—指南

机检标题:6060# $a 微生物农药 $x 农药施用 $j 指南

71.《化工机械维修手册》,CIP 标引为:化工机械—维修—手册。《对应表》上有专指词“机械维修”,应用该词当副标题标引。

手检标题:化工机械—机械维修—手册

机检标题:6060# $a 化工机械 $x 机械维修 $j 手册

72.《神经系统疾病鉴别诊断学》,CIP 标引为:神经系统疾病—诊断学。《对应表》上有专指词“鉴别诊断”,应用该词当副标题标引。

手检标题:神经系统疾病—鉴别诊断—诊断学

机检标题:6060# $a 神经系统疾病 $x 鉴别诊断 $x 诊断学

73.《鲜食葡萄栽培与保鲜技术大全》,CIP 标引为:①葡萄栽培,②葡萄—保鲜。《对应表》上有专指词“食品保鲜”,应用该词当副标题标引。

手检标题:①葡萄栽培,②葡萄—食品保鲜

机检标题:6060# $a 葡萄栽培

6060# $a 葡萄 $x 食品保鲜

74.《重塑证券交易心理——把握市场脉搏的方法和技术》,CIP 标引为:证券交易—心理学。《对应表》上有专指词“市场心理学”,应用该词当副标题标引。

手检标题:证券交易—市场心理学

机检标题:6060# $a 证券交易 $x 市场心理学

75.《解读创新——企业发展模式精要·实证分析》(成功企业模式典范丛书),CIP 标引为:企业管理—模式。《对应表》上有“企业发展”、“发展模式”等专指词,应标引为:

手检标题:①企业创新,②企业发展—发展模式—实证经济学

机检标题:6060# $a 企业创新

6060# $a 企业发展 $x 发展模式 $x 实证经济学

76.《肾功能衰竭中西医结合诊治》,CIP 标引为:肾功能衰竭—中西医结合—诊疗。《对应表》上有专指词“中西医结合疗法”,应用其当副标题标引。

手检标题:肾功能衰竭—中西医结合疗法

机检标题:6060# $a 肾功能衰竭 $x 中西医结合疗法

77.《GSM 手机维修技法精粹》,CIP 标引为:时分多址—移动通信—携带—电话机—维修。《对应表》上有专指词“携带电话机”,应用该词作副副标题标引。

手检标题:时分多址—移动通信—携带电话机—维修

机检标题:6060# $a 时分多址 $x 移动通信 $x 携带电话机 $x 维修

78.《忠告外食族》,CIP 标引为:①饮食—卫生习惯,②食品—选择。前一个标题应用专指词“饮食卫生”当主标题,后一个标题应用专指词“选购”当副标题。

手检标题:①饮食卫生—卫生习惯,②食品—选购

机检标题:6060# $a 饮食卫生 $x 卫生习惯

6060# $a 食品 $x 选购

79.《电路与信号实验指导》(高等学校通信教材),CIP 标引为:①电路—分析—实验—高等学校—教材,②信号系统—实验—高等学校—教材。《对应表》上有专指词“电路分析”与“教学实验”,应用专指词当主、副标题标引。

手检标题:①电路分析—教学实验—高等学校—教材,②信号系统—教学实验—高等学校—教材

机检标题:6060# $a 电路分析 $x 教学实验 $x 高等学校 $j 教材

6060# $a 信号系统 $x 教学实验 $x 高等学校 $j 教材

80.《巫文化视野中的中国古代小说》,CIP 标引为:巫术—影响—小说—研究—中国—古代。《对应表》上有专指词“古典小说”与“小

说研究”,应该用其参与组配标引。

手检标题:巫术—影响—古典小说—小说研究—中国

机检标题:6060# $a 巫术 $x 影响 $x 古典小说 $x 小说研究 $y 中国

81.《预测决策理论与方法》(经济管理系列教材),CIP 标引为:①预测—研究,②决策—研究。《对应表》(二版)上有标引该书的专指词“经济预测学”与“经济决策”,应用专指词参与组配标引。

手检标题:①经济预测学—高等学校—教材,②经济决策—决策学—高等学校—教材

机检标题:6060# $a 经济预测学 $x 高等数学 $j 教材

6060# $a 经济决策 $x 决策学 $x 高等数学 $j 教材

82.《诗经里的世界:公元前 1046 至公元前 771 年的中国故事》,CIP 标引为:中国—古代史—普及读物。应按照 K224 对应词串“古代史\中国\西周时代”标引。

手检标题:古代史—中国—西周时代—通俗读物

机检标题:6060# $a 古代史 $y 中国 $z 西周时代 $j 通俗读物

83.《电子电器用胶黏剂》,CIP 标引为:日用电气器具—胶黏剂。应用专指的“胶黏剂”下位词“电工胶粘剂”当副标题标引。

手检标题:日用电气器具—电工胶粘剂

机检标题:6060# $a 日用电气器具 $x 电工胶粘剂

84.《南海渔业生态环境与生物资源的污染效应研究》,CIP 标引为:①南海—渔业—生态环境—环境污染—研究,②南海—渔业—海洋生物污染—研究。该书是讲海洋渔业的,应用专指词“海洋渔业”作副标题标引。表上“生态环境污染Y 环境污染”,应用“环境污染”作第三级标题标引,不应该用“生态环境与环境污染”组配标引。

手检标题:①南海—海洋渔业—环境污染—研究,②南海—海洋渔业—海洋生物污染—研究

机检标题:607## $a 南海 $x 海洋渔业 $x 环境污染 $x 研究

607## $a 南海 $x 海洋渔业 $x 海洋生物污染 $x 研究

85.《经济动物生态养殖工程技术》(生态·环境与生态工程丛书),CIP 标引为:经济动物—饲养管理。该书书名反映主题,应用"生态养殖"、"工程技术"专指词参与组配标引。

手检标题:经济动物—生态养殖—工程技术

机检标题:6060# $a 经济动物 $x 生态养殖 $x 工程技术

86.《继承 创新 发展:清华大学图书馆 90 周年纪念文集》,CIP 标引为:院校图书馆—图书馆工作—文集。应用"北京"与"纪念文集"参与组配标引,或用"清华大学"当主标题标引。

手检标题:院校图书馆—图书馆工作—北京—纪念文集

或:清华大学—图书馆工作—纪念文集

机检标题:6060# $a 院校图书馆 $x 图书馆工作 $y 北京 $j 纪念文集

或:60102 $a 清华大学 $x 图书馆工作 $j 纪念文集

87.《自主购药用药常识》,CIP 标引为:药物—基本知识。"购药"应用专指词"药品"与"选购"组配标引,"用药"应用"用药法"标引。本书应标引为:

手检标题:①药品—选购—基本知识,②用药法—基本知识

机检标题:6060# $a 药品 $x 选购 $x 基本知识

6060# $a 用药法 $x 基本知识

88.《党的最高纲领与最低纲领的统一论》(邓小平理论和"三个代表"重要思想研究丛书),CIP 标引为:中国共产党—党纲—研究。词表上有专指词"最高纲领"与"最低纲领",在这种情况下用上位概念"党纲"当副标题标引是错误的。应标引为:

手检标题:①中国共产党—最高纲领—理论研究,②中国共产党—最低纲领—理论研究

机检标题:60102 $a 中国共产党 $x 最高纲领 $x 理论研究

60102 $a 中国共产党 $x 最低纲领 $x 理论研究

89.《建筑抗震设计图说》,CIP 标引为:建筑结构—抗震设计—图解。在《对应表》(初版)上没有"抗震设计"的这个词,应用专指词参

与组配标引。

手检标题:建筑结构:抗震结构—结构设计—图解

机检标题:6060# $a 建筑结构 $x 抗震结构 $x 结构设计 $j 图解

在《对应表》(二版)上“抗震设计”为非正式叙词,正式叙词为“防震设计”,该书应标引为:

手检标题:建筑设计:防震设计—图解

机检标题:6060# $a 建筑设计 $x 防震设计 $j 图解

90.《施工质量项目控制》(建筑工程施工项目管理系列手册),CIP 标引为:建筑工程—工程质量—质量管理。应用专指词参与组配标引。

手检标题:建筑施工企业—施工管理:质量管理:项目管理

机检标题:6060# $a 建筑施工企业 $x 施工管理 $x 质量管理 $x 项目管理

91.《逻辑思维训练 500 题》,CIP 标引为:逻辑思维—训练。副标题应选用“思维训练”标引,专指地表达该书主题。

手检标题:逻辑思维—思维训练

机检标题:6060# $a 逻辑思维 $x 思维训练

92.《对外直接投资战略抉择》,CIP 标引为:企业—对外投资:直接投资—研究—中国。应标出“投资战略”等专指概念。根据《对应表》(二版),该书应标引为:

手检标题:中国经济:企业经济—对外投资:直接投资—投资战略—研究

机检标题:6060# $a 中国经济 $x 企业经济 $x 对外投资 $x 直接投资 $x 投资战略 $x 研究

93.《胃肠及肝胆疾病鉴别诊断学》,CIP 标引为:消化系统疾病—鉴别诊断。这是一种在有专指词供组配标引的情况下用上位概念当主标题标引的一种越级组配,对检索很不利。“消化系统疾病”下位概念有 72 个,用户用其检索必然会检索到一些无用资料。专指标法应为:

手检标题:①胃肠病—鉴别诊断,②肝疾病—鉴别诊断,③胆道疾病—鉴别诊断

机检标题:6060# $a 胃肠病 $x 鉴别诊断

6060# $a 肝疾病 $x 鉴别诊断

6060# $a 胆道疾病 $x 鉴别诊断

94.《光纤与光缆技术》(高校教材),CIP 标引为:①光学纤维,②光缆。“光纤”是“光导纤维”的简称,“光学纤维”与“光导纤维”之间为上下位关系,用“光学纤维”标引是越级标引,应用“光学纤维”的下位概念“光导纤维”标引,还应标出高校教材。

手检标题:①光导纤维—高校学校—教材,②光缆—高等学校—教材

机检标题:6060# $a 光导纤维 $x 高校学校 $j 教材

6060# $a 光缆 $x 高等学校 $j 教材

95.《提高可持续发展保障能力——全国国土资源规划工作会议专辑》,CIP 标引为:国土资源—规划—会议资料—中国。《对应表》上有专指词“国土规划”,且是“规划”的下位概念,应用下位概念标引。

手检标题:国土资源—国土规划—工作会议—中国—文集

机检标题:6060# $a 国土资源 $x 国土规划 $x 工作会议 $y 中国 $j 文集

96.《铁路运输合同》,CIP 标引为:铁路运输—经济合同。《对应表》上“经济合同”是上位概念,该书应用其下位概念“运输合同”当副标题标引。

手检标题:铁路运输—运输合同

机检标题:6060# $a 铁路运输 $x 运输合同

97.《开放的物资管理信息系统》,CIP 标引为:物资管理—信息系统。副标题应是“管理信息系统”,而不是上位概念“信息系统”。

手检标题:物资管理—管理信息系统

机检标题:6060# $a 物资管理 $x 管理信息系统

98.《南京国民政府内债问题研究(1927 - 1937)》,CIP 标引为:

国民政府—公债—研究—南京市—1927－1937。应用专指词“内债”当副标题标引。

手检标题:国民政府—内债—研究—南京—1927－1937

机检标题:60102# $a 国民政府 $x 内债 $x 研究 $y 南京 $z 1927－1937

99.《声乐曲选集 中国作品》(高等师范院校试用教材),CIP 标引为:歌曲—作品综合集—中国—现代。《莫扎特 D 大调奏鸣曲:为两支长笛而作》,CIP 标引为:长笛—器乐曲—奥地利。《温蓝色狂想曲》,CIP 标引为:钢琴—器乐曲—美国。《罗德 24 首随想曲》,CIP 标引为:小提琴—器乐曲—法国。这 4 本书都属于越级组配。第一册应用“歌曲”的上位概念“声乐曲”当主标题标引。

手检标题:声乐曲—音乐作品—中国—师范大学—教材

机检标题:6060# $a 声乐曲 $x 音乐作品 $y 中国 $x 师范大学 $j 教材

第二册应用“器乐曲”的下位概念“奏鸣曲”当副标题标引。

手检标题:长笛—奏鸣曲—奥地利

机检标题:6060# $a 长笛 $x 奏鸣曲 $y 奥地利

第三册应用“器乐曲”的下位概念“钢琴曲”与“狂想曲”进行交叉组配标引。

手检标题:钢琴曲:狂想曲—美国

机检标题:6060# $a 钢琴曲 $x 狂想曲 $y 美国

第四册应用“器乐曲”的下位概念“随想曲”当副标题标引。

手检标题:小提琴—随想曲—法国

机检标题:6060# $a 小提琴 $x 随想曲 $y 法国

100.《读红随考录》,CIP 标引为:《红楼梦》研究—版本。冯其庸序:本书“是《红楼梦》研究中着重研究《红楼梦》初期抄本的”。“抄本”是“版本”的下位词,应用“抄本”当副标题标引。

手检标题:《红楼梦》研究—抄本

机检标题:6060# $a《红楼梦》研究 $x 抄本

101.《显示器电路原理图集》,CIP 标引为:微型计算机—显示器—电路图—图集。该书讲的显示器是 7 种大屏显示器与 5 种多频彩色显示器。该书应用这两种显示器作副标题标引,不应该用其上位概念“显示器”标引。

手检标题:①微型计算机—大屏幕显示器—电路图—图集,②微型计算机—彩色多频显示器—电路图—图集

机检标题:6060# \$a 微型计算机 \$x 大屏幕显示器 \$x 电路图 \$j 图集

6060# \$a 微型计算机 \$x 彩色多频显示器 \$x 电路图 \$j 图集

102.《高等教学若干问题研究》,CIP 标引为:高等教育—研究—中国。该书应用专指词“教育研究”当副标题标引。

手检标题:高等教育—教育研究—中国

机检标题:6060# \$a 高等教育 \$x 教育研究 \$y 中国

103.《祝禧讲语文》(2010 年 5 月出版),CIP 标引为:语文课—教学研究—小学。《语文的原点:本色语文的主张与实践》(2011 年 2 月出版),CIP 标引为:语文课—教学研究—中学。《吴正宪的儿童数学教育:真心与儿童做朋友》(2010 年 6 月出版),CIP 标引为:数学课—教学研究—小学。《化学教学研究》(2010 年 6 月出版),CIP 标引为:化学课—教学研究—中学。《对应表》(二版)上“课程”为族首词,其下“数学课”、“语文课”、“化学课”都有下位概念“小学数学课”、“小学语文课”、“中学语文课”、“中学化学课”,应选用下位词标引。

第一本手检标题:小学语文课—教学研究

机检标题:6060# \$a 小学语文课 \$x 教学研究

第二本手检标题:中学语文课—教学研究

机检标题:6060# \$a 中学语文课 \$x 教学研究

第三本手检标题:小学数学课—教学研究

机检标题:6060# \$a 小学数学课 \$x 教学研究

第四本手检标题:中学化学课—教学研究

机检标题:6060# $a 中学化学课—教学研究

104.《食用菌贮藏与加工技术》,CIP 标引为:①食用菌类—贮藏,②食用菌类—加工。食用菌属于蔬菜,根据词表收词情况,第一个副标题应用“贮藏”的下位概念“食品贮藏”标引,第二个副标题应用专指词“蔬菜加工”标引,该书应标引为:

手检标题:①食用菌—食品贮藏,②食用菌—蔬菜加工

机检标题:6060# $a 食用菌 $x 食品贮藏

6060# $a 食用菌 $x 蔬菜加工

105.《保守主义的含义》,(英)Roger Scrutom 著,CIP 标引为:保守主义—政治—思想史—研究—英国。应该用专指词“政治思想史”当副标题标引,不应该用“政治”与“思想史”组配标引。

手检标题:保守主义—政治思想史—研究—英国

机检标题:6060# $a 保守主义 $x 政治思想史 $x 研究 $y 英国

106.《园林美学》,CIP 标引为:园林艺术—艺术—美学。该书应用专指词“艺术美学”当副标题标引。

手检标题:园林艺术—艺术美学

机检标题:6060# $a 园林艺术 $x 艺术美学

107.《常用有毒中药的毒性分析与配伍宜忌》,CIP 标引为:①中草药—毒理学,②中药配伍—禁忌。该书应用专指词组配标引。

手检标题:①中草药—药物毒性—药物分析,②中药配伍—配伍禁忌

机检标题:6060# $a 中草药 $x 药物毒性 $x 药物分析

6060# $a 中药配伍 $x 配伍禁忌

108.《国产轿车维修数据手册》,CIP 标引为:轿车—车辆修理—数据—手册。应用专指词“维修数据”作副副标题标引。

手检标题:轿车—车辆修理—维修数据—中国—手册

机检标题:6060# $a 轿车 $x 车辆修理 $x 维修数据 $y 中国 $j 手册

109.《公务员能力建设读本》(大规模培训公务员系列教材),CIP

标引为:公务员—培训—教材。该书应该用专指词“能力培训”作副标题标引。

手检标题:公务员—能力培训—教材

机检标题:6060# $a 公务员 $x 能力培训 $j 教材

110.《美国与世界经济——未来十年美国的对外经济政策》,CIP 标引为:①经济—研究—美国,②经济—研究—世界。该书应用专指词进行组配标引。

手检标题:①对外经济政策—美国,②世界经济—国际经济关系—美国

机检标题:6060# $a 对外经济政策 $y 美国

6060# $a 世界经济 $x 国际经济关系 $y 美国

111.《漫步百草园》,CIP 标引为:植物—普及读物。内容提要:本书是一部介绍药用植物的科普读物。表上有“植物”的下位概念“药用植物”,在这种情况下用其上位概念“植物”当主标题标引是不对的。该书应标引为:

手检标题:药用植物—普及读物

机检标题:6060# $a 药用植物 $j 普及读物

112.《新型稳压电源及应用实例》,CIP 标引为:稳定电源。《对应表》上“电源”是族首词,“稳定电源”是“稳压电源”的上位概念叙词,应用下位词“稳压电源”当主标题进行专指标引。

手检标题:稳压电源—基本知识

机检标题:6060# $a 稳压电源 $x 基本知识

113.《肖像素描》(2010 年 10 月出版),(意)席瓦尔第(Civardi, G.)著,侯新鹏译,CIP 标引为:肖像画—素描—技法(美术)—教材。《美国漫画脚本写作教程》(2010 年 11 月出版),(美)戴维(David, D.)著,梁卿译,CIP 标引为:漫画—技法(美术)—教材。《写意梅花十招》(2011 年 1 月出版),CIP 标引为:梅—写意画:花卉画—技法(美术)。《跟我学泥塑》(2011 年 5 月出版),CIP 标引为:泥塑—技法(美术)—少年读物。《对应表》(二版)上“技法(美术)”为族首词,下位词有

“绘画技法”、“素描技术”、“雕塑技法”，这4本书都应用下位词参与组配，专指地表达主题。

第一本手检标题：肖像画—素描技术—教材

机检标题：6060# $a 肖像画 $x 素描技法 $j 教材

第二本手检标题：漫画—绘画技法—教材

机检标题：6060# $a 漫画 $x 绘画技法 $j 教材

第三本手检标题：梅—写意画：花卉画—绘画技法—教材

机检标题：6060# $a 梅 $x 写意画 $x 花卉画 $x 绘画技法 $j 教材

第四本手检标题：泥塑—雕塑技法—少年读物

机检标题：6060# $a 泥塑 $x 雕塑技法 $j 少年读物

114.《上海工业发展报告》，CIP 标引为：制造工业—经济发展—研究报告—上海市。副标题应用“经济发展”的下位概念“工业发展”标引。

手检标题：制造工业—工业发展—研究报告—上海

机检标题：6060# $a 制造工业 $x 工业发展 $x 研究报告 $y 上海

115.《2007年：中国女性生活状况报告》（2007年12月出版），CIP 标引为：女性—生活—状况—中国—2007。副标题应用专指词“生活状况”参与组配标引，用“生活”与“状况”组配是不对的。

手检标题：女性—生活状况—中国—2007

机检标题：6060# $a 女性 $x 生活状况 $y 中国 $z2007

116.《国人必知的2300个唐诗鉴赏常识：国人必知之一》，CIP 标引为：唐诗—鉴赏—通俗读物。副标题应用专指词“诗歌欣赏”标引。

手检标题：唐诗—诗歌欣赏—通俗读物

机检标题：6060# $a 唐诗 $x 诗歌欣赏 $j 通俗读物

117.《出租车司机健康指南》，CIP 标引为：出租汽车—驾驶员—保健—指南。《对应表》（二版）上“驾驶员”是个上位概念，其下位概念是“汽车驾驶员”，应用下位词当副标题标引，用上位词标引是越级组配。

手检标题:出租汽车—汽车驾驶员—健康教育—指南

机检标题:6060# $a 出租汽车 $x 汽车驾驶员 $x 健康教育 $j 指南

118.《癌症免疫治疗》,CIP 标引为:癌—免疫疗法。应用“免疫疗法”的下位概念“肿瘤免疫疗法”当副标题标引。该书应标引为:

手检标题:癌—肿瘤免疫疗法

机检标题:6060# $a 癌 $x 肿瘤免疫疗法

119.《果树逆境生理》,CIP 标引为:果树—生理学。应用《对应表》上“植物生理学”这个专指词当副标题标引。

手检标题:果树—植物生理学

机检标题:6060# $a 果树 $x 植物生理学

120.《公路路基设计规范》,CIP 标引为:公路路基—设计—规范—中国。该书应该用专指词“设计规范”当副标题标引。

手检标题:公路路基—设计规范—中国

机检标题:6060# $a 公路路基 $x 设计规范 $y 中国

121.《为万民立法:罗马人的贡献》,CIP 标引为:古罗马—历史—通俗读物。应选用“历史”的下位概念“古代史”标引,应按 K126 对应词串“古代史\古罗马”标引。

手检标题:古代史—古罗马—通俗读物

机检标题:6060# $a 古代史 $x 古罗马 $j 通俗读物

122.《近代社会变迁中的上海律师》,CIP 标引为:律师制度—历史—上海市—近代。应选用专指词“法制史”当副标题标引,应标引为:

手检标题:律师制度—法制史—上海—近代

机检标题:6060# $a 律师制度 $x 法制史 $y 上海 $z 近代

123.《铁血浪漫:中世纪骑士》,CIP 标引为:骑士(欧洲中世纪)—历史。应选用“历史”的下位概念“中世纪史”当副标题标引。应标引为:

手检标题:骑士(欧洲中世纪)—中世纪史

机检标题:6060# $a 骑士(欧洲中世纪) $x 中世纪史

124.《比较文学论》,CIP 标引为:比较文学—研究。应选用专指词“文学研究”当副标题标引,应标引为:

手检标题:比较文学—文学研究

机检标题:6060# $a 比较文学 $x 文学研究

125.《刘师培:中国古代文学史》(2010 年 4 月出版),CIP 标引为:①文学史—研究—中国—汉代,②文学史—研究—中国—魏晋南北朝时代,③经学—研究—中国—古代。《对应表》(二版)上有这方面专指词:“中国文学”、“古代文学史”、“文学史研究”,应用专指词进行组配标引。

手检标题:①中国文学—古代文学史—文学史研究—汉代,②中国文学—古代文学史—文学史研究—魏晋南北朝时代,③经学—研究—中国—古代

机检标题:6060# $a 中国文学 $x 古代文学史 $x 文学史研究 $z 汉代

6060# $a 中国文学 $x 古代文学史 $x 文学史研究 $z 魏晋南北朝时代

6060# $a 经学 $x 研究 $y 中国 $z 古代

126.《毛泽东评〈水浒传〉》(2009 年 6 月出版),CIP 标引为:毛泽东(1893 - 1976)—评论—水浒传。《对应表》上有专指词“《水浒》评论”,应选用该词当副标题。

手检标题:毛泽东(1893 - 1976)—《水浒》评论

机检标题:600#0 $a 毛泽东 $f(1893 - 1976) $x《水浒》评论

127.《中国当代文学 60 年:1949 - 2009》(2010 年 1 月出版),CIP 标引为:当代文学—文学史—中国—1949 - 2009。应用“中国文学”放在前面标引,应用“文学史”的下位概念“现代文学史”参与组配标引。

手检标题:中国文学:当代文学—现代文学史—1949 - 2009

机检标题:6060 # $a 中国文学 $x 当代文学 $x 现代文学史 $z1949 - 2009

128.《宁夏人口发展研究报告:2009》(2010 年 1 月出版),CIP 标引为:人口—发展—研究报告—宁夏—2009。《对应表》(二版)上“人口发展Y 人口增长”,该书应选用专指的正式叙词“人口增长”标引,用“人口”与“发展”组配是不对的。

手检标题:人口增长—研究报告—宁夏—2009

机检标题:6060# $a 人口增长 $x 研究报告 $y 宁夏 $z2009

129.《细解家居风格 1000 例》(2010 年出版),CIP 标引为:住宅—室内装修—建筑设计—图集。《对应表》(二版)上有“室内装饰设计”这个专指词,应用该词当副标题标引。

手检标题:住宅—室内装饰设计—图集

机检标题:6060# $a 住宅 $x 室内装饰设计 $j 图集

130.《你是怎么来的:35 亿年的人体之旅》(2009 年 9 月出版),CIP 标引为:人类—进化—普及读物。《对应表》(二版)上有“人类进化”的专指词,在有专指词的情况下用“人类与进化”组配标引是不对的。

手检标题:人类进化—普及读物

机检标题:6060# $a 人类进化 $j 普及读物

131.《从废园到燕园》(2009 年 8 月出版),CIP 标引为:燕京大学—校园—规划。《对应表》(二版)上有“校园规划”专指词,应用专指词当副标题标引。

手检标题:燕京大学—校园规划

机检标题:60102 $a 燕京大学 $x 校园规划

132.《四野名将》(2010 年 4 月出版),CIP 标引为:第四野战军—将军—生平事迹—中国。《对应表》初版、二版上都只有“野战军”这个叙词,在这种情况下不应该增词(第四野战军)标引,应按词表标引。

手检标题:野战军—将军—生平事迹—中国

机检标题:6060# $a 野战军 $x 将军 $x 生平事迹 $y 中国

133.《繁枝有待:江南文化产业发展》(2010 年出版),CIP 标引为:文化—产业—发展—研究—华东地区。《对应表》(二版)上有与该书相对应的专指词“文化产业”，应用专指词参与组配标引。

手检标题：文化产业—产业发展—研究—华东地区

机检标题：6060# $a 文化产业 $x 产业发展 $x 研究 $y 华东地区

134.《乳品机械与设备》（2010 年出版），CIP 标引为：乳制品—食品加工—生产设备—高等学校：技术学校—教材，TS252.4。TS252.3（机械与设备）对应的词与词串是“乳品工业\食品加工机械；乳品加工设备”，该书应标引为：

手检标题：①乳品工业—食品加工机械—高等学校：技术学校—教材，②乳品加工设备—高等学校：技术学校—教材

机检标题：6060# $a 乳品工业 $x 食品加工机械 $x 高等学校 $x 技术学校 $j 教材

6060# $a 乳品加工设备 $x 高等学校 $x 技术学校 $j 教材

135.《花卉栽培入门手册》（2009 年 9 月出版），CIP 标引为：花卉—观赏园艺—手册。应用专指词“栽培技术”当副标题标引。

手检标题：花卉—栽培技术—手册

机检标题：6060# $a 花卉 $x 栽培技术 $j 手册

136.《宋词二十讲》（2009 年出版），CIP 标引为：宋词—文学研究。《无可奈何花落去：二晏词》（2010 年出版），CIP 标引为：宋词—文学欣赏。这两本书的副标题都应选用《对应表》（二版）上“文学研究”的下位概念“诗词研究”标引，专指地表达主题。这两本书都应标引为：

手检标题：宋词—诗词研究

机检标题：6060# $a 宋词 $x 诗词研究

137.《维梅尔的帽子——从一幅画看全球化贸易的兴起》（2010 年 7 月出版），CIP 标引为：国际贸易—经济史—世界—17 世纪。《对应表》（二版）上有专指词贸易史，且是“经济史”的下位概念，应用下位概念当副标题标引，专指地表达主题。

手检标题：国际贸易—贸易史—17 世纪

机检标题:6060# $a 国际贸易 $x 贸易史 $z17 世纪

138.《道德箴言录》(2009 年 12 月出版),CIP 标引为:道德修养—通俗读物。副标题应选用《对应表》(二版)上专指词标引,专指地表达主题。该书应标引为:

手检标题:道德修养—箴言—语录

机检标题:6060# $a 道德修养 $x 箴言 $x 语录

139.《轻松学养木本花卉》(2010 年 6 月出版),CIP 标引为:木本植物:花卉—观赏—园艺。《对应表》(二版)上有"木本花卉"、"观赏园艺"的专指词,应用专指词组配标引。

手检标题:木本花卉—观赏园艺

机检标题:6060# $a 木本花卉 $x 观赏园艺

140.《废轮胎回收加工利用》(2008 年 7 月出版),CIP 标引为:①轮胎—回收,②轮胎—化学加工。《对应表》(二版)上有"旧轮胎"、"废物回收"等专指词,应选用专指词进行组配标引。

手检标题:①旧轮胎—废物回收,②旧轮胎—化学加工—加工利用

机检标题:6060# $a 旧轮胎 $x 废物回收

6060# $a 旧轮胎 $x 化学加工 $x 加工利用

141.《环境影响评价》(2008 年 7 月出版),CIP 标引为:环境影响—评价—高等学校—教材。本书应按 X820.3 对应的词串"环境影响\环境质量评价"标引。

手检标题:环境影响—环境质量评价—高等学校—教材

机检标题:6060# $a 环境影响 $x 环境质量评价 $x 高等学校 $j 教材

142.《权变中国人力资源管理》(2010 年 9 月出版),CIP 标引为:企业管理—劳动力资源—资源管理—研究—中国。《对应表》(二版)上有"人力资源管理"的专指词,应选用这个专指词参与组配标引。

手检标题:企业管理:人力资源管理—研究—中国

机检标题:6060# $a 企业管理 $x 人力资源管理 $x 研究 $y 中国

143.《社会工作模式:理论与应用》(2010年3月出版),CIP标引为:社会工作—研究—中国。内容提要说:“本书系统梳理和全面总结了社会工作常用的一些服务模式,其内容几乎涵盖了当前广泛应用于社会实践中的各种主要社会工作模式。”主题标引应标出“工作模式”,专指地标引该书主题。

手检标题:社会工作—工作模式—研究—中国

机检标题:6060# $a 社会工作 $x 工作模式 $x 研究 $y 中国

144.《鹦鹉驯养与鉴赏》(2009年4月出版),CIP标引为:鹦鹉科—饲养管理。该书应按S865.3+5对应的词串“鹦鹉\驯养”标引,专指地表达主题。

手检标题:鹦鹉—驯养

机检标题:6060# $a 鹦鹉 $x 驯养

145.《家庭关系和谐法》(2010年8月出版),CIP标引为:家庭—人际关系—通俗读物。该书书名反映主题。《对应表》(二版)上有与其相应的专指词“家庭关系与和谐”,应用专指词组配标引。

手检标题:家庭关系—和谐—方法

机检标题:6060# $a 家庭关系 $x 和谐 $x 方法

146.《自适应光学图像复原原理与方法》(2010年出版),CIP标引为:自适应性—光学—图像处理—研究。《对应表》(二版)上“图象复原Y图象恢复法”,标引时应选专指词“图象恢复法”作第三级标题标引。该书应标引为:

手检标题:自适应性—光学—图象恢复法—研究

机检标题:6060# $a 自适应性 $x 光学 $x 图象恢复法 $x 研究

147.《堤坝白蚁防治技术》(2010年12月出版),CIP标引为:坝—白蚁科—防治。《对应表》(二版)上有专指词“堤坝”与“白蚁防治”,该书应用专指词组配标引。

手检标题:堤坝—白蚁防治

机检标题:6060# $a 堤坝 $x 白蚁防治

148.《水利工程施工监理实务》(2010年3月出版),CIP标引为:

水利工程—工程施工—监督管理—高等学校:技术学校—教材。该书书名反映主题,《对应表》(二版)上有与其相应的专指词“施工监理”,应选用该词参与组配标引。

手检标题:水利工程—施工监理—高等学校:技术学校—教材

机检标题:6060# $a 水利工程 $x 施工监理 $x 高等学校 $x 技术学校 $j 教材

149.《水利水电工程施工技术创新实践》(2010 年出版),CIP 标引为:①水利工程—工程施工,②水力发电工程—工程施工。该书书名反映主题,《对应表》(二版)上有与其相对应的专指词“水利水电工程”,应选用该词当主标题;表上“技术创新Y 技术革新”,应选用该词作副副标题标引。该书应标引为:

手检标题:水利水电工程—工程施工—技术革新

机检标题:6060# $a 水利水电工程 $x 工程施工 $x 技术革新

150.《系统辨识及其在水电能源中的应用》(2007 年 12 月出版),CIP 标引为:①系统辨识—应用—水资源管理,②系统辨识—应用—电力系统。“水电能源”应是“水电资源:能源”。该书应标引为:

手检标题:①系统辨识—应用—水资源管理,②系统辨识—应用—水电资源:能源

机检标题:6060# $a 系统辨识 $x 应用 $x 水资源管理

6060# $a 系统辨识 $x 应用 $x 水电资源 $x 能源

151.《国际新锐景观事务所作品集:SLA》(2008 年 4 月出版),韩国 C3 出版公社编,杨霞等译,CIP 标引为:城市—景观—建筑设计—作品集—世界。《对应表》(二版)上有“城市景观”、“景观设计”的专指词,应用专指词当主、副标题标引。该书应标引为:

手检标题:城市景观—景观设计—作品集—世界

机检标题:6060# $a 城市景观 $x 景观设计 $x 作品集 $y 世界

152.《园林绘画》(2010 年 1 月出版),CIP 标引为:园林艺术—绘画—技法(美术)—高等学校:技术学校—教材。《对应表》(二版)上“技法(美术)”为族首词,其下有下位概念“绘画技法”,应用这个专指

的下位概念当副标题标引。该书应标引为:

手检标题:园林艺术—绘画技法—高等学校:技术学校—教材

机检标题:6060# $a 园林艺术 $x 绘画技法 $x 高等学校 $x 技术学校 $j 教材

153.《数字化成图:最新 AutoCAD 地形图测绘高级开发》(2008 年 8 月出版),CIP 标引为:地形图—数字化制图—应用软件,AutoCAD。《对应表》(二版)上“绘图软件”有下位概念“AutoCAD 软件”,应用这个专指的下位概念当副副标题标引。

手检标题:地形图—数字化制图—AutoCAD 软件

机检标题:6060# $a 地形图 $x 数字化制图 $x AutoCAD 软件

154.《老年人居住区环境规划与设计》(2009 年出版),CIP 标引为:①老年人—居住区—城市规划,②老年人—居住区—环境设计。这里有两个问题:一是没有用专指词标引,二是词表上没有“环境设计”这个词。该书用专指词标引:

手检标题:①老年人住宅—住宅区规划:环境规划,②老年人住宅—居住建筑—建筑设计

机检标题:6060# $a 老年人住宅 $x 住宅区规划 $x 环境规划

6060# $a 老年人住宅 $x 居住建筑 $x 建筑设计

155.《新版市政工程允许偏差速查手册》(2009 年 10 月出版),CIP 标引为:市政工程—误差—手册。《对应表》(二版)上“误差”有下位概念“容许误差”,应用这个专指的下位词当副标题标引,专指地表达主题。

手检标题:市政工程—容许误差—手册

机检标题:6060# $a 市政工程 $x 容许误差 $j 手册

156.《Mathematica 在化学化工中的应用》(2010 年 9 月出版),CIP 标引为:①化学—应用软件,Mathematica,②化学工业—应用软件,Mathematica。《对应表》(二版)上“应用软件”有下位概念“Mathematica 软件”,应用这个专指的软件当主标题标引,不应该采用“应用软件,Mathematica”的形式标引。该书应标引为:

手检标题:①Mathematica 软件—应用—化学,②Mathematica 软件—应用—化学工业

机检标题:6060# $aMathematica 软件 $x 应用 $x 化学

6060# $a Mathematica 软件 $x 应用 $x 化学工业

157.《金矿床模型》(2008 年 10 月出版),CIP 标引为:金矿床—建立模型—研究。《对应表》(二版)上"成矿模型Y 成矿模式",该书应用专指的正式叙词"成矿模式"当副标题标引。

手检标题:金矿床—成矿模式—研究

机检标题:6060# $a 金矿床 $x 成矿模式 $x 研究

158.《中国古生代气候研究》(2001 年出版),CIP 标引为:古生代—气候变化—研究—中国。初版《对应表》上有"古气候"叙词,应选用"古气候"这个专指词作第二级标题标引。

手检标题:古生代—古气候—气候变化—研究—中国

机检标题:6060# $a 古生代 $x 古气候 $x 气候变化 $x 研究 $y 中国

159.《地表水环境信息管理与事故应急决策系统:以深圳湾为例》(2010 年出版),CIP 标引为:①地面水—环境管理—管理信息系统—深圳市,②地面水—紧急事件—处理—深圳市。①的标题应标出"水环境、环境信息",并应用"环境管理"与"信息管理"进行交叉组配标引。②的标题中"紧急事件"是个自由词,《对应表》(二版)上没有这个词。该标题应标出"水环境与事故处理",并应用"应急系统"与"决策系统"进行交叉组配标引。该书应标引为:

手检标题:①地面水—水环境—环境信息—环境管理:信息管理—深圳,②地面水—水环境—事故处理—应急系统:决策系统—深圳

机检标题:6060# $a 地面水 $x 水环境 $x 环境信息 $x 环境管理 $x 信息管理 $y 深圳

6060# $a 地面水 $x 水环境 $x 事故处理 $x 应急系统 $x 决策系统 $y 深圳

160.《黄河泥沙若干理论问题研究》(2010 年 12 月出版),CIP 标引为:黄河—泥沙—理论研究。《对应表》(二版)上“泥沙”有下位词“河流泥沙”,应选用这个下位词当副标题标引。

手检标题:黄河—河流泥沙—理论研究

机检标题:607## $a 黄河 $x 河流泥沙 $x 理论研究

161.《大坝安全检测理论与应用》(2010 年 10 月出版),CIP 标引为:大坝—监测。《对应表》(二版)上“监测”有下位词“安全监测”,应用这专指词标引。该书应标引为:

手检标题:大坝—安全监测

机检标题:6060# $a 大坝 $x 安全监测

162.《人类疾病动物模型的复制》(2008 年 7 月出版),CIP 标引为:疾病—实验动物—模型。《对应表》(二版)上“动物”为族首词,其下“实验动物”有下位词“医用实验动物”,应用该词当副标题标引。

手检标题:疾病—医用实验动物—模型

机检标题:6060# $a 疾病 $x 医用实验动物 $x 模型

163.《油气管道腐蚀控制实用技术》(2010 年 7 月出版),CIP 标引为:①石油管道—防腐,②天然气管道—防腐。《对应表》(二版)上有“管道防腐”叙词,应用该叙词作副标题标引。

手检标题:①石油管道—管道防腐,②天然气管道—管道防腐

机检标题:6060# $a 石油管道 $x 管道防腐

6060# $a 天然气管道 $x 管道防腐

164.《石油化工管道安装设计便查手册》(2010 年 4 月出版),CIP 标引为:①石油管道—安装—技术手册,②石油管道—设计—技术手册。《对应表》(二版)上有“管道安装”叙词、“管道设计Y 管线设计”,该书应标引为:

手检标题:①石油管道—管道安装—技术手册,②石油管道—管线设计—技术手册

机检标题:6060# $a 石油管道 $x 管道安装 $x 技术手册

6060# $a 石油管道 $x 管线设计 $x 技术手册

165.《油气管道抢维修技术》(2010 年 9 月出版),CIP 标引为:①石油管道—维修,②天然气管道—维修。《对应表》(二版)上有“管道维修”叙词,该书应标引为:

手检标题:①石油管道—管道维修,②天然气管道—管道维修

机检标题:6060# $a 石油管道 $x 管道维修

6060# $a 天然气管道 $x 管道维修

166.《纸质包装设计》(2008 年 9 月出版),CIP 标引为:纸—包装容器—设计。《对应表》(二版)上有“包装纸”、“包装设计”叙词,应用这两个专指叙词参与组配标引。

手检标题:包装纸—包装容器—包装设计

机检标题:6060# $a 包装纸 $x 包装容器 $x 包装设计

167.《包装动力学》(2010 年 2 月出版),CIP 标引为:包装—动力学—高等学校—教材。该书应用《对应表》(二版)上专指词“包装动力学”当主标题标引,其组配是不对的。

手检标题:包装动力学—高等学校—教材

机检标题:6060# $a 包装动力学 $x 高等学校 $j 教材

168.《煤矿供电系统运行与维护》(2010 年 11 月出版),CIP 标引为:①煤矿—供电装置—运行—高等学校:技术学校—教材,②煤矿—供电装置—维修—高等学校:技术学校—教材。《对应表》(二版)上有“煤矿供电”等专指叙词,该书用专指词参与组配:

手检标题:①煤矿供电—电力系统运行—高等学校:技术学校—教材,②煤矿供电—供电装置—机械维修—高等学校:技术学校—教材

机检标题:6060# $a 煤矿供电 $x 电力系统运行 $x 高等学校 $x 技术学校 $j 教材

6060# $a 煤矿供电 $x 供电装置 $x 机械维修 $x 高等学校 $x 技术学校 $j 教材

169.《玻璃表面装饰》(2011 年 1 月出版),CIP 标引为:玻璃—装饰美术。副标题应用《对应表》(二版)上专指词“表面装饰”参与组配

标引。

手检标题:玻璃—表面装饰

机检标题:6060# $a 玻璃 $x 表面装饰

170.《动物源食品兽药残留分析》(2008 年 7 月出版),CIP 标引为:动物性食品—兽医学—药物—残留物分析。《对应表》(二版)上有“兽用药”叙词,应用该叙词当副标题标引,用“兽医学”与“药物”组配是不对的。

手检标题:动物性食品—兽用药—残留物分析

机检标题:6060# $a 动物性食品 $x 兽用药 $x 残留物分析

171.《醇燃料与灵活燃料汽车》(2010 年 8 月出版),CIP 标引为:①醇—液体燃料,②燃料—汽车。内容提要说:本书填补醇燃料汽车技术领域科技图书的空白,为当前从事能源、热力机械、醇燃料及醇燃料汽车的研究开发、使用及维修人员的必备参考书。《对应表》(二版)上有“醇类燃料”叙词,该书应标引为:

手检标题:①醇类燃料—研究,②醇类燃料—汽车—研究

机检标题:6060# $a 醇类燃料 $x 研究

6060# $a 醇类燃料 $x 汽车 $x 研究

172.《纺纱设备与工艺》(2009 年 5 月出版),CIP 标引为:①纺纱—纺织工艺—高等学校:技术学校—教材,②纺纱—设备—高等学校:技术学校—教材。《纺纱工艺学》(2010 年 2 月出版),CIP 标引为:纺纱—纺织工艺—高等学校—教材。《对应表》(二版)上“纺织工艺”为族首词,其下位词有“纺纱工艺”,应用下位词当主标题,用“纺纱”与族首词“纺织工艺”组配是错误的。表上“纺纱设备Y 纺纱机械”,“纺纱机械”应是主标题。

第一本手检标题:①纺纱工艺—高等学校:技术学校—教材,②纺纱机械—高等学校:技术学校—教材

机检标题:6060# $a 纺纱工艺 $x 高等学校 $x 技术学校 $j 教材

6060# $a 纺纱机械 $x 高等学校 $x 技术学校

$j 教材

第二本手检标题:纺纱工艺—纺纱理论—高等学校—教材

机检标题:6060# $a 纺纱工艺 $x 纺纱理论 $x 高等学校 $j 教材

173.《热带大气和海洋动力学》(2009 年 8 月出版),CIP 标引为:①热带—气象学,②热带—海洋动力学。《对应表》(二版)上有“热带气象学”这个叙词,在此情况下不允许用“热带与气象学”组配标引。该书应标引为:

手检标题:①热带气象学,②热带—海洋动力学

机检标题:6060# $a 热带气象学

6060# $a 热带 $x 海洋动力学

174.《工程精益管理》(2009 年 9 月出版),CIP 标引为:水利工程—管理—中国。《对应表》(二版)上“管理”有下位词“水利工程管理”,在此情况下用“水利工程”与“管理”组配标引是错误的。该书应标引为:

手检标题:水利工程管理—中国

机检标题:6060# $a 水利工程管理 $y 中国

175.《江垭水库》(2007 年出版),CIP 标引为:水库—水利工程—概况—慈利县。《对应表》(二版)上“工程”为族首词,其下位词有“水利工程”,“水利工程”又有下位词“水库工程”,在这种情况下用“水库”与“水利工程”组配标引是错误的。该书应标引为:

手检标题:水库工程—概况—浙江—江垭

机检标题:6060# $a 水库工程 $x 概况 $y 浙江 $y 江垭

176.《世界调水工程》(2009 年出版),CIP 标引为:引水—水利工程—概况—世界。“水利工程”有下位词“调水工程”,在这种情况下用“引水”与“水利工程”组配是错的。该书应标引为:

手检标题:调水工程—概论—世界

机检标题:6060# $a 调水工程 $x 概论 $y 世界

177.《湖泊沉积与环境演化》(2010 年出版),CIP 标引为:①湖

泊—沉积学—研究,②湖泊—自然环境—演变—研究。《对应表》(二版)有与该书相对应的“湖泊沉积物”与“湖相”(湖泊环境Y湖相)等专指词,在有的情况下用“湖泊”与“沉积学”、“自然环境”组配是错误的。该书应标引为:

手检标题:①湖泊沉积物—研究,②湖相—环境演化—研究

机检标题:6060# $a 湖泊沉积物 $x 研究

6060# $a 湖相 $x 环境演化 $x 研究

178.《现代天文学:拓展宇宙》(2008 年 1 月出版),CIP 标引为:天文学—科学家—传记—世界。《对应表》(二版)上有“天文学家”叙词,在有的情况下用“天文学”与“科学家”组配标引是不对的。该书应标引为:

手检标题:天文学家—传记—世界

机检标题:6060# $a 天文学家 $x 传记 $y 世界

179.《2009 水文发展年度报告》(2010 年 6 月出版),CIP 标引为:水文—工作—研究报告—中国—2009。《对应表》(二版)上有“水文工作”叙词,用“水文”与“工作”组配是错误的。该书应标引为:

手检标题:水文工作—研究报告—中国—2009

机检标题:6060# $a 水文工作 $x 研究报告 $y 中国 $z2009

180.《半干旱区主要树种水分生理特性研究》(2010 年 8 月出版),CIP 标引为:干旱区—树种—土壤水—生理现象—研究。《对应表》(二版)上“树种”有下位概念“主要树种”,应用下位概念当副标题,不能用上位概念当副标题。

手检标题:干旱区—主要树种—土壤水—生理特性—研究

机检标题:6060# $a 干旱区 $x 主要树种 $x 土壤水 $x 生理特性 $x 研究

181.《水产品加工与贮藏》(2006 年 6 月出版),CIP 标引为:①水产品—加工,②水产品—贮藏。《对应表》(二版)有“水产品加工”叙词,不应该用“水产品”与“加工”组配标引。第二个标题的“贮藏”应是专指词“食品贮藏”。

手检标题:①水产品加工,②水产品—食品贮藏

机检标题:6060# $a 水产品加工

6060# $a 水产品 $x 食品贮藏

182.《安全仪表控制系统:SIS》(2009 年出版),CIP 标引为:石油化工—安全—检测仪表—自动控制系统—技术培训—教材。《对应表》(二版)上有“安全仪表”叙词,应用“安全仪表”当副标题,不应该用“安全”与“检测仪表”组配标引。

手检标题:石油化工—安全仪表—自动控制系统—技术培训—教材

机检标题:6060# $a 石油化工 $x 安全仪表 $x 自动控制系统 $x 技术培训 $j 教材

183.《经编服装设计与案例》(2009 年 9 月出版),CIP 标引为:针织物:服装—设计。“针织物”是个上位概念,本书的“经编针织物”是其下位概念,应用专指词“经编针织物”当主标题标引。本书应标引为:

手检标题:经编针织物—服装设计

机检标题:6060# $a 经编针织物 $x 服装设计

184.《水产品加工》(2010 年 1 月出版),CIP 标引为:水产品—食品加工—高等学校—教材。《对应表》(二版)上有“水产品加工”专指叙词,且是“食品加工”的下位词,应用这个下位词当主标题,用“水产品”与“食品加工”组配是不对的。

手检标题:水产品加工—高等学校—教材

机检标题:6060# $a 水产品加工 $x 高等学校 $j 教材

185.《低度白酒生产技术》(2010 年 2 月出版),CIP 标引为:白酒—生产工艺。《对应表》(二版)上有“低度白酒”专指词,且是“白酒”的下位词,应用这个下位词当主标题,副标题应是专指词“酿酒”。

手检标题:低度白酒—酿酒

机检标题:6060# $a 低度白酒 $x 酿酒

186.《中小规模肉类加工企业生产技术手册》(2009 年 11 月出

版),CIP 标引为:肉制品—食品加工—技术手册。《对应表》(二版)上有这方面专指词“肉类加工厂”与“肉品加工”,应用其当主、副标题标引。

手检标题:肉类加工厂—肉品加工—技术手册

机检标题:6060# $a 肉类加工厂 $x 肉品加工 $j 技术手册

187.《富阳竹纸:竹纸天工解读 竹纸文化探究》(2010 年 2 月出版),CIP 标引为:竹亚科—造纸—研究—富阳市,TS721。本书应按 TS721⁺.2 对应的词串“造纸原料\毛竹”标引,专指地表达主题。

手检标题:造纸原料—毛竹—研究—浙江—富阳

机检标题:6060# $a 造纸原料 $x 毛竹 $x 研究 $y 浙江 $y 富阳

188.《民航机场工程管理与实务》(2010 年出版),CIP 标引为:民用航空—机场—建筑工程—建造师—资格考核—自学参考资料。《对应表》(二版)上“民航机场Y 民用机场”,“民用机场”是“机场”的下位词,应用专指的下位词当主标题标引。用“民用航空”与“机场”组配是不对的。表上“资格考核Y 资格考试”,应用正式叙词参与组配标引。该书应标引为:

手检标题:民用机场—机场管理:工程管理—资格考试—自学参考资料

机检标题:6060# $a 民用机场 $x 机场管理 $x 工程管理 $x 资格考试 $j 自学参考资料

189.《什么是时装设计》(2011 年 1 月出版),(英)马塔鲁编著,江莉宁、刁杰译,CIP 标引为:服装—设计—基本知识。这种标法不专指。主标题应是“时装”,副标题应是“服装设计”,用“服装”与“设计”组配是错误的。该书应标引为:

手检标题:时装—服装设计—基本知识

机检标题:6060# $a 时装 $x 服装设计 $x 基本知识

190.《凹版印刷及故障处理》(2009 年 7 月出版),CIP 标引为:凹版印刷—基本知识。该书的特点是理论联系实际,较全面系统地分析凹版印刷中出现的故障……应再按 TS836 对应的词串“凹版印刷\印刷故障”标引,专指地表达主题。

手检标题:①凹版印刷—基本知识,②凹版印刷—印刷故障—故障修复

机检标题:6060# \$a 凹版印刷 \$x 基本知识

6060# \$a 凹版印刷 \$x 印刷故障 \$x 故障修复

191.《让健康茶更顺口的秘诀 128 例》(2010 年 5 月出版),CIP 标引为:茶叶—饮料—制作,TS275.2。该书应参照 TS275.2 对应的词串“茶饮料\食品加工”标引,专指地表达主题。

手检标题:健康饮料:茶饮料—食品加工

机检标题:6060# \$a 健康饮料 \$x 茶饮料 \$x 食品加工

192.《人造板生产技术与应用》(2009 年 7 月出版),CIP 标引为:木质板—木材加工,TS653。该书应按 TS653 对应的词串“人造板生产\制板工艺”标引,专指地表达主题。

手检标题:人造板生产—制板工艺

机检标题:6060# \$a 人造板生产 \$x 制板工艺

193.《室内声场脉冲响应的测量》(2010 年 5 月出版),CIP 标引为:室内声场—脉冲计量。《对应表》(二版)上有“脉冲响应”与“脉冲测量”叙词,应用这两个专指叙词参与组配,当副标题与副副标题标引。

手检标题:室内声场—脉冲响应—脉冲测量

机检标题:6060# \$a 室内声场 \$x 脉冲响应 \$x 脉冲测量

194.《数字印刷》(2010 年 1 月出版),CIP 标引为:数字技术—应用—印刷—高等学校—教材,TS805.4。TS805.4 对应的叙词是“数字印刷”,在这种情况下用“数字技术—应用—印刷”组配是不对的,应用专指词“数字印刷”参与组配,当主标题。

手检标题:数字印刷—高等学校—教材

机检标题:6060# \$a 数字印刷 \$x 高等学校 \$j 教材

195.《喷墨印刷》(2010 年 8 月出版),CIP 标引为:特种印刷—技术。《对应表》(二版)上 TS853⁺.5(喷墨印刷)对应的词串是“喷墨印

刷机\特种印刷”，该书应按词串标引，专指地表达主题。

手检标题：喷墨印刷机—特种印刷

机检标题：6060# $a 喷墨印刷机 $x 特种印刷

196.《瓦楞纸箱印刷技术》（2009 年 7 月出版），CIP 标引为：包装箱—包装纸板—印刷。《对应表》（二版）上有专指词瓦楞纸板，应用专指词当副标题标引。

手检标题：包装箱—瓦楞纸板—印刷

机检标题：6060# $a 包装箱 $x 瓦楞纸板 $x 印刷

197.《城乡一体化：中国生产力再一次大解放》（2011 年 1 月出版），CIP 标引为：城乡结合——体化—研究—中国。《对应表》（二版）上有“城乡一体化”叙词，应用该词标引，其组配是不对的。该书应标引为：

手检标题：城乡一体化—研究—中国

机检标题：6060# $a 城乡一体化 $x 研究 $y 中国

198.《房地产估价——理论与实务》（2010 年 12 月出版），CIP 标引为：房地产—价格—评估—高等学校—教材，F293.35。F293.35 对应的词有“房地产价格”、“房地产评估”，应用这两个专指词参与组配标引。

手检标题：房地产价格—房地产评估—高等学校—教材

机检标题：6060# $a 房地产价格 $x 房地产评估 $x 高等学校 $j 教材

199.《传统村落文化生态空间演化论》（2010 年出版），CIP 标引为：村落—文化—研究。《对应表》（二版）上有专指词“村落文化”、“传统文化”、“文化生态学”，该书应用专指词表达主题。

手检标题：传统文化：村落文化—文化生态学

机检标题：6060# $a 传统文化 $x 村落文化 $x 文化生态学

200.《农业部行政事业单位国有资产管理问答》（2011 年 2 月出版），CIP 标引为：农业部—行政事业单位—国有资产—资产管理—中国—问答。《对应表》（二版）上有“国有资产管理”专指词，应用专指

词参与组配标引,不应该用“国有资产”与“资产管理”组配标引。该书应标引为:

手检标题:农业部—行政事业单位—国有资产管理—中国—问题解答

机检标题:6060# $a 农业部 $x 行政事业单位 $x 国有资产管理 $y 中国 $j 问题解答

201.《2010 年世界经济与贸易发展及政策展望》(2010 年出版),CIP 标引为:①经济发展—概况—世界—2009,②经济政策—世界—2010,③国际贸易—概况—世界—2009,④国际贸易—贸易政策—世界—2010。《对应表》(二版)上有“世界经济”叙词,应用该叙词当主标题标引。③④用了“国际贸易”当主标题,再选用“世界”参与标引是多余的。该书应标引为:

手检标题:①世界经济—经济发展—概况—2009,②世界经济—经济政策—2010,③国际贸易—概况—2009,④国际贸易—贸易政策—2010

机检标题:6060# $a 世界经济 $x 经济发展 $x 概况 $z2009

6060# $a 世界经济 $x 经济政策 $z2010

6060# $a 国际贸易 $x 概况 $z2009

6060# $a 国际贸易 $x 贸易政策 $z2010

202.《电机使用与维护》(2010 年 5 月出版),CIP 标引为:①电机—应用—图解,②电机—维修—图解。《对应表》(二版)上有“电机维护”、“使用方法”专指词,该书应用专指词参与组配标引。

手检标题:①电机—使用方法—图解,②电机维护—图解

机检标题:6060# $a 电机 $x 使用方法 $j 图解

6060# $a 电机维护 $j 图解

203.《诗经往事:爱在荒烟蔓草时代》(2009 年 12 月出版),CIP 标引为:诗经—文学欣赏。副标题应是“文学欣赏”的下位词“诗歌欣赏”,该书应标引为:

手检标题:《诗经》—诗歌欣赏

机检标题:605## $a《诗经》$x 诗歌欣赏

204.《国家战略——人才改变世界》(2010 年 4 月出版),CIP 标引为:人才—培养—发展战略—研究—世界。《对应表》(二版)上有专指词“人才培养”,“国家战略”,应用专指词参与组配标引。

手检标题:人才培养—国家战略:发展战略—研究—世界

机检标题:6060# $a 人才培养 $x 国家战略 $x 发展战略 $x 研究 $y 世界

205.《社会科技创新中的文献信息服务:社会科学个性化信息服务体系创新研究》(2010 年 12 月出版),CIP 标引为:社会科学—信息管理。《对应表》(二版)上“文献信息服务Y 文献服务”,该书应用专指词“文献服务”、“创新管理”参与组配标引。

手检标题:社会科学—文献服务—信息管理:创新管理

机检标题:6060# $a 社会科学 $x 文献服务 $x 信息管理 $x 创新管理

206.《教育现代化的“世纪”探索》(2010 年 12 月出版),CIP 标引为:教育事业—现代化—研究—中国。《对应表》(二版)上有“教育现代化”叙词,其组配是不对的。表上还有“教育研究”叙词。该书应用这种叙词标引。

手检标题:教育现代化—教育研究—中国

机检标题:6060# $a 教育现代化 $x 教育研究 $y 中国

207.《科学教育与人文教育:历史考察 · 理论探讨 · 实践探索》(2010 年出版),CIP 标引为:①科学教育学—研究,②人文科学—素质教育—研究。这里不应该用“人文科学”与“素质教育”组配标引,应用“素质教育”的下位概念“人文素质教育”当主标题标引,用“教育研究”当副标题标引。

手检标题:①科学教育学—教育研究,②人文素质教育—教育研究

机检标题:6060# $a 科学教育学 $x 教育研究

6060# $a 人文素质教育 $x 教育研究

208.《马氏文通》,CIP 标引为:汉语—语法—古代。该书是清代的语法书,应用“古汉语”、“古代语法”专指词组配标引。

手检标题:古汉语—古代语法—清代

机检标题:6060# $a 古汉语 $x 古代语法 $z 清代

209.《高性能弥散强化铜基复合材料及其制备技术》(2011 年 2 月出版),CIP 标引为:铜基合金—复合材料—研究。《对应表》(二版)上有“弥散强化”、“铜基复合材料”等专指词,应用专指词表达该书主题。

手检标题:弥散强化—铜基复合材料—材料制备

机检标题:6060# $a 弥散强化 $x 铜基复合材料 $x 材料制备

210.《利用外资与中国制造业全要素生产率增长:基于微观企业数据的研究》(2010 年 11 月出版),CIP 标引为:外国投资:直接投资—影响—制造工业—经济发展—研究—中国。这种标法没有用专指词参与组配标引。《对应表》(二版)上有“外商直接投资”、“国际直接投资”专指词,应选用专指词参与组配标引。表上还有“全要素生产率”叙词,应用该叙词参与组配标引。该书应标引为:

手检标题:外商直接投资—影响—制造工业—全要素生产率—中国

机检标题:6060# $a 外商直接投资 $x 影响 $x 制造工业 $x 全要素生产率 $y 中国

211.《国际安全与军备控制》(2011 年出版),CIP 标引为:①国际问题—研究,②国家安全—研究,③军备—控制—世界,D815.5,D815.1。①的标题应按 D815.5 对应的词串“安全\国际问题”标引,③的标引应用专指词“军备控制”当主标题标引。该书应标引为:

手检标题:①安全—国际问题—研究,②国家安全—研究,③军备控制—研究—世界

机检标题:6060# $a 安全 $x 国际问题 $x 研究

6060# $a 国家安全 $x 研究

6060# $a 军备控制 $x 研究 $x 世界

212.《多媒体课件理论与实践》(2011 年 4 月出版),CIP 标引为:多媒体—计算机辅助教学—中小学—师资培训—教材。《对应表》(二版)上有“多媒体课件”叙词,应用该叙词当主标题标引。该书主要作为中小学教师的职后培训教材,应标引为:

手检标题:多媒体课件—计算机辅助教学—中学教师:小学教师—师资培训—教材

机检标题:6060# $a 多媒体课件 $x 计算机辅助教学 $x 中学教师 $x 小学教师 $x 师资培训 $j 教材

213.《一份非典型性博士生生存报告》(2011 年 1 月出版),CIP 标引为:博士—研究生教育—研究—中国。应用“博士生”等专指词标引。

手检标题:博士生—生存竞争—研究报告—中国

机检标题:6060# $a 博士生 $x 生存竞争 $x 研究报告 $y 中国

214.《中国生物产业发展报告(2010)》(2011 年 4 月出版),CIP 标引为:生物技术—高技术产业—研究报告—中国—2010。《对应表》(二版)上有“生物技术产业”、“产业发展”专指词,应用专指词标引该书主题。

手检标题:生物技术产业—产业发展—研究报告—中国—2010

机检标题:6060# $a 生物技术产业 $x 产业发展 $x 研究报告 $y 中国 $z2010

215.《与时代同行》(2010 年 8 月出版),CIP 标引为:①哲学—西方国家—文集,②随笔—作品集—中国—当代。《对应表》(二版)上有“西方哲学”、“散文集”专指词,应用专指词标引。

手检标题:①西方哲学—文集,②随笔—散文集—中国—当代

机检标题:6060# $a 西方哲学 $j 文集

6060# $a 随笔 $x 散文集 $y 中国 $z 当代

216.《国际结算担保法律问题研究》(2010 年 10 月出版),CIP 标引为:国际结算—担保—财政法—研究—中国。《对应表》(二版)上有“担保法”叙词,应用担保法当副标题标引,用“担保”与“财政法”组

配是不对的。

手检标题:国际结算—担保法—研究—中国

机检标题:6060# $a 国际结算 $x 担保法 $x 研究 $y 中国

还有一本《网络法律》(2009 年 10 月出版),CIP 标引为:计算机网络—科学技术管理—法规—中国—高等学校—教材。副标题应是“科学技术管理法规”,用“科学技术管理”与“法规”组配是不对的。该书应标引为:

手检标题:计算机网络—科学技术管理法规—中国—高等学校—教材

机检标题:6060# $a 计算机网络 $x 科学技术管理法规 $y 中国 $x 高等学校 $j 教材

还有一本《红外光谱在微量物证分析中的应用》(2010 年 6 月出版),CIP 标引为:红外分光光度法—应用—证据—分析。第三级标题应是“证据”的下位词“物证”,该书应标引为:

手检标题:红外分光光度法—应用—物证—分析

机检标题:6060# $a 红外分光光度法 $x 应用 $x 物证 $x 分析

217.《海事行政处罚》(2007 年 11 月出版),CIP 标引为:海事处理—行政处罚—法规—教材。《对应表》(二版)上有“行政处罚法”叙词,应选该叙词当副标题标引。不应该用“行政处罚”与“法规”组配标引。

手检标题:海事处理—行政处罚法—教材

机检标题:6060# $a 海事处理 $x 行政处罚法 $j 教材

(三)组配时“优先”标引方面差错 88 例

组配标引规定:组配时如果碰到既可以使用交叉组配也可以使用限定组配时,要优先使用交叉组配。在不能进行交叉组配时,才可使用限定组配。下列图书“优先”组配方面是有问题的。

1.《MATLAB7.0 在图像处理中的应用》,CIP 标引为:计算机辅助计算—软件包,MATLAB7.0。该书书名反映主题,根据《对应表》(二版)收词情况,应用“图象处理”、“Matlab 两个软件”进行交叉组配标引,表达这个主题。

手检标题:图象处理软件:Matlab 软件

机检标题:6060# $a 图象处理软件 $x Matlab 软件

2.《中国硬笔书法字典》,CIP 标引为:汉字—硬笔字—书法—字典。根据《对应表》(初版),该书主、副标题应用冒号“:”进行交叉组配标引,即汉字:硬笔字—书法—字典。根据《对应表》(二版),该书应标引为:

手检标题:汉字—硬笔书法—字典

机检标题:6060# $a 汉字 $x 硬笔书法 $j 字典

3.《现代内科治疗学》,CIP 标引为:内科—治疗学。该书组配不应该用短横“—”进行限定组配,应该“优先”,应选用具有交叉关系的同级词“内科学”与“治疗学”进行交叉组配标引。

手检标题:内科学:治疗学

机检标题:6060# $a 内科学 $x 治疗学

4.《名师改画 · 素描速写》(2003 年出版),CIP 标引为:速写—素描—技法(美术)。《对应表》上“美术”为族首词,其下有带一个小黑点的“绘画”,“绘画”下面有带两个小黑点的“速写”、“素描”,两者为具有交叉关系的同级词,应进行交叉组配标引。

手检标题:速写:素描—技法(美术)

机检标题:6060# $a 速写 $x 素描 $x 技法(美术)

5.《数控铣工实用技术》,CIP 标引为:铣床—数控机床。“铣床”与“数控机床”为具有交叉关系的同级词,应该“优先”,应用交叉组配方式标引。

手检标题:铣床:数控机床

机检标题:6060# $a 铣床 $x 数控机床

6.《新闻传播策划导论》,CIP 标引为:新闻学—传播学。这里限定组配标引是不对的。“新闻学”与“传播学”都是学科主题词,应进行交叉组配标引。

手检标题:新闻学:传播学

机检标题:6060# $a 新闻学 $x 传播学

7.《物流与库存管理手册》(物流与供应链管理系列),CIP 标引为:①物流—物资管理—手册,②库存—仓库管理:物资管理—手册。“物资管理”与“仓库管理”之间为属分关系或上下位关系,这种关系没有必要也不能进行交叉组配。《〈中国分类主题词表〉标引手册》第112 页上也说:“用于交叉组配的主题词,应大体是同级概念,具有属分关系的概念,不能进行交叉组配。”该书应标引为:

手检标题:①物流—物资管理—手册,②库存—仓库管理—手册

机检标题:6060# $a 物流 $x 物资管理 $j 手册

6060# $a 库存 $x 仓库管理 $j 手册

8.《数控线切割加工》(高级数控技工培训丛书),CIP 标引为:数控线切割:电火花线切割—技术培训—教材。在《对应表》上“电火花线切割”(上位概念)与“数控线切割”(下位概念)之间为上下位关系,这种关系不能组配,应分开标引。该书应标引为:

手检标题:①电火花线切割—技术培训—教材,②数控线切割—技术培训—教材

机检标题:6060# $a 电火花线切割 $x 技术培训 $j 教材

6060# $a 数控线切割 $x 技术培训 $j 教材

9.《生物制药技术》,CIP 标引为:生物制品:药物—制造。“药物”与“生物制品”之间为上下位关系,“药物”为上位概念,“生物制品”为下位概念,这种概念关系不得进行交叉组配。生物制品本身是种药物,也没有必要与药物组配。该书应标引为:

手检标题:生物制品—制药工业—生产技术

机检标题:6060# $a 生物制品 $x 制药工业 $x 生产技术

10.《经济伦理学》,CIP 标引为:经济学—伦理学。“经济学”与“伦理学”都为学科主题词,应进行交叉组配标引。该书应标引为:

手检标题:经济学:伦理学

机检标题:6060# $a 经济学 $x 伦理学

11.《材料热力学》,CIP 标引为:材料力学—热力学。《对应表》上“力学”为族首词,“材料力学”与“热力学”为同级词,该书应该“优先”,应进行交叉组配标引:

手检标题:材料力学:热力学

机检标题:6060# $a 材料力学 $x 热力学

12.《中国技术思想史论》,CIP 标引为:科学技术—思想史—研究—中国。该书应用具有交叉关系的“技术史”与“思想史”进行交叉组配标引。在不能交叉组配时才可如 CIP 那样标引。

手检标题:技术史:思想史—研究—中国

机检标题:6060# $a 技术史 $x 思想史 $x 研究 $y 中国

13.《贴身衣饰》,CIP 标引为:女服—内衣—基础知识。“女服”与“内衣”为同级词,共同上位概念为“服装”,应进行交叉组配标引:

手检标题:女服:内衣—基本知识

机检标题:6060# $a 女服 $x 内衣 $x 基本知识

14.《循环肿瘤医学》,CIP 标引为:肿瘤—治疗。就该标题说,应用具有交叉关系的“肿瘤学”与“治疗学”进行交叉组配标引。

手检标题:肿瘤学:治疗学

机检标题:6060# $a 肿瘤学 $x 治疗学

15.《肿瘤分子细胞生物学》(研究生教学用书),CIP 标引为:肿瘤学—分子生物学—细胞生物学。该书应“优先”标引,应该用“:”进行交叉组配。

手检标题:肿瘤学:分子生物学:细胞生物学—研究生教育—教材

机检标题:6060# $a 肿瘤学 $x 分子生物学 $x 细胞生物学 $x 研究生教育 $j 教材

16.《农村财政金融》(北京高等教育精品教材立项项目),CIP 标引为:农村—财政金融—中国—高等学校—教材。该书应该用专指词“农村金融”与“财政金融”进行交叉组配标引。

手检标题:农村金融:财政金融—中国—高等学校—教材

机检标题:6060# $a 农村金融 $x 财政金融 $y 中国 $x 高等学校 $j 教材

17.《机械结构优化设计》,CIP 标引为:机械学—高等学校—教材。应用“机械设计”、“结构设计”、“最优设计”进行交叉组配标引。

手检标题:机械设计:结构设计:最优设计—高等学校—教材

机检标题:6060# $a 机械设计 $x 结构设计 $x 最优设计 $x 高等学校 $j 教材

18.《财政风险及其防范问题研究》,CIP 标引为:财政管理—风险管理—研究—中国。《对应表》上“管理”为族首词,其下有下位词叙词“经济管理”,“经济管理”又有很多下位词,其中有“财政管理”与“风险管理”,两叙词为同级词,具有交叉关系,应进行交叉组配标引。

手检标题:财政管理:风险管理—研究—中国

机检标题:6060# $a 财政管理 $x 风险管理 $x 研究 $y 中国

19.《老年前列腺疾病防治与调养》《老年皮肤疾病防治与调养》等常春藤养生系列丛书共 16 本,CIP 都用“老年人”当主标题标引。第一本标引为:老年人—前列腺疾病—防治—问答。第二本标引为:老年人—皮肤病—防治—问答。这 16 本应用“老年病”专指词放在前面与后面叙词进行交叉组配标引。

第一本手检标题:老年病:前列腺疾病—防治—问题解答

机检标题:6060# $a 老年病 $x 前列腺疾病 $x 防治 $j 问题解答

第二本手检标题:老年病:皮肤病—防治—问题解答

机检标题:6060# $a 老年病 $x 皮肤病 $x 防治 $j 问题解答

20.《外科病理鉴别诊断学》,CIP 标引为:外科诊断—鉴别诊断。这两个叙词都是“诊断”的下位概念,为同级词,具有交叉关系,应进行交叉组配标引。

手检标题:外科诊断:鉴别诊断—诊断学

机检标题:6060# $a 外科诊断 $x 鉴别诊断 $x 诊断学

21.《环境行政许可法规手册》,CIP 标引为:环境保护—行政许可法—中国—手册。“法”的下位概念有“环境保护法”,该书应用“环境保护法”与“行政许可法”进行交叉组配标引。

手检标题:环境保护法:行政许可法—中国—手册

机检标题:6060# $a 环境保护法 $x 行政许可法 $y 中国 $j 手册

22.《航海伦理学》(高等学校教材),CIP 标引为:海员—职业道德。该书应用书名上两个学科词进行交叉组配标引。

手检标题:航海学:伦理学—高等学校—教材

机检标题:6060# $a 航海学 $x 伦理学 $x 高等学校 $j 教材

23.《战略管理》(21 世纪高等院校教材),CIP 标引为:企业管理—高等学校—教材。这种标法漏标了“战略管理”,应用“企业管理”与“战略管理”进行交叉组配标引。

手检标题:企业管理:战略管理—高等学校—教材

机检标题:6060# $a 企业管理 $x 战略管理 $x 高等学校 $j 教材

24.《比较法律哲学》,CIP 标引为:法哲学—研究。该书应用“比较法学”与“法哲学”进行交叉组配标引。

手检标题:比较法学:法哲学—研究

机检标题:6060# $a 比较法学 $x 法哲学 $x 研究

还有一本《西方法律哲学书评文集》(2010 年 6 月出版),CIP 标引为:法哲学—书评—西方国家—选集。该书应用“西方哲学”与“法哲学”进行交叉组配标引。

手检标题:西方哲学:法哲学—书评—选集

机检标题:6060# $a 西方哲学 $x 法哲学 $x 书评 $j 选集

还有一本《比较行政法》(2005 年 9 月出版),CIP 标引为:行政法—比较法学。初版、二版《对应表》上都有“行政法”与“比较法”叙词,该书应用这两个叙词进行交叉组配标引。

手检标题:行政法:比较法

机检标题:6060# $a 行政法 $x 比较法

还有一本《论法律视角下的银行破产》(2010 年 8 月出版),CIP 标引为:银行—破产法—研究—中国。该书应用“银行法”与“破产法”进行交叉组配标引。

手检标题:银行法:破产法—研究—中国

机检标题:6060# $a 银行法 $x 破产法 $x 研究 $y 中国

还有一本《信托公司法研究》(2010 年 6 月出版),CIP 标引为:信托公司—公司法—研究—中国。该书应标出“信托法”,用“信托法”与“公司法”进行交叉组配标引。

手检标题:信托公司—信托法:公司法—研究—中国

机检标题:6060# $a 信托公司 $x 信托法 $x 公司法 $x 研究 $y 中国

还有一本《比较宪法》(2010 年出版),CIP 标引为:宪法—比较法学。该书应用“比较法”与“宪法”进行交叉组配标引。

手检标题:宪法:比较法

机检标题:6060# $a 宪法 $x 比较法

25.《雄辩之美》(2010 年出版),CIP 标引为:律师—辩护—案例—分析—西方国家。《对应表》(二版)上“辩护Y 辩护制度”,应用“辩护制度”与“律师制度”进行交叉组配标引。表上“案例分析Y 案例”,该书应标引为:

手检标题:律师制度:辩护制度—案例—西方国家

机检标题:6060# $a 律师制度 $x 辩护制度 $x 案例 $x 西方国家

26.《图解老人照护全书》(2009 年 8 月出版),CIP 标引为:老年人—护理学—图解。该书组配应该“优先”。

手检标题:①老年学:护理学—图解,②老年病学:护理学—图解

机检标题:6060# $a 老年学 $x 护理学 $j 图解

6060# $a 老年病学 $x 护理学 $j 图解

27.《晚学盲言(上、下)》(2010 年出版),钱穆著,CIP 标引为:比较文化—中国、西方国家。《中西文化比较教程》(2010 年出版),CIP 标引为:比较文化—中国、西方国家—研究生—教材。这两本书都应

选用“中华文化”、“西方文化”、“比较文化”进行交叉组配标引。

第一本手检标题：中华文化：西方文化：比较文化

机检标题：6060# $a 中华文化 $x 西方文化 $x 比较文化

第二本手检标题：中华文化：西方文化：比较文化—研究生教育—教材

机检标题：6060# $a 中华文化 $x 西方文化 $x 比较文化 $x 研究生教育 $j 教材

28.《幼儿生活安全教育宝典》(2010 年 4 月出版)，CIP 标引为：安全教育—学前教育—教学参考资料。该书应选用《对应表》(二版)上“幼儿教育”、“生活教育”等叙词进行交叉组配标引。

手检标题：幼儿教育：生活教育：安全教育—教学参考资料。

机检标题：6060# $a 幼儿教育 $x 生活教育 $x 安全教育 $x 教学参考资料

29.《西方园林艺术》(2010 年 1 月)，CIP 标引为：园林艺术—西方国家。《对应表》(二版)上有西方艺术叙词，组配标引应该“优先”，应选用“西方艺术”与“园林艺术”进行交叉组配标引。

手检标题：西方艺术：园林艺术

机检标题：6060# $a 西方艺术 $x 园林艺术

30.《园林建筑设计》(2010 年 4 月出版)，CIP 标引为：园林建筑—园林设计—高等学校：技术学校—教材。应用“园林设计”与“建筑设计”进行交叉组配标引。

手检标题：园林设计：建筑设计—高等学校：技术学校—教材

机检标题：6060# $a 园林设计 $x 建筑设计 $x 高等学校 $x 技术学校 $j 教材

31.《高层混凝土结构抗震设计要点、难点及实例》(2009 年出版)，CIP 标引为：高层建筑—混凝土结构—结构设计：抗震设计。《对应表》(二版)上有“高层结构”叙词，应用该词与“混凝土结构”交叉组配标引。表上“抗震设计”是个非正式叙词，正式叙词是“防震设计”。该书标引为：

手检标题:高层结构:混凝土结构—结构设计:防震设计

机检标题:6060# $a 高层结构 $x 混凝土结构 $x 结构设计 $x 防震设计

32.《地名史源学概论》(2008 年 1 月出版),CIP 标引为:地名学—历史—概论。该书组配应该“优先”,应用“地名学”与“史源学”进行交叉组配标引。

手检标题:地名学:史源学—概论

机检标题:6060# $a 地名学 $x 史源学 $x 概论

33.《室内景观设计》(全国高等院校环境艺术设计专业规划教材,2008 年出版),CIP 标引为:室内装饰—建筑设计—高等学校—教材。这种标法一是不专指,二是未“优先”,“优先”的专指标法为:

手检标题:室内装饰设计:景观设计—高等学校—教材

机检标题:6060# $a 室内装饰设计 $x 景观设计 $x 高等学校 $j 教材

34.《小庭院细部创意》(2009 年 10 月出版),CIP 标引为:庭院—园林设计。该书分别从小庭院的类型、小庭院的形式、小庭院细部要素、小庭院景观设计、小庭院服务设施五个方面对小庭院设计中所涉及的内容进行系统的介绍和分析。主题标引应用“细部设计”与“景观设计”进行交叉组配标引,专指地表达本书主题。

手检标题:庭院—细部设计:景观设计

机检标引:6060# $a 庭院 $x 细部设计 $x 景观设计

35.《管道工程施工工艺规程》(2010 年出版),CIP 标引为:市政工程—管道工程—工程施工—规程。“市政工程与管道工程”组配应该“优先”,应用“:”进行交叉组配标引。“工程施工”应用其下位概念“管道施工”标引。该书应标引为:

手检标题:市政工程:管道工程—管道施工—规程

机检标题:6060# $a 市政工程 $x 管道工程 $x 管道施工 $x 规程

36.《地质气象灾害》(2009 年 6 月出版),CIP 标引为:地质灾害:气象灾害。这里“优先”是不对的,表上没有“地质灾害”这个词,只能应用“地质”与“气象灾害”进行限定组配标引。

手检标题:地质—气象灾害

机检标题:6060# $a 地质 $x 气象灾害

37.《区域水文资源问题研究》(2010 年 3 月出版),CIP 标引为:①区域水文学—研究,②区域—水资源—研究。②的标题应用“区域资源”与“水资源”进行“优先”标引,进行交叉组配标引。

手检标题:①区域水文学—研究,②区域资源:水资源—研究

机检标题:6060# $a 区域水文学 $x 研究

6060# $a 区域资源 $x 水资源 $x 研究

38.《同位素有机地球化学》(2007 年 9 月出版),CIP 标引为:同位素地质学:有机化学。“有机化学”应是“有机地球化学”。

手检标题:同位素地质学:有机地球化学

机检标题:6060# $a 同位素地质学 $x 有机地球化学

39.《医学有机化学》(2010 年 5 月出版),CIP 标引为:医用化学—有机化学—医学院校—教材。这里应该“优先”,“医用化学”与“有机化学”应用“:”进行交叉组配标引。

手检标题:医用化学:有机化学—医学院校—教材

机检标题:6060# $a 医用化学 $x 有机化学 $x 医学院校 $j 教材

40.《竹子园林》(2006 年 2 月出版),CIP 标引为:竹亚科—观赏园艺。根据初版、二版《对应表》,应选用表上“竹林”与“园林”进行交叉组配标引,应标引为:

手检标题:竹林:园林

机检标题:6060# $a 竹林 $x 园林

41.《微生物与农业》(2004 年 10 月初版),CIP 标引为:农业—应用微生物学。初版《对应表》上有“微生物学:农业科学”的词串,没有“应用微生物学”这个词,应按词串进行交叉组配标引。

手检标题:微生物学:农业科学

机检标题:6060# $a 微生物学 $x 农业科学

42.《光学干涉薄膜》(2008 年 8 月出版),CIP 标引为:光学薄膜:

干涉膜。这里“优先”交叉组配是不对的。“干涉膜”在《对应表》(二版)上是个非正式叙词(干涉膜Y 光学薄膜),两者是不能组配的。该书应标引为:

手检标题:光学薄膜

机检标题:6060# $a 光学薄膜

43.《视频课堂 Photoshop CS4 + CorelDRAW X4 包装设计》(2010年1月出版),CIP 标引为:包装—计算机辅助设计—图形软件,Photoshop CS4、CorelDRAW X4。《对应表》(二版)上有“包装设计”叙词,应用“包装设计”与“计算机辅助设计”进行交叉组配标引。表上“CorelDRAW 软件Y 图形软件”,该书应标引为:

手检标题:包装设计:计算机辅助设计—图形软件,Photoshop CS4

机检标题:6060# $a 包装设计 $x 计算机辅助设计 $x 图形软件

6010# $a Photoshop CS4

44.《产品包装设计》(2009 年 1 月出版),CIP 标引为:工业产品—包装—设计。该书应“优先”标引,用《对应表》(二版)上“产品设计”与“包装设计”两个叙词进行交叉组配标引。

手检标题:产品设计:包装设计

机检标题:6060# $a 产品设计 $x 包装设计

45.《食品酶工程》(2010 年 6 月出版),CIP 标引为:酶学—应用—食品工程学。该书组配标引应该“优先”,用“酶工程”与“食品工程”进行交叉组配标引。

手检标题:①食品工程:酶工程,②酶学—研究

机检标题:6060# $a 食品工程 $x 酶工程

6060# $a 酶学 $x 研究

46.《化工系统工程理论与实践》(2009 年 8 月出版),CIP 标引为:化工过程—系统工程,TQ021.8。TQ021.8 对应的词有“化学系统工程”,应选用“化工工程”与“化学系统工程”进行交叉组配标引。

手检标题:化工工程:化学系统工程

机检标题:6060# $a 化工工程 $x 化学系统工程

47.《建筑钢笔画表现技法》(2009 年 9 月出版),CIP 标引为:建筑艺术—钢笔画—技法(美术)。该书组配应该“优先”,用“建筑画”与“钢笔画”进行交叉组配标引。

手检标题:建筑画:钢笔画—绘画技法

机检标题:6060# $a 建筑画 $x 钢笔画 $x 绘画技法

48.《中国经济外交. 2010》(2010 年 12 月出版),CIP 标引为:对外经济关系—研究报告—中国—2010,F125。该书应按 F125(对外经济关系)对应的词串“中外关系\对外经济关系”进行交叉组配标引。

手检标题:中外关系:对外经济关系—2010

机检标题:6060# $a 中外关系 $x 对外经济关系 $z2010

49.《建筑细部设计 CAD 精选图集》(2006 年 12 月出版),CIP 标引为:建筑设计:计算机辅助设计—图集。《对应表》(二版)上“设计”为族首词,其下有“细部设计”,该图集应用“细部设计”参与交叉组配标引。

手检标题:建筑设计:细部设计:计算机辅助设计—图集

机检标题:6060# $a 建筑设计 $x 细部设计 $x 计算机辅助设计 $j 图集

50.《婚姻的下半场:中老年夫妇的八个挑战》(2010 年 9 月出版),(美)大卫、(美)克劳迪娅著,赵灿华译,CIP 标引为:①中年人—婚姻—研究,②老年人—婚姻—研究。该书应该“优先”,应用“中老年人问题”与“婚姻问题”进行交叉组配标引。

手检标题:中老年人问题:婚姻问题—研究

机检标题:6060# $a 中老年人问题 $x 婚姻问题 $x 研究

51.《GE 声音:我们不谈真理. 第二辑》(2011 年 1 月出版),CIP 标引为:高等学校—素质教育—文集。该书应该“优先”,应用“高等教育”与“素质教育”进行交叉组配标引。

手检标题:高等教育:素质教育—文集

机检标题:6060# $a 高等教育 $x 素质教育 $j 文集

52.《布莱克维尔法律与社会指南》(2011 年 1 月出版),(美)萨

拉特编,高鸿钧等译,CIP 标引为:法律—关系—社会—理论研究。该书应“优先”标引,应标引为:

手检标题:法律关系:社会关系—理论研究

机检标题:6060# $a 法律关系 $x 社会关系 $x 理论研究

53.《建筑节能设计》(2010 年 9 月出版),CIP 标引为:建筑—节能—建筑设计—高等学校—教材,TU201.5。该书应按 TU201.5 对应的词串“建筑设计\节能设计”进行交叉组配标引。

手检标题:建筑设计:节能设计—高等学校—教材

机检标题:6060# $a 建筑设计 $x 节能设计 $x 高等学校 $j 教材

54.《数字印前原理与技术》(2010 年 8 月出版),CIP 标引为:数字图像处理—前处理—高等学校—教材。这种标法有两个问题:①“数字图像处理”在《对应表》(二版)上为“数字图象处理”。②表上有“印前处理”叙词,用“前处理”作副标题是不对的,应用“印前处理”与“数字图象处理”进行交叉组配标引。

手检标题:数字图象处理:印前处理—高等学校—教材

机检标题:6060# $a 数字图象处理 $x 印前处理 $x 高等学校 $j 教材

55.《景观照明设计与应用》(2009 年 2 月出版),CIP 标引为:景观—照明设计。该书组配应该“优先”,应用“景观设计”与“照明设计”进行交叉组配标引。

手检标题:景观设计:照明设计

机检标题:6060# $a 景观设计 $x 照明设计

56.《素质教育在国外》,CIP 标引为:儿童教育:家庭教育—国外。该书应标出“素质教育”,应标引为:

手检标题:素质教育:儿童教育:家庭教育—国外

机检标题:6060# $a 素质教育 $x 儿童教育 $x 家庭教育 $x 国外

57.《中国古代图书印刷史:彩色插图本》(2008 年出版),CIP 标引为:图书—印刷史—中国—古代。该书组配应该“优先”,应用《对应表》(二版)上“图书史”与“印刷史”进行交叉组配标引。

手检标题:图书史:印刷史—中国—古代

机检标题:6060# $a 图书史 $x 印刷史 $y 中国 $z 古代

58.《寒冷地区碾压混凝土坝施工技术及仿真》(2009 年出版),CIP 标引为:冻土区—碾压土坝—混凝土坝—施工技术。《对应表》(二版)上有"寒冷地区"叙词,应用该词当主标题。两种坝组配应该"优先",应用冒号":"进行交叉组配,不应该用短横"—"限定组配。表上没有"施工技术"这个词,应用"混凝土施工"标引。该书应标引为:

手检标题:寒冷地区—碾压土坝:混凝土坝—混凝土施工

机检标题:6060# $a 寒冷地区 $x 碾压土坝 $x 混凝土坝 $x 混凝土施工

59.《农村基础设施的多中心治理》(2010 年 11 月出版),CIP 标引为:农村—基础设施—基础建设—中国。该书组配应该"优先",应用"农村经济建设"与"基础设施建设"进行交叉组配标引。

手检标题:农村经济建设:基础设施建设—中国

机检标题:6060# $a 农村经济建设 $x 基础设施建设 $y 中国

60.《世界原子能法律解析与编译》(2011 年 1 月出版),CIP 标引为:核能—国际法—研究。《对应表》(二版)上有"核法"与"原子能法律"专指词,应用"原子能法律"与"国际法"进行交叉组配标引。

手检标题:原子能法律:国际法—研究

机检标题:6060# $a 原子能法律 $x 国际法 $x 研究

61.《社区安全与消防实用工作手册》(2011 年 1 月出版),CIP 标引为:①社区—安全管理—中国—手册,②社区—消防—安全管理—中国—手册。该书组配应该"优先",该书应标引为:

手检标题:①社区管理:安全管理—中国—手册,②社区管理:消防管理—中国—手册

机检标题:6060# $a 社区管理 $x 安全管理 $y 中国 $j 手册
6060# $a 社区管理 $x 消防管理 $y 中国 $j 手册

62.《中国历代经济简史》(2010 年出版),CIP 标引为:经济史—

中国。该书应用“中国经济史”与“简史”进行交叉组配标引。

手检标题:中国经济史:简史

机检标题:6060# $a 中国经济史 $x 简史

63.《物业档案管理》(2000 年 12 月出版),CIP 标引为:物业管理—档案管理—专业学校—教学参考资料。该书组配应该“优先”,应用“物业管理”与“档案管理”进行交叉组配标引。

手检标题:物业管理:档案管理—专业教育—教学参考资料

机检标题:6060# $a 物业管理 $x 档案管理 $x 专业教育 $j 教学参考资料

64.《网络信息检索》(2010 年 6 月出版),CIP 标引为:计算机网络—情报检索—高等学校—教材,G354.4。G354.4 对应的词中有“网络检索”,《对应表》(二版)上“信息检索Y 情报检索”,该书应用“网络检索”与“情报检索”进行交叉组配标引。

手检标题:网络检索:情报检索—高等学校—教材

机检标题:6060# $a 网络检索 $x 情报检索 $x 高等学校 $j 教材

65.《教育统计学》(2007 年 12 月出版),CIP 标引为:教育统计—统计学,G40—051。该书组配标引应该“优先”,应按 G40—051(教育统计学)对应的词串“教育学\统计学”标引。

手检标题:教育学:统计学

机检标题:6060# $a 教育学 $x 统计学

66.《武器装备供应链管理》(2008 年 1 月出版),CIP 标引为:武器装备—物资供应—物资管理—中国。该书组配标引应该“优先”,应用“武器装备管理”与“供应链管理”进行交叉组配标引。

手检标题:武器装备管理:供应链管理—中国

机检标题:6060# $a 武器装备管理 $x 供应链管理 $y 中国

67.《中国传统审美文化》(2009 年 1 月出版),CIP 标引为:审美分析—传统文化—中国。该书应该“优先”,应用《对应表》(二版)上“中华文化”、“传统文化”、“审美文化”进行交叉组配标引。

手检标题:中华文化:传统文化:审美文化

机检标题:6060# $a 中华文化 $x 传统文化 $x 审美文化

68.《风险管理》(2010 年 2 月出版),CIP 标引为:金融—风险管理—研究。《对应表》(二版)上有“金融管理”专指词,该书应用“金融管理”与“风险管理”进行交叉组配标引。

手检标题:金融管理:风险管理—研究

机检标题:6060# $a 金融管理 $x 风险管理 $x 研究

69.《采购实务》(2010 年 2 月出版),CIP 标引为:采购—企业管理—高等学校:技术学校—教材。《对应表》(二版)上有“采购管理”叙词,该书应该用“采购管理”与“企业管理”进行交叉组配标引。

手检标题:采购管理:企业管理—高等学校:技术学校—教材

机检标题:6060# $a 采购管理 $x 企业管理 $x 高等学校 $x 技术学校 $j 教材

70.《高等学校税收政策研究》(2010 年 4 月出版),CIP 标引为:高等学校—税收管理—财政管理—研究—中国。《对应表》(二版)上有“高校管理”专指词,应用“高校管理”与“税收管理”进行交叉组配标引,并应用“财政政策”的下位概念“税收政策”作第三级标题标引,该书应标引为:

手检标题:高校管理:税收管理—税收政策—研究—中国

机检标题:6060# $a 高校管理 $x 税收管理 $x 税收政策 $x 研究 $y 中国

71.《中国农村政策性金融的功能优化与实证分析》(2011 年 1 月出版),CIP 标引为:农村金融—金融政策—研究—中国。作者说:“本书旨在进一步繁荣我国政策性金融事业,推进政策性金融学的学科建设与理论研究。”该书应用“农村金融”与“政策性金融”进行交叉组配标引。

手检标题:农村金融:政策性金融—研究—中国

机检标题:6060# $a 农村金融 $x 政策性金融 $x 研究 $y 中国

72.《读报纸,学中文:准高级汉语报刊阅读》(2010 年 1 月出版),CIP 标引为:汉语—阅读教学—对外汉语教学—教材。阅读教学与对外汉语教学都是教学,应用“:”进行交叉组配标引。

手检标题:汉语—阅读教学:对外汉语教学—教材

机检标题:6060# $a 汉语 $x 阅读教学 $x 对外汉语教学 $j 教材

73.《毛泽东新民主主义经济思想研究》(2011 年 1 月出版),CIP 标引为:毛泽东思想—新民主主义革命—经济思想—研究。该书组配应“优先”,用“毛泽东思想”与“经济思想”进行交叉组配标引。

手检标题:毛泽东思想:经济思想—研究—新民主主义革命时期

机检标题:6060# $a 毛泽东思想 $x 经济思想 $x 研究 $z 新民主主义革命时期

74.《孩子动不动就哭闹,妈妈怎么办?》(2010 年 8 月出版),CIP 标引为:儿童教育—家庭教育。该书组配标引应该“优先”,应标引为:

手检标题:儿童教育:家庭教育

机检标题:6060# $a 儿童教育 $x 家庭教育

75.《中庸 = The Doctrine of the Mean:汉英对照》(2010 年 12 月出版),(春秋)子思著,(英)理雅各(Legge, J.)译,CIP 标引为:①英语—汉语—对照读物,②儒家。《〈中国分类主题词表〉(第二版)及其电子版手册》第 227 页说:“冒号‘:’用于概念交叉组配,以及地区、语种、民族或种族等主体因素的组配。”①的标题应是:英语:汉语—对照读物。《对应表》(二版)上有“中庸”、“中庸之道”叙词,②的标题应用“中庸之道”,用“儒家”标引概念太大,不专指。其实该书用一个标题标引就行。

手检标题:中庸之道—英语:汉语—对照读物

机检标题:6060# $a 中庸之道 $x 英语 $x 汉语 $j 对照读物

76.《降 E 大调第一钢琴协奏曲:汉英对照》(2011 年 3 月出版),(匈)李斯特(Liszt, F)著,路旦俊译,CIP 标引为:钢琴—协奏曲—总谱—匈牙利—近代。《德彪西钢琴作品全集. 前奏曲》,(2011 年 4 月出版),罗伊·豪厄特、克劳德·海弗编订,王嘉译,CIP 标引为:钢琴—前奏曲—法国—选集。《对应表》(二版)上“乐曲”为族首词,其下“钢琴曲”、“前奏曲”、“协奏曲”为同级词,这两本书组配标引应该“优先”,应进行交叉组配标引。

第一本手检标题:钢琴曲:协奏曲—总谱—匈牙利—近代

机检标题:6060# $a 钢琴曲 $x 协奏曲 $x 总谱 $y 匈牙利 $z 近代

第二本手检标题:钢琴曲:前奏曲—法国—选集

机检标题:6060# $a 钢琴曲 $x 前奏曲 $y 法国 $j 选集

77.《地震沉积学:译文集》(2011 年 4 月出版),CIP 标引为:地震—沉积学—文集。该书应用“地震学”与“沉积学”进行交叉组配标引。

手检标题:地震学:沉积学—文集

机检标题:6060# $a 地震学 $x 沉积学 $j 文集

78.《钒的环境生物地球化学》(2011 年出版),CIP 标引为:钒—生态环境—环境地球化学—研究。该书组配应“优先”,用“环境地球化学”与“生物地球化学”进行交叉组配标引。

手检标题:钒—环境地球化学:生物地球化学—研究

机检标题:6060# $a 钒 $x 环境地球化学 $x 生物地球化学 $x 研究

79.《混凝土面板堆石坝安全监测技术实践与进展》(2010 年 7 月出版),CIP 标引为:混凝土面板堆石坝—安全监察—文集。《对应表》(二版)上没有“混凝土面板堆石坝”这个词,应用“混凝土面板坝”与“堆石坝”进行交叉组配标引:

手检标题:混凝土面板坝:堆石坝—安全监测—文集

机检标题:6060# $a 混凝土面板坝 $x 堆石坝 $x 安全监测 $j 文集

80.《世界古代文明史》(2010 年出版),(俄罗斯) 瑞布里克 (Rebrik. v. v.) 著,师学良等译,CIP 标引为:世界史:文化史—研究,K12。该书应按照 K12 对应的词串“世界史\古代史”标引,应标出“古代史”,准确地进行交叉组配标引。

手检标题:世界史:古代史:文化史—研究

机检标题:6060# $a 世界史 $x 古代史 $x 文化史 $x 研究

81.《可持续发展的公平度量:相对剥夺理论、模型与实证研究》(2011 年 1 月出版),CIP 标引为:社会发展—可持续发展—研究。该书组配应该“优先”,应标引为:

手检标题:可持续性发展:社会发展—发展理论—理论研究

机检标题:6060# $a 可持续性发展 $x 社会发展 $x 发展理论 $x 理论研究

82.《世界文化史(增订版)》(2010 年 7 月出版),CIP 标引为:文化史—世界—教材,K103。该书应按 K103 对应的词串“世界史\文化史”进行交叉组配标引。该书为博雅大学堂教材,还应标出“高等学校”。

手检标题:世界史:文化史—高等学校—教材

机检标题:6060# $a 世界史 $x 文化史 $x 高等学校 $j 教材

83.《社会表演学》(2009 年出版),CIP 标引为:表演学—研究。该书应用“表演学”与“艺术社会学”进行交叉组配标引。

手检标题:表演学:艺术社会学

机检标题:6060# $a 表演学 $x 艺术社会学

84.《电影产业经济学》(2010 年 8 月出版),CIP 标引为:电影事业—产业经济学。该书应用“电影经济”与“产业经济”进行交叉组配标引。

手检标题:电影经济:产业经济

机检标题:6060# $a 电影经济 $x 产业经济

85.《思想政治教育新探索.2009》(2010 年 7 月出版),CIP 标引为:高等学校—思想政治教育—中国—文集,G641 - 53。该书应按 G641 对应的词串“高等教育\思想政治教育”进行交叉组配标引。

手检标题:高等教育:思想政治教育—中国—文集

机检标题:6060# $a 高等教育 $x 思想政治教育 $y 中国 $j 文集

86.《你也能成为特级教师》(2011 年 3 月出版),CIP 标引为:中小学—优秀教师—师资培养。该书应用专指词进行交叉组配标引。

手检标题:中学教师:小学教师:优秀教师—师资培养

机检标题:6060# $a 中学教师 $x 小学教师 $x 优秀教师 $x 师资培养

87.《国外中学创业教育》(2010 年 2 月出版),CIP 标引为:中学—创业教育—研究—国外。《对应表》(二版)上没有“创业教育”,该书应用“中学教育”与“创造教育”进行交叉组配标引。

手检标题:中学教育:创造教育—教育研究—国外

机检标题:6060# $a 中学教育 $x 创造教育 $x 教育研究 $x 国外

88.《法学教育改革与探索:应用型法律人才培养的新规》(2010 年 10 月出版),CIP 标引为:高等教育—法学—教学改革—研究—中国。该书主题标引应“优先”标引。

手检标题:法学教育:高等教育—教育改革—教育研究—中国

机检标题:6060# $a 法学教育 $x 高等教育 $x 教育改革 $x 教育研究 $y 中国

(四)组配次序方面差错 10 例

组配标引规定:参与组配的叙词要按主体因素(A1 研究对象、A2 材料、A3 方法、A4 过程、A5 条件)\通用因素\空间因素\时间因素\文献类型因素排列次序。下列图书在排序方面是有问题的。

1.《家庭盆花图解栽培手册》(2009 年 9 月出版),CIP 标引为:盆栽—花卉—观赏园艺—手册。这种标法在排序上是有问题的。这里“花卉”是 A1 的主体因素,应当主标题或主语,应标引为:

手检标题:花卉—盆栽—图解

机检标题:6060# $a 花卉 $x 盆栽 $j 图解

2.《动感舞蹈》(阳光女性丛书),CIP 标引为:①女性—拉丁舞—舞蹈动作—图解,②女性—现代舞蹈,街舞—舞蹈动作—图解。这里舞蹈是一种手段,A3 的主体因素,用拉丁舞与街舞进行健身运动,打造完美体形,塑造自己美丽的身材,展现青春的活力。“舞蹈”应是副副标题。

手检标题:①女性—健身运动—拉丁舞—图解,②女性—健身运动—现代舞蹈,街舞—图解

机检标题:6060# $a 女性 $x 健身运动 $x 拉丁舞 $j 图解

6060# $a 女性 $x 健身运动 $x 现代舞蹈 $j 图解

6100# $a 街舞

3.《盗陵:康熙、咸丰、同治皇帝与慈禧太后墓葬盗掘真相》(2011年1月出版),CIP 标引为:盗窃—陵墓—史料—中国—清代。该标题在排序上是有问题的。“陵墓”是 A1 的主体因素,应当主标题或主语,该书应标引为:

手检标题:陵墓—盗窃—中国—清代—史料

机检标题:6060# $a 陵墓 $x 盗窃 $y 中国 $z 清代 $j 史料

4.《人工宝石学》(2009年8月出版),CIP 标引为:人工合成—宝石,TQ164。这里“宝石”是 A1 的主体因素,正确排序应按 TQ164 对应的词串“宝石\人工合成”次序标引。

手检标题:宝石—人工合成

机检标题:6060# $a 宝石 $x 人工合成

5.《家庭实用拉力器健身法》,CIP 标引为:拉力器—健身运动—方法。拉力器是工具,是一种健身的手段、方法,A3 的主体因素,应排在 A3 的位置上,该书应标引为:

手检标题:健身运动—运动训练法—拉力器

机检标题:6060# $a 健身运动 $x 运动训练法 $x 拉力器

6.《2003 年世界大事备忘录》,CIP 标引为:世界—大事记—2003。该书应标引为:

手检标题:世界史—大事记—2003

机检标题:6060# $a 世界史 $x 大事记 $x 备忘录 $z2003

7.《怎样用万用表检测电子元件》(实用电工电子自学丛书),CIP 标引为:复用电表—基本知识。应标出“检测电子元件”,应用“电子

元件”当主标题。“复用电表”在这里是一个 A3 的主体因素，不能排在前面。本书应标引为：

手检标题：电子元件—检测—复用电表

机检标题：6060# $a 电子元件 $x 检测 $x 复用电表

8.《铁艺灯饰》，CIP 标引为：铁—装饰美术—灯具—图集。该书排序是有问题的，“灯具”是 A1 的主体因素，要排在前面标引。“铁”是材料，A2 的主体因素，应排在“灯具”后面标引。

手检标题：灯具—铁—装饰美术—图集

机检标题：6060# $a 灯具 $x 铁 $x 装饰美术 $j 图集

9.《走进新课题：美术分册》（2010 年 4 月出版），CIP 标引为：美术课—课堂教学—教学研究—小学。应按《对应表》（二版）上“小学\美术课”的次序排列叙词。

手检标题：小学—美术课—课堂教学—教学研究

机检标题：6060# $a 小学 $x 美术课 $x 课堂教学 $x 教学研究

10.《赵之心运动养生 78 讲》（2009 年 1 月出版），CIP 标引为：①中年人—健身运动—养生（中医），②老年人—健身运动—养生（中医）。“健身运动”是一种手段，应排在最后，当副副标题。

手检标题：①中年人—养生（中医）—健身运动，②老年人—养生（中医）—健身运动

机检标题：6060# $a 中年人 $x 养生（中医） $x 健身运动
6060# $a 老年人 $x 养生（中医） $x 健身运动

八、主标题选择方面差错231例

主题标引规定:要选择A1的主体因素作主标题。主标题即主语,选择得好,才能准确表达出文献主题。下列图书有各种各样的主标题问题。

1.《景观设计基础》(2008年2月出版),CIP标引为:景观—园林设计—高等学校—教材。《对应表》(二版)上有“景观设计”叙词,主标题应是“景观设计”,用“景观”与“园林设计”是错误的。

手检标题:景观设计—高等学校—教材

机检标题:6060# $a 景观设计 $x 高等学校 $j 教材

2.《生药资源学》,CIP标引为:生药学—医学院校—教材。生药资源学是以药用植物、动物、矿物资源为研究对象的,概括性标引应用“中药资源”当主标题。

手检标题:中药资源—生药学—医学院校—教材

机检标题:6060# $a 中药资源 $x 生药学 $x 医学院校 $j 教材

3.《气象局台站名录》,CIP标引为:气象—组织机构—中国—名录。表上有“气象局台站”专指词,应用专指词分别当主标题标引。

手检标题:①气象局—中国—名录,②气象台—中国—名录,③气象站—中国—名录

机检标题:6060# $a 气象局 $y 中国 $j 名录

6060# $a 气象台 $y 中国 $j 名录

6060# $a 气象站 $y 中国 $j 名录

4.《革命道德——关于革命者的精神分析》,(美)威廉. H. 布兰察德(William H. Blanchard)著,CIP标引为:革命—精神分析。代译序:“本书是‘政治人物精神分析传记’译丛中的一部,之所以称之为‘精神分析传记’,是因为其研究和写作应用了精神分析法说。也就是

说，这类书具有一个重要特点，即用精神分析学说的理论来分析传主的行为动机，因而有别于一般传统的历史名人传记，对历史名人的生平经历作出了一个新颖独到的解释。”用“革命”作主标题不好，应用“政治人物”作主标题。

手检标题：政治人物—精神分析—列传—世界

机检标题：6060# $a 政治人物 $x 精神分析 $x 列传 $y 世界

5.《1 分钟说服——世界上最棒的推销话本》，CIP 标引为：语言艺术—通俗读物。该书是讲推销的，A1 的主体因素是“推销”，应用“推销”当主标题：

手检标题：推销—说服—语言艺术—通俗读物

机检标题：6060# $a 推销 $x 说服 $x 语言艺术 $j 通俗读物

6.《劳动关系比较研究：中国、韩国、德国》(2010 年 8 月出版)，(德)鲁道夫·特劳普—梅茨著，张俊华编。CIP 标引为：劳动—生产关系—对比研究—中国、外国—英文。主标题应是“劳动关系”，用“劳动”与“生产关系”组配是不对的。该书应标引为：

手检标题：劳动关系—对比研究—中国：韩国：法国—英文

机检标题：6060# $a 劳动关系 $x 对比研究 $y 中国 $y 韩国 $y 法国 $j 英文

7.《观赏苗木育苗关键技术》，CIP 标引为：观赏园艺—育苗。该书主标题应是苗木，应标引为：

手检标题：苗木—育苗—观赏园艺

机检标题：6060# $a 苗木 $x 育苗 $x 观赏园艺

8.《高考必须面对的 101 个问题》(2011 年 2 月出版)，CIP 标引为：高等学校—入学考试—经验。《对应表》(二版)上有专指词“高考”，应用该词当主标题标引。

手检标题：高考—经验

机检标题：6060# $a 高考 $x 经验

9.《澳门历史(1840—1949)》，CIP 标引为：历史—地区—澳门。该书应参照 K29 对应的词串“地方史\中国”标引，用“地方史”作主标题。

手检标题:地方史—澳门—1840－1949

或:澳门—地方史—1840－1949

机检标题:6060# $a 地方史 $y 澳门 $z1840－1949

或:607## $a 澳门 $x 地方史 $z1840－1949

10.《实用油气地球化学图鉴》,CIP 标引为:地球化学—图集。要标出“油气”,要用“油气田”当主标题标引。

手检标题:油气田—地球化学—图集

机检标题:6060# $a 油气田 $x 地球化学 $j 图集

11.《黑白彩色电视机维修入门》,CIP 标引为:电视接收机—维修。该书“黑白电视”、“彩色电视”为 A1 的主体因素,应当主标题。

手检标题:①黑白电视—电视接收机—维修,②彩色电视—电视接收机—维修

机检标题:6060# $a 黑白电视 $x 电视接收机 $x 维修

6060# $a 彩色电视 $x 电视接收机 $x 维修

根据《对应表》(二版),该书要标引为(手检从略):

机检标题:6060# $a 黑白电视机 $x 维修

6060# $a 彩色电视机 $x 维修

12.《民族传统体育保健学》,CIP 标引为:体育保健学。这种标法丢掉了 A1 的主体因素“民族体育形式”与“传统体育项目”,应选用这两个主体因素分别当主标题 。

手检标题:①民族形式体育—体育保健学,②传统体育项目—体育保健学

机检标题:6060# $a 民族形式体育 $x 体育保健学

6060# $a 传统体育项目 $x 体育保健学

13.《国际市场营销》(2010 年 8 月出版),CIP 标引为:国际市场—市场营销—高等学校:技术学校—教材。《对应表》(二版)上“国际市场营销学Y 国际营销”,该书主标题应是“国际营销”,用“国际市场”与“市场营销学”组配是错误的。

手检标题:国际营销—高等学校:技术学校—教材

机检标题:6060# $a 国际营销 $x 高等学校 $x 技术学校 $j 教材

14.《湘籍近现代文化名人·文学家卷》(2009 年 11 月出版),CIP 标引为:①作家—列传—湖南省—近代,②作家—列传—湖南省—现代。主标题应是“作家”的下位词“中国作家”、“现代作家”,该书应标引为:

手检标题:①中国作家—列传—湖南—近代,②中国作家:现代作家—列传—湖南

机检标题:6060# $a 中国作家 $x 列传 $y 湖南 $z 近代
6060# $a 中国作家 $x 现代作家 $x 列传 $y 湖南

15.《工程化学实验》(高等院校化学课实验系列教材),CIP 标引为:化学实验—高等学校—教材。《普通化学实验》(高等院校化学课实验系列教材),CIP 标引为:化学实验—高等学校—教材。这两本书主标题分别是“工程化学”、“普通化学”。

第一本手检标题:工程化学—化学实验—高等学校—教材

机检标题:6060# $a 工程化学 $x 化学实验 $x 高等学校 $j 教材

第二本手检标题:普通化学—化学实验—高等学校—教材

机检标题:6060# $a 普通化学 $x 化学实验 $x 高等学校 $j 教材

16.《TEM—4 客观试题效度研究》(2009 年 6 月出版),CIP 标引为:英语—高等学校—水平考试—试题—研究。主标题应是“大学英语水平考试”,应标引为:

手检标题:大学英语水平考试—试题—研究

机检标题:6060# $a 大学英语水平考试 $x 试题 $x 研究

17.《论道者:中国古代哲学辩论》,(英)国葛瑞汉著,CIP 标引为:哲学思想史—中国—先秦时代。表上没有“哲学思想史”这个叙词。该书应用“先秦哲学”当主标题标引。

手检标题:先秦哲学—哲学思想—思想史

机检标题:6060# $a 先秦哲学 $x 哲学思想 $x 思想史

18.《中国现代文学史》(高等学校文科教材),CIP 标引为:文学史—中国—现代—高等学校—教材。根据《对应表》(初版),应用“现代文学”当主标题:

手检标题:现代文学—文学史—中国—高等学校—教材

机检标题:6060# $a 现代文学 $x 文学史 $y 中国 $x 高等学校 $j 教材

根据《对应表》(二版),该书要标引为(手检从略):

机检标题:6060# $a 中国文学 $x 现代文学史 $x 高等学校 $j 教材

19.《日本近代文学史》(高等学校日语专业教材),CIP 标引为:文学史—日本—近代—高等学校—教材—日语。根据《对应表》(初版),应用“近代文学”当主标题:

手检标题:近代文学—文学史—日本—高等学校—教材

机检标题:6060# $a 近代文学 $x 文学史 $y 日本 $x 高等学校 $j 教材

根据《对应表》(二版),该书要标引为(手检从略):

机检标题:6060# $a 日本文学 $x 近代文学 $x 文学史 $x 高等学校 $j 教材

20.《中国古代文学史》(大学文科教育),CIP 标引为:文学史—中国—古代—高等学校—教材。根据《对应表》(初版),应用“古典文学”当主标题:

手检标题:古典文学—文学史—中国—高等学校—教材

机检标题:6060# $a 古典文学 $x 文学史 $y 中国 $x 高等学校 $j 教材

根据《对应表》(二版),该书要标引为(手检从略):

机检标题:6060# $a 中国文学 $x 古代文学史 $x 高等学校 $j 教材

21.《装备产业生态位演化与测度研究》(2011 年出版),CIP 标引

为:制造工业—生态经济学—研究。《对应表》(二版)上有“装备产业”叙词,主标题应是“装备产业”,该书应标引为:

手检标题:装备产业—生态经济学—研究

机检标题:6060# $a 装备产业 $x 生态经济学 $x 研究

22.《汝窑聚珍》,CIP 标引为:古代陶瓷—中国—图集。汝窑是宋代著名瓷窑之一,窑址在今河南汝州。“汝窑”应当主标题。

手检标题:汝窑—古代陶瓷—图集

机检标题:6060# $a 汝窑 $x 古代陶瓷 $j 图集

23.《景德镇民窑》,CIP 标引为:陶瓷—工艺美术—鉴赏—景德镇市。该书是讲古代民窑陶瓷的,“民窑”是 A1 的主体因素,要当主标题标引。

手检标题:民窑—古代陶瓷—工艺美术—江西—景德镇

机检标题:6060# $a 民窑 $x 古代陶瓷 $x 工艺美术 $y 江西 $y 景德镇

24.《工业生产过程控制》,CIP 标引为:生产过程—控制系统—高等学校—教材。这种标法漏掉了“工业生产”这个重要的 A1 主体因素,应选用“工业生产”当主标题标引,应选用专指词“生产过程控制”当副标题标引。

手检标题:工业生产—生产过程控制—高等学校—教材

机检标题:6060# $a 工业生产 $x 生产过程控制 $x 高等学校 $j 教材

25.《红蓝宝石图鉴——红蓝宝石鉴赏与选购》(2010 年 3 月出版),CIP 标引为:①宝石—鉴赏,②宝石—选购。《对应表》(二版)上“矿物”为族首词,其下有“宝石”,“宝石”又有下位词“红宝石”与“蓝宝石”,该书应用这两个专指词分别当主标题标引。

手检标题:①红宝石—鉴赏,②红宝石—选购,③蓝宝石—鉴赏,④蓝宝石—选购

机检标题:6060# $a 红宝石 $x 鉴赏

6060# $a 红宝石 $x 选购

6060# $a 蓝宝石 $x 鉴赏

6060# $a 蓝宝石 $x 选购

26.《走向金领》,CIP 标引为:成功心理学—通俗读物 。这里缺少主标题。该书可进行靠词标引,靠到“白领”那里,用“白领工人”当主标题标引:

手检标题:白领工人—成功心理—通俗读物

机检标题:6060# $a 白领工人 $x 成功心理 $j 通俗读物

6100# $a 金领工人

27.《图解中国史密码》(2011 年 3 月出版),CIP 标引为:中国—历史—图解,K208。K208 对应的词串有“中国历史\图解”,该书应按词串标引,用“中国历史”作主标题。

手检标题:中国历史—图解

机检标题:6060# $a 中国历史 $j 图解

28.《突破绿色壁垒——家具企业实施 ISO14001 实务指南》,CIP 标引为:环境管理—国际标准,ISO14001—指南。标题中缺少核心东西“家具企业”。《对应表》(二版)上“家具企业”为“家具工业”,该书应标引为:

手检标题:家具工业—环境管理—国际标准—指南

机检标题:6060# $a 家具工业 $x 环境管理 $x 国际标准 $j 指南

29.《哈佛看中国.经济与社会卷》(2009 年出版),CIP 标引为:①经济发展—研究—中国,②社会发展—研究—中国。该书应用“中国经济”、“中国特色社会主义”分别当主标题标引。

手检标题:①中国经济—经济发展—研究,②中国特色社会主义—社会发展—研究

机检标题:6060# $a 中国经济 $x 经济发展 $x 研究

6060# $a 中国特色社会主义 $x 社会发展 $x 研究

30.《无障碍建筑设计手册·为老年人和残疾人设计建筑》,CIP 标引为:住宅,特殊—建筑设计。应选用“老年人住宅”与“残疾人住宅”分别当主标题标引。

手检标题:①老年人住宅—建筑设计,②残疾人住宅—建筑设计
机检标题:6060# $a 老年人住宅 $x 建筑设计
6060# $a 残疾人住宅 $x 建筑设计

31.《生态环境保护导论》(教育部高等学校环境工程专业教学指导委员会推荐教材),CIP 标引为:环境保护—基础。这种标法漏标了 A1“生态环境”这个主体因素,应用“生态环境”当主标题标引。

手检标题:生态环境—环境保护—概论—高等学校—教材
机检标题:6060# $a 生态环境 $x 环境保护 $x 概论 $x 高等学校 $j 教材

32.《气液两相流和沸腾传热》(研究生教材),CIP:两相流动—沸腾传热。该书讨论气液两相流的流体动力学与沸腾传热问题,主标题应是“两相流动”的下位概念“气体—液体流动”,不是其上位概念“两相流动”。表上没有“沸腾传热”这个词。

手检标题:①气体-液体流动—流体动力学—研究生教育—教材,②气体-液体流动—流动沸腾传热—研究生教育—教材
机检标题:6060# $a 气体-液体流动 $x 流体动力学 $x 研究生教育 $j 教材
6060# $a 气体-液体流动 $x 流动沸腾传热 $x 研究生教育 $j 教材

33.《名角与戏曲的故事》,CIP 标引为:①戏曲—艺术家—生平事迹—中国—青少年读物,②戏剧史—中国—青少年读物。第一个标题应用“戏曲家”当主标题,第二个标题应用“戏曲史”当主标题。词表上没有“青少年读物”这个词。该书应标引为:

手检标题:①戏曲家—生平事迹—中国—青年读物,②戏曲史—中国—青年读物
机检标题:6060# $a 戏曲家 $x 生平事迹 $y 中国 $j 青年读物
6060# $a 戏曲史 $y 中国 $j 青年读物

34.《Wishart 分布引论》,CIP 标引为:分布—理论。作者前言指

出:本书系统地给出 Wishart 统计分布理论的一些基本内容与近代发展结果。该书为高校教材,按《对应表》(初版)要用“统计分布”当主标题,即“统计分布—理论—高等学校—教材”。按《对应表》(二版),该书应标引为:

手检标题:维夏分布—高等学校—教材

机检标题:6060# $a 维夏分布 $x 高等学校 $j 教材

35.《金融全球化与发展中国家的经济安全:拉美国家的经验教训》,CIP 标引为:金融—国际化—影响—发展中国家—经济—国家安全—研究。作者后记:“由于才疏学浅,我只能将研究范围局限在拉美。但愿有朝一日能将视野扩展至整个第三世界,更加深入地研究所有发展中国家在参与和应对金融全球化的过程中积累经验教训和失败得失。”该书应用“金融全球化”当主标题,应标出“拉丁美洲”。

手检标题:金融全球化—影响—发展中国家—经济—国家安全—拉丁美洲

机检标题:6060# $a 金融全球化 $x 影响 $x 发展中国家 $x 经济 $x 国家安全 $y 拉丁美洲

36.《陶庵梦忆》,(明)张岱著,CIP 标引为:散文—作品集—中国—明代。该书应选用古典散文作主标题标引:

手检标题:古典散文—散文集—中国—明代

机检标题:6060# $a 古典散文 $x 散文集 $y 中国 $z 明代

37.《FRP 加固混凝结构》,CIP 标引为:混凝土结构—加固。这里漏掉了 FRP 材料,应用“材料”当主标题标引。原著序:“近年来,纤维增强复合材料(Fibre Reinforced Polymer/Plastic,简称 FRP)被广泛应用于混凝土结构及其他结构的加固中。”该书应标引为:

手检标题:纤维增强复合材料—应用—混凝土结构—加固

机检标题:6060# $a 纤维增强复合材料 $x 应用 $x 混凝土结构 $x 加固

38.《谈话的艺术》,CIP 标引为:语言艺术。该书主题是谈话艺术,主标题是“谈话”,应组配标引为:

手检标题:谈话—语言艺术

机检标题:6060# $a 谈话 $x 语言艺术

39.《中国特色社会主义理论发微》,CIP 标引为:社会主义建设模式—研究—中国。按《对应表》(初版),该书应标出中国特色,用"中国特色"当主标题,即中国特色—社会主义建设模式—研究。按《对应表》(二版),该书应标引为:

手检标题:中国特色社会主义—社会主义建设模式—理论研究

机检标题:6060# $a 中国特色社会主义 $x 社会主义建设模式 $x 理论研究

40.《中国教育资源非均衡配置研究:空间计量分析》(2010 年 3 月出版),CIP 标引为:教育—资源分配—研究—中国。主标题应是"教育资源"。

手检标题:教育资源—资源分配—研究—中国

机检标题:6060# $a 教育资源 $x 资源分配 $x 研究 $y 中国

41.《根管治疗》(实用临床口腔医学丛书),CIP 标引为:牙髓病—治疗学。《对应表》(初版) R781.33 根管疾病对应的词串为"牙根—牙髓病",主标题是"牙根"。根据《对应表》(二版),该书要标引为:

手检标题:根管疗法

机检标题:6060# $a 根管疗法

42.《四大野战军征战纪事》,CIP 标引为:中国人民解放军军史—史料。该书应按《对应表》上词串标引,选用"野战军"(A1 主体因素)当主标题,野战军是中国人民解放军的主力军。

手检标题:野战军—中国人民解放军军史—史料

机检标题:6060# $a 野战军 $x 中国人民解放军军史 $j 史料

43.《国际金融动荡研究》,CIP 标引为:金融危机—研究—世界。该书应用"国际金融"当主标题标引。

手检标题:国际金融—金融动荡—研究

机检标题:6060# $a 国际金融 $x 金融动荡 $x 研究

44.《中国和印度IT产业发展比较报告》,CIP标引为:经济发展—对比研究—中国、印度。该书书名反映主题,应用"IT产业"当主标题。

手检标题:IT产业—产业发展—对比研究—中国:印度

机检标题:6060# $aIT产业 $x产业发展 $x对比研究 $y中国 $y印度

45.《数值分析》,CIP标引为:数值计算—高等学校—教材。《对应表》(初版)上"数值分析Y计算方法",该书应用"计算方法"当主标题标引。根据《对应表》(二版),该书应标引为:

手检标题:数值分析—高等学校—教材

机检标题:6060# $a数值分析 $x高等学校 $j教材

46.《电炉炼钢除尘》,CIP标引为:炼钢炉:电炉—除尘。表上有"电炉炼钢"这个专指词,应该用这个专指词当主标题标引。

手检标题:电炉炼钢—除尘

机检标题:6060# $a电炉炼钢 $x除尘

47.《全球金融发展趋势》,CIP标引为:金融—经济发展趋势—研究—世界。《境外金融业的考察与借鉴》(2010年1月出版),CIP标引为:金融—研究—世界。表中有专指词"国际金融",这两本书应用该词当主标题标引。

第一本手检标题:国际金融—经济发展趋势—研究

机检标题:6060# $a国际金融 $x经济发展趋势 $x研究

第二本手检标题:国际金融—研究—文集

机检标题:6060# $a国际金融 $x研究 $j文集

48.《中国近代商业史论》,CIP标引为:商业经济—经济史—中国—近代。表中有专指词"商业史",该书应用这个专指词当做主标题标引,用"商业经济"与"经济史"组配标引是错误的。

手检标题:商业史—中国—近代

机检标题:6060# $a商业史 $y中国 $j近代

49.《非洲农业发展简史》,CIP标引为:农业经济—经济史—非洲。表中有专指词“农业史”,应用该词当标题标引,不应该用“农业经济”、“经济史”组配标引。

手检标题:农业史—非洲

机检标题:6060# $a 农业史 $y 非洲

50《食品检验技术》,CIP 标引为:食品—商品检验—技术手册。表中有专指词食品检验,应用该词当标题标引,不应该用“食品”与“商品检验”组配标引。

手检标题:食品检验—技术手册

机检标题:6060# $a 食品检验 $j 技术手册

51.《西方报纸编辑学》,CIP 标引为:报纸—编辑学。表上有“报纸编辑”这个专指词,应用该词当主标题标引。同时,要标出“西方国家”。

手检标题:报纸编辑—编辑学—西方国家

机检标题:6060# $a 报纸编辑 $x 编辑学 $x 西方国家

52.《行政法学》(高校教材),CIP 标引为:行政法—法学—中国—高等学校—教材。表上有专指词“行政法学”,该书应用该词当主标题标引,不应该用“行政法”、“法学”组配标引。

手检标题:行政法学—高等学校—教材

机检标题:6060# $a 行政法学 $x 高等学校 $j 教材

53.《氢经济》,CIP 标引为:氢—能源经济。《对应表》(二版)上有“氢能”叙词,主标题应是“氢能”。

手检标题:氢能—能源经济

机检标题:6060# $a 氢能 $x 能源经济

54.《那样说,这样说:古今口语大对照》,CIP 标引为:汉语—口语—研究。该书书名反映主题,应按书名标出主标题,应标引为:

手检标题:古汉语:现代汉语—口语—对比研究

机检标题:6060# $a 古汉语 $x 现代汉语 $x 口语 $x 对比研究

55.《酸生产操作工》(技术工人岗位培训题库),CIP 标引为:①无机酸—生产—技术培训—习题,②乙酸—生产—技术培训—习题。

该书是讲硝酸生产、硫酸生产、盐酸生产、醋酸生产的，应该用这些专指词当主标题标引。

手检标题：①硝酸生产—技术培训—习题，②硫酸生产—技术培训—习题，③盐酸生产—技术培训—习题，④乙酸—生产—技术培训—习题

机检标题：6060# $a 硝酸生产 $x 技术培训 $j 习题

6060# $a 硫酸生产 $x 技术培训 $j 习题

6060# $a 盐酸生产 $x 技术培训 $j 习题

6060# $a 乙酸 $x 生产 $x 技术培训 $j 习题

概括性标引也应用“硝酸生产”、“硫酸生产”、“盐酸生产”的上位概念“无机化工”当主标题标引。

手检标题：①无机化工—技术培训—习题，②乙酸—生产—技术培训—习题

机检标题：6060# $a 无机化工 $x 技术培训 $j 习题

6060# $a 乙酸 $x 生产 $x 技术培训 $j 习题

56.《清末杂相》，CIP 标引为：社会—生活—概况—中国—清后期。表上有“社会生活”专指词，该书应用该词当主标题标引，用“社会”与“生活”组配标引是错误的。

手检标题：社会生活—中国—清后期

机检标题：6060# $a 社会生活 $y 中国 $z 清后期

57.《高新技术改造传统产业的理论与实践》，CIP 标引为：①技术—应用—基础产业—技术改造—研究—中国，②新技术—应用—技术产业—技术改造—中国。本书应用“新技术应用”当主标题标引。

手检标题：新技术应用—传统产业—技术改造—中国

机检标题：6060# $a 新技术应用 $x 传统产业 $x 技术改造 $y 中国

58.《完全靓男》，CIP 标引为：男性—服饰美学。应该用表上专指词“男服”当主标题标引。

手检标题：男服—服饰美学

机检标题:6060# $a 男服 $x 服饰美学

59.《建安风骨》(古典诗词漫画),CIP 标引为:古典诗词—文学欣赏—中国—建安(196—220)。表上有"建安文学"专指词,有"古典诗歌"等专指词,没有"古典诗词"这个词。该书应标引为:

手检标题:①建安文学—古典诗歌—诗歌欣赏,②建安文学—词(文学)—诗歌欣赏

机检标题:6060# $a 建安文学 $x 古典诗歌 $x 诗歌欣赏

6060# $a 建安文学 $x 词(文学) $x 诗歌欣赏

60.《古代中国的思想世界》,CIP 标引为:哲学思想—中国—先秦时代。表上有"先秦哲学"专指词,应用该词当主标题标引。

手检标题:先秦哲学—哲学思想

机检标题:6060# $a 先秦哲学 $x 哲学思想

61.《临床营养学》(高等医学院护理专业教材),CIP 标引为:营养学—成人教育:高等教育—教材。表上有"临床营养"专指词,应用该词当主标题标引。

手检标题:临床营养—营养学—医学院校—教材

机检标题:6060# $a 临床营养 $x 营养学 $x 医学院校 $j 教材

62.《编辑学新论》,CIP 标引为:编辑工作—研究。表上有"编辑学"叙词,应用该词当主标题标引。

手检标题:编辑学—研究

机检标题:6060# $a 编辑学 $x 研究

63.《金融理论教程》(21 世纪高等学校金融系列教材),CIP 标引为:金融—经济理论—教材。应选用表上"金融学"当主标题标引,不应该用"金融"与"经济理论"组配标引。

手检标题:金融学—高等学校—教材

机检标题:6060# $a 金融学 $x 高等学校 $x 教材

64.《款式风格识女人:穿出个人的服饰风格》,CIP 标引为:女性—服饰美学。主标题应是专指词"女服"。该书应标引为:

手检标题:女服—服饰美学

机检标题:6060# $a 女服 $x 服饰美学

65.《笔记本电脑使用与维护》,CIP 标引为:便携式计算机—维修。《对应表》上计算机为“族首词”,“便携式计算机”与“笔记本计算机”在词族中为直接的上下位关系,CIP 用的是上位词,犯了越级组配错误。应用下位词“笔记本计算机”作主标题标引。

手检标题:①笔记本计算机—使用方法,②笔记本计算机—计算机维护

机检标题:6060# $a 笔记本计算机 $x 使用方法

6060# $a 笔记本计算机 $x 计算机维护

66.《问学·余秋雨·与北大学生谈中国文化》,CIP 标引为:传统文化—研究—中国。该书应用“中华文化”与“传统文化”组配标引。

手检标题:中华文化:传统文化—文化研究

机检标题:6060# $a 中华文化 $x 传统文化 $x 文化研究

67.《你不可不读的西方哲学故事》,CIP 标引为:哲学史—西方国家—通俗读物。该书讲了从古希腊至现代的西方哲学史上主要哲学家与哲学流派的思想之精华。应用“西方哲学”当主标题,应标引为:

手检标题:西方哲学—哲学史:思想史—通俗读物

机检标题:6060# $a 西方哲学 $x 哲学史 $x 思想史 $j 通俗读物

68.《合成 21 世纪》,CIP 标引为:社会—管理—美国。表上有专指词“社会管理”,应用专指词当主标题标引。

手检标题:社会管理—美国

机检标题:6060# $a 社会管理 $y 美国

69.《淮北柳孜运河遗址发掘报告》,CIP 标引为:运河—文化遗址—隋代—发掘报告—安徽省。该书内容简介指出:“本书较为详细地汇报了 1999 年安徽省淮北市柳孜隋唐大运河(通济渠)考古发掘材料,为开展中国运河考古工作找到了一个切入点,证明了隋代开挖的通济渠的流经路线。”该书应用中国历史范围内的“通济渠”专指词当主标题标引,不应该用“运河”当主标题标引。“隋代”是时代因素,应作第五级标题标引,不应该作第三级标题标引。该书应标引为:

手检标题:通济渠—文化遗址—发掘报告—安徽—隋代

机检标题:607## $a 通济渠 $x 文化遗址 $x 发掘报告 $y 安徽 $z 隋代

70.《教学评估》(2010 年 10 月出版),CIP 标引为:中小学—教育评估。主标题应是“中小学教育”,副标题应是“教学评估”,不是概念内涵中的“教育评估”。

手检标题:中小学教育—教学评估

机检标题:6060# $a 中小学教育 $x 教学评估

71.《竞争政策:历史、理论及实践》,CIP 标引为:竞争—政策—研究。该书是讲市场竞争与垄断竞争,应用这两个专指词分别当主标题标引。

手检标题:①市场竞争—经济政策—研究,②垄断竞争—经济政策—研究

机检标题:6060# $a 市场竞争 $x 经济政策 $x 研究

6060# $a 垄断经济 $x 经济政策 $x 研究

72.《气体集成快速定位预测隐伏矿的新技术研究》,CIP 标引为:地球化学气体测量—研究。这种标法缺少主标题,应选用“隐伏矿床”当主标题。该书应标引为:

手检标题:隐伏矿床—地球化学气体测量—研究

机检标题:6060# $a 隐伏矿床 $x 地球化学气体测量 $x 研究

73.《一看就懂的中国文学大事典》,CIP 标引为:文学史—中国—通俗读物。该书将中国文学史改变成 100 个左右的生动小故事,中国数千年文学史于此可见。该书应用“中国文学”当主标题标引。

手检标题:中国文学—文学史—通俗读物

机检标题:6060# $a 中国文学 $x 文学史 $j 通俗读物

74.《漫步牛熊市:动荡市场的赢家》,CIP 标引为:股票—证券投资—基本知识。《对应表》(二版)上有“股票投资”这个专指词。应用专指词当主标题标引。该书应标引为:

手检标题:股票投资—基本知识

机检标题:6060# $a 股票投资 $x 基本知识

75.《圣诞·新年装饰艺术》,CIP 标引为:节日—装饰美术。“节日”是上位概念,“圣诞节”是其下位概念,应用下位概念当主标题。

手检标题:圣诞节—装饰美术

机检标题:6060# $a 圣诞节 $x 装饰美术

76.《新编局域网组建、管理与维护教程》,CIP 标引为:计算机网络—管理—技术管理—教材。该书是讲局域网的,“局域网”是“计算机网络”的下位概念,应用“局域网”当主标题。CIP 标引是越级行为。

手检标题:局域网—计算机网络管理—教材

机检标题:6060# $a 局域网 $x 计算机网络管理 $j 教材

77.《人力资源管理》(2010 年 2 月出版),CIP 标引为:劳动力资源—资源管理—高等学校—教材。主标题应是“人力资源管理”,该书应标引为:

手检标题:人力资源管理—高等学校—教材

机检标题:6060# $a 人力资源管理 $x 高等学校 $j 教材

78.《建筑工程概预算》(高等学校教材),CIP 标引为:建筑经济定额—教材。该书是讲建筑概算定额与建筑预算定额的,应用这两个概念分别当主标题标引。

手检标题:①建筑概算定额—高等学校—教材,②建筑预算定额—高等学校—教材

机检标题:6060# $a 建筑概算定额 $x 高等学校 $j 教材

6060# $a 建筑预算定额 $x 高等学校 $j 教材

79.《MOS 集成电路的分析与设计》,CIP 标引为:①集成电路—电路分析,②集成电路—电路设计。主标题应是“MOS 集成电路”,而不是其上位概念“集成电路”。

手检标题:①MOS 集成电路—电路分析,②MOS 集成电路—电路设计

机检标题:6060# $aMOS 集成电路 $x 电路分析

6060# $aMOS 集成电路 $x 电路设计

80.《饮业营养与卫生》,CIP 标引为:①营养学—高等学校—教材,②饮食卫生—高等学校—教材。应用"营养学"的下位概念"饮食营养学"当主标题标引。应标引为:

手检标题:①饮食营养学—高等学校—教材,②饮食卫生—高等学校—教材

机检标题:6060# $a 饮食营养学 $x 高等学校 $j 教材

6060# $a 饮食卫生 $x 高等学校 $j 教材

81.《世界是部金融史》(2010 年 12 月出版),CIP 标引为:金融—研究—世界。主标题应是"国际金融"。

手检标题:国际金融—研究

机检标题:6060# $a 国际金融 $x 研究

82.《高速公路沥青路面早期损坏分析与防治对策》,CIP 标引为:①沥青路面—路面损坏—分析,②沥青路面—路面损坏—防治。该书 A1 的主体因素是"高速公路",应用"高速公路"当主标题标引。"分析"应用专指词"工程分析"标引,"防治对策"应用"防治措施"标引。

手检标题:①高速公路—沥青路面—路面损坏—工程分析,②高速公路—沥青路面—路面损坏—防治措施

机检标题:6060# $a 高速公路 $x 沥青路面 $x 路面损坏 $x 工程分析

6060# $a 高速公路 $x 沥青路面 $x 路面损坏 $x 防治措施

83.《解读中国"第一病"》,CIP 标引为:肝炎—研究。"第一病"指的是"乙肝",在表上有"乙肝"的情况下用上位概念"肝炎"标引是错误的。该书应标引为:

手检标题:乙型肝炎—研究

机检标题:6060# $a 乙型肝炎 $x 研究

84.《解读日本人》《解读俄罗斯人》《解读美国人》《解读德国人》,CIP 分别标引为:民族心理—研究—日本,民族心理—研究—俄罗斯,民族心理—研究—美国,民族心理—研究—德国。这 4 本书主

标题应分别是日本人、俄罗斯人、美利坚人与日耳曼人。

第一本手检标题:日本人—民族心理—研究

机检标题:6060# $a 日本人 $x 民族心理 $x 研究

第二本手检标题:俄罗斯人—民族心理—研究

机检标题:6060# $a 俄罗斯人 $x 民族心理 $x 研究

第三本手检标题:美利坚人—民族心理—研究

机检标题:6060# $a 美利坚人 $x 民族心理 $x 研究

第四本手检标题:日耳曼人—民族心理—研究

机检标题:6060# $a 日耳曼人 $x 民族心理 $x 研究

85.《3DS MAX 室内外装饰设计案例教材》,CIP 标引为:建筑装饰—建筑设计:计算机辅助设计—图形软件,3DS MAX—教材。书名反映内容主题,应用专指词"室内装饰设计"、"室外装饰"分别当主标题,专指地表达主题。

手检标题:①室内装饰设计:计算机辅助设计—图形软件,3DS MAX —教材,②室外装饰—装饰设计:计算机辅助设计—图形软件,3DS MAX—教材

机检标题:6060# $a 室内装饰设计 $x 计算机辅助设计 $x 图形软件 $j 教材

6060# $a 室外装饰 $x 装饰设计 $x 计算机辅助设计 $x 图形软件 $j 教材

86.《公路景观学》,CIP 标引为:公路—景观—设计。《对应表》上有"公路景观"专指词,应该用专指词当主标题标引。应标引为:

手检标题:公路景观—景观学

机检标题:6060# $a 公路景观 $x 景观学

87.《劳动价值论的核心逻辑》,CIP 标引为:劳动—价值论—研究。应用《对应表》上专指词"劳动价值论"当主标题标引,其组配标引是不对的。

手检标题:劳动价值论—研究

机检标题:6060# $a 劳动价值论 $x 研究

88.《中国考古学·夏商卷》,CIP 标引为:①考古—研究—中国—夏代,②考古—研究—中国—商代。该书内容:夏文化探索、二里头文化、商文化探索等。该书应该用专指的叙词当主标题标引。

手检标题:①考古学—中国,②夏文化(考古),③商文化(考古学),④二里头文化

机检标题:6060# $a 考古学 $y 中国

6060# $a 夏文化(考古)

6060# $a 商文化(考古学)

6060# $a 二里头文化

89.《轧钢机械》,CIP 标引为:轧制设备—高等学校:技术学校—教材。《对应表》上“轧钢机Y 轧机”。“轧机”是“轧制设备”的下位概念,该书应用下位概念当主标题标引。

手检标题:轧机—高等学校:技术学校—教材

机检标题:6060# $a 轧机 $x 高等学校 $x 技术学校 $j 教材

90.《物理光学教程》,CIP 标引为:光学—高等学校—教材。表上有“光学”的下位概念“物理光学”,应用“物理光学”当主标题标引。

手检标题:物理光学—高等学校—教材

机检标题:6060# $a 物理光学 $x 高等学校 $j 教材

91.《屈家岭文化》,CIP 标引为:新石器时代文化—研究—京山县。“新石器时代文化”是“屈家岭文化”的上位词,CIP 犯了越级组配的错误。

手检标题:屈家岭文化—研究

机检标题:6060# $a 屈家岭文化 $x 研究

92.《计量经济学》(21 世纪高级经济学系列教材),CIP 标引为:经济学。这是越级行为,因为“经济学”是“计量经济学”的上位词。该书应用下位概念当主标题标引。

手检标题:计量经济学—高等学校—教材

机检标题:6060# $a 计量经济学 $x 高等学校 $j 教材

93.《中国年》,CIP 标引为:节日—风俗习惯—中国。这是越级标

法,因为“节日”是“中国年(春节)”的上位词。该书应用下位概念当主标题标引。

手检标题:春节—风俗习惯—中国

机检标题:6060# $a 春节 $x 风俗习惯 $y 中国

94.《CEI中国行业发展报告——传媒业》,CIP标引为:①经济发展—研究报告—中国,②传播媒介—产业—经济发展—研究报告—中国。《辞海》:通信媒介部门属于第四产业,也属于第三产业,第二个标题应用“产业”的下位概念“第四产业”标引。第一个标题应用“中国经济”当主标题。该书应标引为:

手检标题:①中国经济—经济发展—研究报告,②传播媒介—第四产业—产业发展—研究报告—中国

机检标题:6060# $a 中国经济 $x 经济发展 $x 研究报告

6060# $a 传播媒介 $x 第四产业 $x 产业发展 $x 研究报告 $y 中国

95.《飞行器环境控制》(北京市高等教育精品教材立项项目),CIP标引为:航天器—座舱环境控制系统,这是越级标法,因为“航天器”是“飞行器”的下位概念。该书应用专指词“飞行器”作主标题标引。

手检标题:飞行器—座舱环境控制系统

机检标题:6060# $a 飞行器 $x 座舱环境控制系统

96.《当代文学六国论》,CIP标引为:文学评论—中国—当代—文集。主标题应是“中国文学”、“当代文学”,应标引为:

手检标题:中国文学:当代文学—文学评论—文集

机检标题:6060# $a 中国文学 $x 当代文学 $x 文学评论 $j 文集

97.《高温热浪与人体健康》(气象灾害丛书),CIP标引为:高温—气象灾害—影响—健康。《对应表》(二版)上“高温害Y热害”,应用“热害”当主标题标引。该书应标引为:

手检标题:热害—影响—健康

机检标题:6060# $x 热害 $x 影响 $x 健康

98.《交通运输工程学》(研究生教学用书),CIP 标引为:交通工程学。内容提要:“本书全面介绍了铁路运输、公路运输、水路运输、航空运输和管道运输以及综合运输多种联运等内容主题。”主标题应是“交通运输”。

手检标题:交通运输—交通工程学—研究生教育—教材

机检标题:6060# $a 交通运输 $x 交通工程学 $x 研究生教育 $j 教材

99.《话说经济》,(英)马修福斯塔德著,周莉、赵伟、赵爱玲译,CIP 标引为:经济史—世界。该书应选择 A1 的主体因素“世界经济”做主标题,与“经济史”组配标引。

手检标题:世界经济—经济史

机检标题:6060# $x 世界经济 $x 经济史

100.《地震群测郡防手册》,CIP 标引为:地震—灾害防治—手册。应选择表上“地震灾害”当主标题标引。

手检标题:地震灾害—灾害防治—手册

机检标题:6060# $a 地震灾害 $x 灾害防治 $j 手册

101.《殷墟王卜辞的分类与断代》(2010 年出版),CIP 标引为:甲骨文—研究。《对应表》(二版)上“卜辞Y 占卜”,主标题应是“占卜”。

手检标题:①占卜—甲骨文—分类,②占卜—甲骨文—断代学

机检标题:6060# $a 占卜 $x 甲骨文 $x 分类

6060# $a 占卜 $x 甲骨文 $x 断代学

102.《手机小说的秘密》(2010 年出版),(日)速水健朗著,CIP 标引为:小说—文学研究—日本—现代。主标题应是“小说研究”,不应该用“小说研究”的上位概念“文学研究”与“小说”组配标引。

手检标题:小说研究—日本—现代

机检标题:6060# $a 小说研究 $y 日本 $z 现代

103.《国家战略——人才改变世界》(2010 年出版),CIP 标引为:人才—培养—发展战略—研究—世界。《对应表》(二版)上有专指词“人才培养”,应用该词当主标题。该书应标引为:

手检标题:人才培养—发展战略—研究—世界

机检标题:6060# $a 人才培养 $x 发展战略 $x 研究 $y 世界

104.《现代企业的道德难题》,CIP 标引为:企业管理—伦理学—研究。主标题应是“企业伦理”,该书应标引为:

手检标题:企业伦理—伦理学—研究

机检标题:6060# $a 企业伦理 $x 伦理学 $x 研究

105.《加拿大养老保障制度》,CIP 标引为:老年人—社会保障—福利制度—对比研究—加拿大、中国。《美国养老》(2010 年 6 月出版),CIP 标引为:老年人—社会保障—概况—美国。《对应表》(二版)上有“养老”这个叙词,这两本书应用“养老”当主标题标引。

第一本手检标题:养老—社会保障—福利制度—对比研究—加拿大:中国

机检标题:6060# $a 养老 $x 社会保障 $x 福利制度 $x 对比研究 $y 加拿大 $y 中国

第二本手检标题:养老—社会保障—概况—美国

机检标题:6060# $a 养老 $x 社会保障 $x 概况 $y 美国

106.《变压器故障速检速修 200 问》(2009 年 6 月出版),CIP 标引为:①变压器—故障检测—问答,②变压器—故障修复—问答。主标题应是《对应表》(二版)上专指词“变压器故障”。

手检标题:①变压器故障—故障检测—问题解答,②变压器故障—故障修复—问题解答

机检标题:6060# $a 变压器故障 $x 故障检测 $x 问题解答

6060# $a 变压器故障 $x 故障修复 $x 问题解答

107《文化艺术之旅》(2009 年 11 月出版),CIP 标引为:①文化—研究,②艺术—研究。《对应表》(二版)上有“文化艺术”、“文化研究”等专指叙词,该书应用“文化艺术”当主标题。

手检标题:①文化艺术—文化研究,②文化艺术—艺术评论

机检标题:6060# $a 文化艺术 $x 文化研究

6060# $a 文化艺术 $x 艺术评论

108.《常见电器故障快速诊断与维修》(2009 年 10 月出版),CIP 标引为:①电气设备—故障诊断,②电气设备—维修。《实用电气故障查找技术》(2011 年 1 月出版),CIP 标引为:电气设备—故障诊断。这两本书主标题应是《对应表》(二版)上“电气故障”的专指词。

第一本手检标题:①电气故障—故障诊断,②电气故障—故障修复

机检标题:6060# $a 电气故障 $x 故障诊断

6060# $a 电气故障 $x 故障修复

第二本手检标题:电气故障—故障诊断

机检标题:6060# $a 电气故障 $x 故障诊断

109.《中国古代服饰》(2010 年 8 月出版),CIP 标引为:服饰—文化史—中国—古代。《对应表》(二版)上有专指词“服饰文化”,应用该词当主标题标引。

手检标题:服饰文化—文化史—中国—古代

机检标题:6060# $a 服饰文化 $x 文化史 $y 中国 $z 古代

110.《小说 24 美》(2009 年出版),CIP 标引为:小说—创作方法。《对应表》(二版)上有专指词“小说创作”,应用该词当主标题标引。

手检标题:小说创作—文学创作方法

机检标题:6060# $a 小说创作 $x 文学创作方法

111.《我国现代科研院所制度研究》(2011 年 1 月出版),CIP 标引为:科学研究组织机构—科研管理—中国。主标题应是“科学研究组织机构”的下位词“科研院所”,该书应标引为:

手检标题:科研院所—制度建设—研究—中国

机检标题:6060# $科研院所 $x 制度建设 $x 研究 $y 中国

112.《师德养成读本》(2010 年 10 月出版),CIP 标引为:教师—职业道德。《师德养成读本》分中外名师师德风范、中外师德名言警句上下两篇。主标题应是“优秀教师”。

手检标题:①优秀教师—师德,②优秀教师—师德—警句

机检标题:6060# $a 优秀教师 $x 师德

6060# $a 优秀教师 $x 师德 $x 警句

113.《Office2010 办公专家从入门到精通(精简版)》(2010 年出版),CIP 标引为:办公室—自动化—应用软件,Office 2010。主标题应是专指词办公自动化,该书应标引为:

手检标题:办公自动化—应用软件,Office 2010

机检标题:6060# $a 办公自动化 $x 应用软件

6100# $a Office 2010

114.《中文版 Flash CS3 动画制作》(2009 年出版),CIP 标引为:动画—设计—图形软件,Flash CS3。主标题应是专指词“动画制作软件”,该书应标引为:

手检标题:动画制作软件,Flash CS3

机检标题:6060# $a 动画制作软件

6100# $a Flash CS3

115.《一看就会的家常菜 300 例》(2009 年出版),CIP 标引为:菜谱。这种标法缺少主标题,应标出“家常菜肴”。

手检标题:家常菜肴—菜谱

机检标题:6060# $a 家常菜肴 $x 菜谱

116.《从零开始五笔字型打字通》(2010 年 3 月出版),CIP 标引为:汉字编码,五笔字型—基本知识。该书应用《对应表》(二版)上专指词“五笔字型输入法”当主标题标引。

手检标题:五笔字型输入法—基本知识

机检标题:6060# $a 五笔字型输入法 $x 基本知识

117.《家常徽菜 1000 样》(2008 年 8 月出版),CIP 标引为:菜谱—安徽省。《家常苏菜 1000 样》(2008 年 8 月出版),CIP 标引为:菜谱—江苏省。《新编精品湘菜》(2010 年 10 月出版),CIP 标引为:菜谱—湖南省。《新编精品鲁菜》(2010 年 10 月出版),CIP 标引为:菜谱—山东省。《经典川菜 800 例》(2009 年出版),CIP 标引为:菜谱—四川省。《对应表》(二版)上有“湘菜”、“徽菜”、“苏菜”、“鲁菜”、“川菜”等专指词,应选用专指词分别当主标题。

第一本手检标题:徽菜—菜谱

机检标题:6060# $a 徽菜 $x 菜谱

第二本手检标题:苏菜—菜谱

机检标题:6060# $a 苏菜 $x 菜谱

第三本手检标题:湘菜—菜谱

机检标题:6060# $a 湘菜 $x 菜谱

第四本手检标题:鲁菜—菜谱

机检标题:6060# $a 鲁菜 $x 菜谱

第五本手检标题:川菜—菜谱

机检标题:6060# $a 川菜 $x 菜谱

118.《中国古代音乐美学》(2004 年 8 月出版,2009 年重印),CIP 标引为:音乐美学—美学史—中国—古代。初版、二版《对应表》上都有“古代音乐”叙词,主标题应是“古代音乐”,“音乐美学”只能作副标题。

手检标题:古代音乐—音乐美学—美学史—中国

机检标题:6060# $a 古代音乐 $x 音乐美学 $x 美学史 $y 中国

119.《鱼病防治百科》(2009 年 10 月出版),CIP 标引为:鱼病—防治—基本知识。主标题应是《对应表》(二版)上专指词“鱼病防治”,不应该用“鱼病”与“防治”组配标引。

手检标题:鱼病防治—基本知识

机检标题:6060# $a 鱼病防治 $x 基本知识

120.《手机维修识图快速入门》(2010 年 1 月出版),CIP 标引为:①移动通信—携带电话机—电路图—识图法,②移动通信—携带电话机—维修。《对应表》(二版)上“手机Y 移动电话机”,主标题应是“移动电话机”。

手检标题:①移动电话机—电路图—图形识别,②移动电话机—计算机维护

机检标题:6060# $a 移动电话机 $x 电路图 $x 图形识别

6060# $a 移动电话机 $x 计算机维护

121.《餐桌上的植物史》(2009 年 7 月出版),CIP 标引为:植物—普及读物。《对应表》(二版)上有专指词“食用植物”,该词当主标题标引才与该书主题相吻合。

手检标题:食用植物—普及读物

机检标题:6060# $a 食用植物 $j 普及读物

122.《常用兽药 800 问》(2010 年出版),CIP 标引为:兽医学—药物—问答。该书应用《对应表》(二版)上“兽医药”当主标题。

手检标题:兽医药—问题解答

机检标题:6060# $a 兽医药 $j 问题解答

123.《洞庭碧螺春》(2009 年出版),CIP 标引为:茶—简介—苏州。《对应表》(二版)上“碧螺春Y 绿茶”,应用“绿茶”当主标题标引。

手检标题:绿茶—介绍—江苏—苏州

机检标题:6060# $a 绿茶 $x 介绍 $y 江苏 $y 苏州

124.《女人的身体女人的健康》(2009 年 8 月出版),CIP 标引为:女性—保健—基本知识。应用专指词“妇女保健学”当主标题标引。

手检标题:妇女保健学—基本知识

机检标题:6060# $a 妇女保健学 $x 基本知识

125.《走出华尔街风暴:应对全球性衰退的中国策略》(2009 年 3 月出版),CIP 标引为:①金融危机—研究—世界,②经济发展—研究—中国。《对应表》(二版)上有专指词“国际金融”与“中国经济”这两个叙词,应分别当主标题。

手检标题:①国际金融—金融危机—研究,②中国经济—经济发展—研究

机检标题:6060# $a 国际金融 $x 金融危机 $x 研究

6060# $a 中国经济 $x 经济发展 $x 研究

126.《横渡戈壁沙漠》(2010 年出版),CIP 标引为:探险—史料—新疆—1927 - 1928。这种标法缺少主标题。

手检标题:①戈壁—探险—新疆—1927 - 1928—史料,②沙漠—探险—新疆—1927 - 1928—史料

机检标题:6060# $a 戈壁 $x 探险 $y 新疆 $z1927 – 1928 $j 史料

6060# $a 沙漠 $x 探险 $y 新疆 $z1927 – 1928 $j 史料

127.《追求无残酷文化》(2009 年出版),CIP 标引为:动物—保护—文集。《对应表》(二版)上有专指词“动物保护”,应用该词当主标题标引。

手检标题:动物保护—文集

机检标题:6060# $a 动物保护 $j 文集

128.《提防身边的动植物》(2009 年出版),CIP 标引为:动植物—普及读物。《对应表》(二版)上没有“动植物”这个词,应用“动物”和“植物”分别当主标题标引。

手检标题:①动物—普及读物,②植物—普及读物

机检标题:6060# $a 动物 $j 普及读物

6060# $a 植物 $j 普及读物

129.《城市气象灾害》(2009 年 5 月出版),CIP 标引为:城市—气象灾害。主标题应是《对应表》(二版)上“城市气候”专指词,表上“气候灾害Y 气象灾害”。该书应标引为:

手检标题:城市气候—气象灾害

机检标题:6060# $a 城市气候 $x 气象灾害

130.《国际艺术品市场上》(2010 年 6 月出版),CIP 标引为:艺术—市场—简介—世界。《对应表》(二版)上“艺术商品化Y 艺术市场”,应用“国际市场”、“艺术市场”参与组配标引。

手检标题:国际市场:艺术市场—介绍

机检标题:6060# $a 国际市场 $x 艺术市场 $x 介绍

131.《杏花春雨:江南文学与艺术》(2010 年出版),CIP 标引为:①文学史—华东地区,②艺术史—华东地区。第①个标题应用“文学史”的下位概念“地方文学史”当主标题标引。

手检标题:①地方文学史—江南(历史地名),②艺术史—江南(历史地名)

机检标题:6060# $a 地方文学史 $y 江南(历史地名)

6060# $a 艺术史 $y 江南(历史地名)

132.《光传输系统(中兴)组建、维护与管理实践指导》(2010 年10 月出版),CIP 标引为:光通信—高等学校:技术学校—教材。主标题应选用“光传输系统”叙词标引。

手检标题:光传输系统—高等学校:技术学校—教学参考资料

机检标题:6060# $a 光传输系统 $x 高等学校 $x 技术学校 $j 教学参考资料

133.《工业通风空气调节》(2010 年出版),CIP 标引为:①工业生产—通风—高等学校:技术学校—教材,②工业生产—空气调节—高等学校:技术学校—教材。该书应按书名反应的主题标引,主标题应是“工业通风”。该书应标引为:

手检标题:工业通风—空气调节—高等学校:技术学校—教材

机检标题:6060# $a 工业通风 $x 空气调节 $x 高等学校 $x 技术学校 $j 教材

134.《水环境监测与评价》(2008 年 9 月出版),CIP 标引为:①水环境—环境监测—高等学校—教材,②水环境—评价—高等学校—教材。《对应表》(二版)上“水环境评价Y 水环境质量评价”,②的主标题应选用“水环境质量评价”这个词标引。

手检标题:①水环境—环境监测—高等学校—教材,②水环境质量评价—高等学校—教材

机检标题:6060# $a 水环境 $x 环境监测 $x 高等学校 $j 教材

6060# $a 水环境质量评价 $x 高等学校 $j 教材

135.《教师科学文化素养》(2010 年 2 月出版),CIP 标引为:教师—素质教育—研究。主标题应是“教师素质”。该书应标引为:

手检标题:教师素质—文化素质教育

机检标题:6060# $a 教师素质 $x 文化素质教育

136.《世界经典金奖金榜 · 幽默讽刺小说》(2010 年出版),CIP 标引为:小说—作品集—世界。《对应表》(二版)上有“小说”的下位概念“讽刺小说”,应选用“讽刺小说”当主标题。

手检标题:讽刺小说—小说集—世界

机检标题:6060# $a 讽刺小说 $x 小说集 $y 世界

137.《雅舍小品》(2010 年 6 月出版),梁秋实著,CIP 标引为:散文—作品集—中国—现代。《对应表》(二版)上有“小品文”,且是“散文”的下位概念,主标题应是“小品文”。该书应标引为:

手检标题:小品文—散文集—中国—现代

机检标题:6060# $a 小品文 $x 散文集 $y 中国 $z 现代

138.《产权人本共进论——常修泽谈国有制改革》(2010 年 3 月出版),CIP 标引为:社会主义经济—经济体制改革—研究—中国。《对应表》(二版)有“中国特色社会主义”叙词,应选用这个叙词当主标题。

手检标题:中国特色社会主义—社会主义经济体制—经济体制改革—研究

机检标题:6060# $a 中国特色社会主义 $x 社会主义经济体制 $x 经济体制改革 $x 研究

139.《敦煌丝绸艺术全集.法藏卷》(2010 年 9 月出版),CIP 标引为:①西域—丝织物—收藏—世界,②西域—丝织物—收藏—法国。主标题不应该用“西域”,应该用“敦煌”(历史地名),《对应表》(二版)上“丝绸织物Y 丝绸”,该书应标引为:

手检标题:①敦煌(历史地名)—丝绸—收藏—世界,②敦煌(历史地名)—丝绸—收藏—法国

机检标题:607## $a 敦煌(历史地名) $x 丝绸 $x 收藏 $y 世界
607## $a 敦煌(历史地名) $x 丝绸 $x 收藏 $y 法国

140.《西方现代艺术史》(2010 年 8 月出版),CIP 标引为:艺术史—西方国家—现代。主标题应是“西方艺术”,该书应标引为:

手检标题:西方艺术—艺术史—现代

机检标题:6060# $a 西方艺术 $x 艺术史 $z 现代

141.《西方音乐简史》(2010 年 10 月出版),CIP 标引为:音乐史—西方国家。《对应表》(二版)上“西方音乐Y 西洋音乐”,该书应

选用“西洋音乐”当主标题标引。

手检标题:西洋音乐—音乐史

机检标题:6060# $a 西洋音乐 $x 音乐史

142.《中国人才集聚的理论分析与实证研究:基于 IMSA 分析范式》(2010 年 3 月出版),CIP 标引为:人才—资源开发—研究—中国。《对应表》(二版)上有“人才资源开发”叙词,应选用该叙词作主标题。

手检标题:人才资源开发—人才研究—中国

机检标题:6060# $a 人才资源开发 $x 人才研究 $y 中国

143.《被绑架的世界:1919~1939 年的全球货币战争》(2010 年 8 月出版),CIP 标引为:经济危机—研究—世界—1919-1939.《对应表》(二版)上“经济危机”有下位概念“货币危机”,主标题应是“货币危机”,该书应标引为:

手检标题:货币危机—全球问题—研究—1919-1939

机检标题:6060# $a 货币危机 $x 全球问题 $x 研究 $z 1919-1939

144.《几度飘零:大陆赴台文人沉浮录》(2010 年 2 月出版),CIP 标引为:①作家—人物评论—中国—现代,②作家—人物评论—中国—当代。《对应表》(二版)上有专指词“中国作家”、“作家评论”,该书应选用这两个词当主副标题。

手检标题:①中国作家—作家评论—现代,②中国作家—作家评论—当代

机检标题:6060# $a 中国作家 $x 作家评论 $z 现代

6060# $a 中国作家 $x 作家评论 $z 当代

145.《现代语言学通论》(2010 年出版),CIP 标引为:语言学。该书主标题是“现代语言”,应标引为:

手检标题:现代语言—语言学—概论

机检标题:6060# $a 现代语言 $x 语言学 $x 概论

146.《西方哲学导论:中心保持不变吗?》(2009 年出版),(美)帕尔玛著,杨洋译,CIP 标引为:哲学—研究—西方国家。《对应表》(二

版）上有“西方哲学”专指词，应选用“西方哲学”当主标题，该书应标引为：

手检标题：西方哲学—研究

机检标题：6060# $a 西方哲学 $x 研究

147.《金沙之光：往古来今的太阳故事》（2008 年 5 月出版），CIP 标引为：太阳—崇拜—中国—通俗读物。《对应表》（二版）上有“太阳神崇拜”的叙词，应选用该词当主标题，该书应标引为：

手检标题：太阳神崇拜—中国—通俗读物

机检标题：6060# $a 太阳神崇拜 $y 中国 $j 通俗读物

148.《自然灾害与农业避险》（2010 年 4 月出版），CIP 标引为：农业—自然灾害—灾害防治—普及读物。主题标引不能单看书名，还要看书的内容，进行准确标引。该书讲的是《对应表》（二版）上“农业气象灾害”的内容主题，应标引这个主题。

手检标题：农业气象灾害—灾害防治—普及读物

机检标题：6060# $a 农业气象灾害 $x 灾害防治 $j 普及读物

149.《简明中国文学史》（2010 年 9 月出版），CIP 标引为：文学史—中国。这里“中国文学”是 A1 的主体因素，要当主标题；“文学史”当副标题。

手检标题：中国文学—文学史

机检标题：6060# $a 中国文学 $x 文学史

150.《探地雷达原理与应用》（2010 年 1 月出版），CIP 标引为：雷达探测—电磁法勘探—高等学校—教材。《对应表》（二版）上有“探地雷达”叙词，应选用该叙词当主标题标引。

手检标题：探地雷达—高等学校—教材

机检标题：6060# $a 探地雷达 $x 高等学校 $j 教材

151.《汽车空调检修》（2010 年出版），CIP 标引为：汽车—空气调节设备—车辆维修—技术培训—教材。该书应选用《对应表》（二版）上“汽车空调”当主标题标引。

手检标题：汽车空调—检修—技术培训—教材

机检标题:6060# $a 汽车空调 $x 检修 $x 技术培训 $j 教材

152.《2010 中国经济预测与展望》(2010 年出版),CIP 标引为:①经济预测—中国—2010,②经济发展趋势—中国—2010。主标题应是“中国经济”,该书应标引为:

手检标题:①中国经济—经济预测—2010,②中国经济—经济发展趋势—2010

机检标题:6060# $a 中国经济 $x 经济预测 $z2010

6060# $a 中国经济 $x 经济发展趋势 $z2010

153.《海疆的守护神:水面舰艇与战争》(2010 年 8 月出版),CIP 标引为:军用船—简介—世界。《对应表》(二版)上“军用船”有下位词“水面舰艇”,主标题应是“水面舰艇”,而不是上位词“军用船”。该书应标引为:

手检标题:水面舰艇—介绍—世界

机检标题:6060# $a 水面舰艇 $x 介绍 $y 世界

154.《见证中国股市》(2009 年 8 月出版),CIP 标引为:股票—资本市场—中国—文集。《对应表》(二版)上有叙词“股票市场”,应用该叙词当主标题标引。

手检标题:股票市场—中国—文集

机检标题:6060# $a 股票市场 $y 中国 $j 文集

155.《早懂博弈,早过好日子》(2009 年 7 月出版),CIP 标引为:对策论—通俗读物。《对应表》(二版)上“博弈Y 对策”(数学),应用对策论的下位词“对策”(数学)这个词当主标题标引。

手检标题:对策(数学)—普及读物

机检标题:6060# $a 对策(数学) $j 普及读物

156.《词语的感应》(2010 年 7 月出版),CIP 标引为:诗歌—作品集—中国—当代。该书是“新诗集”,主标题应是“新诗”。

手检标题:新诗—诗集—中国

机检标题:6060# $a 新诗 $x 诗集 $y 中国

157.《新徽商:创业提升价值》(2010 年出版),CIP 标引为:企业家—列传—安徽省。《对应表》(二版)上有“徽商”叙词,该书应用其当主标题标引。

手检标题:徽商—列传—现代

机检标题:6060# $a 徽商 $x 列传 $z 现代

158.《普洱溯源》(2008 年 11 月出版),CIP 标引为:茶—文化—云南省。《对应表》(二版)上有“普洱茶”,应用该词当主标题标引。

手检标题:普洱茶—来源—云南

机检标题:6060# $a 普洱茶 $x 来源 $y 云南

159.《图解西方的智慧》(2009 年 12 月出版),CIP 标引为:文化史—西方国家—图解。应选用《对应表》(二版)上“西方文化”当主标题标引。

手检标题:西方文化—文化史—图解

机检标题:6060# $a 西方文化 $x 文化史 $j 图解

160.《海鲜肉类食谱 500 款》(2009 年 6 月出版),CIP 标引为:①海产品—菜谱,②肉类—菜谱。海鲜是指供食用的海生动物,如虾类,鱼类,应用《对应表》(二版)上“海鲜菜肴”作主标题进行标引。

手检标题:海鲜菜肴—菜谱

机检标题:6060# $a 海鲜菜肴 $x 菜谱

161.《建筑施工现场英语情景会话》(2010 年 6 月出版),CIP 标引为:建筑工程—工程施工—英语—口语。主标题应是“施工现场”,该书应标引为:

手检标题:施工现场—英语—口语

机检标题:6060# $a 施工现场 $x 英语 $x 口语

162.《新产品开发经典读物》,CIP 标引为:产品—技术开发。应用“新工业产品”、“产品开发”当主副标题标引。该书应标引为:

手检标题:新工业产品—产品开发:技术开发

机检标题:6060# $a 新工业产品 $x 产品开发 $x 技术开发

163.《蒸发冷却空调理论与应用》(2010 年 8 月出版),CIP 标引为:蒸发冷却制冷—制冷技术。《对应表》(二版)上没有“蒸发冷却制冷”这个词。作者说:“本书是作者在总结十余年来蒸发冷却空调技术理论研究成果和工程实践经验的基础上完成的。”该书应选用“蒸发冷却”当主标题标引,应选用“空调技术”参与标引。

手检标题:蒸发冷却—空调技术:制冷技术

机检标题:6060# $a 蒸发冷却 $x 空调技术 $x 制冷技术

164.《统计系统纪检监察工作研究文集》(2010 年 2 月出版),CIP 标引为:①统计—组织机构—纪律检查—工作—中国—文集,②统计—组织机构—监察—工作—中国—文集。《对应表》(二版)上有“统计机构”叙词,应选用该叙词当主标题标引,不应该用“统计”与“组织机构”组配。

手检标题:①统计机构—纪律检查—调查研究—中国—文集,②统计机构—监察—调查研究—中国—文集

机检标题:6060# $a 统计机构 $x 纪律检查 $x 调查研究 $y 中国 $j 文集

6060# $a 统计机构 $x 监察 $x 调查研究 $y 中国 $j 文集

165.《包装设计》(2010 年 10 月出版),CIP 标引为:包装—设计—高等学校—教材。《现代包装设计理论及应用研究》(2008 年 12 月出版),CIP 标引为:包装—设计。《对应表》(二版)上有“包装设计”叙词,这两本书应选用其当主标题标引,不应该用“包装”与“设计”组配。

第一本手检标题:包装设计—高等学校—教材

机检标题:6060# $a 包装设计 $x 高等学校 $j 教材

第二本手检标题:包装设计—理论研究

机检标题:6060# $a 包装设计 $x 理论研究

166.《你不可不知的 500 条驾驶常识》(2010 年 9 月出版),CIP 标引为:汽车—驾驶术—基础知识。《对应表》(二版)上有“汽车驾驶”叙词,应选用该叙词当主标题标引。

手检标题:汽车驾驶—驾驶术—基本知识

机检标题:6060# $a 汽车驾驶 $x 驾驶术 $x 基本知识

167.《工程安全检测技术. 2007》,CIP 标引为:水利工程—安全监察—文集。该书是全国大坝安全监测技术信息网主办的“2007 年技术信息技术交流会”论文集,是些大坝安全监测技术的文章。主标题应是《对应表》上“大坝”这个叙词,组配标引应是:

手检标题:大坝—安全监测—文集

机检标题:6060# $a 大坝 $x 安全监测 $j 文集

168.《缆索起重机》(2010 年 3 月出版),CIP 标引为:水利工程—缆索起重机。内容提要开头一句话:“本书对近 40 年来我国在水利水电工程施工中应用和自行研发的重型缆索起重机做了回顾、总结与展望。”主标题应是“水利水电工程”。

手检标题:水利水电工程—缆索起重机

机检标题:6060# $a 水利水电工程 $x 缆索起重机

169.《应对水资源危机》(2009 年 9 月出版),CIP 标引为:水资源—资源短缺—研究—中国。主标题应是“资源短缺”的下位概念“水资源短缺”,不应该用其上位概念与“水资源”组配标引。该书应标引为:

手检标题:水资源短缺—研究—中国

机检标题:6060# $a 水资源短缺 $x 研究 $y 中国

170.《水文化与水环境保护研究文集》(2008 年 9 月),CIP 标引为:①水—文化—文集—汉、英,②水环境—环境保护—文集—汉、英。①的主标题应是叙词“水文化学”,不应该用“水”与“文化”组配。该书应标引为:

手检标题:①水文化学—文集—中文:英文,②水环境—环境保护—文集—中文:英文

机检标题:6060# $a 水文化学 $j 文集 $j 中文 $j 英语

6060# $a 水环境 $x 环境保护 $j 文集 $j 中文 $j 英文

171.《水资源短缺风险管理理论与实践》(2008 年 4 月出版),CIP 标引为:水资源管理:风险管理。主标题应是“水资源短缺”,该书

应标引为：

手检标题：水资源短缺—水资源管理：风险管理

机检标题：6060# $a 水资源短缺 $x 水资源管理 $x 风险管理

172.《涌潮随笔——一种神奇的力学现象》(2010 年 5 月出版)，CIP 标引为：水动力学—普及读物。这种标法缺少主标题，正确标法：

手检标题：涌潮—水动力学—普及读物

机检标题：6060# $a 涌潮 $x 水动力学 $j 普及读物

173.《城市公园规划设计》(2010 年 5 月出版)，CIP 标引为：城市—公园—园林设计—高等学校—教材。《对应表》(二版)上有专指词"城市公园"，主标题应是"城市公园"。

手检标题：城市公园—园林设计—高等学校—教材

机检标题：6060# $a 城市公园 $x 园林设计 $x 高等学校 $j 教材

174.《城市排水管渠系统》(2008 年出版)，CIP 标引为：①市政工程—排水管道，②市政工程—排水沟渠。《对应表》(二版)上有"城市排水"叙词，应用该词当主标题，不应该用"市政工程"。

手检标题：①城市排水—排水管道—排水系统，②城市排水—排水沟渠—排水系统

机检标题：6060# $a 城市排水 $x 排水管道 $x 排水系统

6060# $a 城市排水 $x 排水沟渠 $x 排水系统

175.《基因工程》，CIP 标引为：基因—遗传工程—高等学校—教材。该书是 2010 年 8 月出版的，应用《对应表》(二版)上专指词"基因工程"当主标题标引。

手检标题：基因工程—高等学校—教材

机检标题：6060# $a 基因工程 $x 高等学校 $j 教材

176.《城市燃气应用基础与实践》(2010 年 4 月出版)，CIP 标引为：城市—燃料气—基本知识。《对应表》(二版)上有"城市燃气"叙词，应用该词当主标题。

手检标题：城市燃气—基本知识

机检标题：6060# $a 城市燃气 $x 基本知识

177.《自然景观赏析》(2009 年 2 月出版),CIP 标引为:自然地理—高等学校—教材。《对应表》(二版)上有“自然景观”这个词,主标题应是“自然景观”,不应该用“自然地理”标引。

手检标题:自然景观—赏析—高等学校—教材

机检标题:6060# $a 自然景观 $x 赏析 $x 高等学校 $j 教材

178.《洪灾综合风险分析的理论方法与应用研究》(2009 年出版),CIP 标引为:洪水—水灾—风险分析—研究。《对应表》(二版)上“洪水灾害Y 水灾”,主标题应是“水灾”,不要用“洪水”与“水灾”组配。

手检标题:水灾—风险分析—研究

机检标题:6060# $a 水灾 $x 风险分析 $x 研究

179.《扬子陆块西缘构造演化及其资源效应》(2007 年 8 月出版),CIP 标引为:成矿区—成矿规律—研究—西南地区。主标题应是“扬子地块”。

手检标题:①扬子地块—西—构造演化—研究,②扬子地块—西—区域资源:矿产资源—研究

机检标题:607## $a 扬子地块 $x 西 $x 构造演化 $x 研究

607## $a 扬子地块 $x 西 $x 区域资源 $x 矿产资源 $x 研究

180.《酶工程》(2009 年出版),CIP 标引为:酶—生物工程—高等学校—教材。《对应表》(二版)上有“酶工程”叙词,应用“酶工程”当主标题,不应该用“酶”与“生物工程”组配标引。该书应标引为:

手检标题:酶工程—高等学校—教材

机检标题:6060# $a 酶工程 $x 高等学校 $j 教材

181.《藏在石头里的恐龙:化石的故事》(2009 年 6 月出版),CIP 标引为:恐龙—动物化石—普及读物。《对应表》(二版)上“化石”为族首词,其下有“动物化石”,“动物化石”下面又有下位词“恐龙化石”,应用“恐龙化石”当主标题。该书应标引为:

手检标题:恐龙化石—普及读物

机检标题:6060# $a 恐龙化石 $j 普及读物

182.《医学微生物学》(2010 年 8 月出版),CIP 标引为:医药学:微生物学—医学院校—教材。这里用“医药学”与“微生物学”组配是不对的。《对应表》(二版)上有“医学微生物学”这个专指词,应用该词当主标题。

手检标题:医学微生物学—医学院校—教材

机检标题:6060# $a 医学微生物学 $x 医学院校 $j 教材

183.《脑死亡临床判定指南》(2007 年 11 月出版),CIP 标引为:脑—死亡—研究。《对应表》(二版)上“死亡”有下位概念“脑死亡”,在这种情况下用“脑”与“死亡”组配标引是不对的,应用“脑死亡”当主标题标引。

手检标题:脑死亡—研究

机检标题:6060# $a 脑死亡—研究

184.《睡眠与睡眠呼吸障碍学》(2009 年出版),CIP 标引为:①睡眠—研究,②睡眠—呼吸困难综合征。《对应表》(二版)上“睡眠呼吸障碍 Y 呼吸暂停”,根据书名反映的主题,第二个标题应用“呼吸暂停”当主标题,不应该用“睡眠”与“呼吸困难综合征”组配标引。该书应标引为:

手检标题:①睡眠—研究,②呼吸暂停—研究

机检标题:6060# $a 睡眠 $x 研究

6060# $a 呼吸暂停 $x 研究

该书还可标引为:

手检标题:①睡眠—研究,②睡眠障碍:呼吸障碍—研究

机检标题:6060# $a 睡眠 $x 研究

6060# $a 睡眠障碍 $x 呼吸障碍 $x 研究

185.《城市绿地有害生物预警及控制》(2007 年 1 月出版),CIP 标引为:①城市—绿化地—有害动物—预防,②城市—绿化地—有害植物—预防。《对应表》(二版)上有“城市绿地”叙词,应用该词当主标题,用“城市”与“绿化地”组配是错误的。该书应标引为:

手检标题:①城市绿地—有害动物—预防,②城市绿地—有害植

物—预防

机检标题:6060# $a 城市绿地 $x 有害动物 $x 预防

6060# $a 城市绿地 $x 有害植物 $x 预防

186.《中国重大农业气象灾害研究》(2010 年 10 月出版),CIP 标引为:农业气象—气象灾害—灾害防治—中国。《对应表》(二版)上有"农业气象灾害"叙词,用"农业"与"气象灾害"组配是不对的。该书应标引为:

手检标题:农业气象灾害—灾害防治—中国

机检标题:6060# $a 农业气象灾害 $x 灾害防治 $y 中国

187.《蘑菇》(2008 年 3 月出版),CIP 标引为:食用菌类—图集。《对应表》(二版)上"作物"为族首词,其下"食用菌"(没有食用菌类)有下位词"蘑菇",应用下位词当主标题标引,用词表上没有的"食用菌类"标引是不对的。

手检标题:蘑菇—图集

机检标题:6060# $a 蘑菇 $j 图集

188.《新农村建设 太阳能利用》(2008 年出版),CIP 标引为:农村—太阳能—利用。主标题应是《对应表》(二版)上"农村能源",副标题应是表上的"太阳能利用",用"太阳能"与"利用"组配标引是不对的。该书应标引为:

手检标题:农村能源—太阳能利用

机检标题:6060# $a 农村能源 $x 太阳能利用

189.《粮食储藏学》(2010 年 5 月出版),CIP 标引为:粮食—储藏—高等学校—教材。《对应表》(二版)上有"粮食贮藏"叙词,应用该词当主标题。在这种情况下用"粮食"与"储藏"组配是不对的。

手检标题:粮食贮藏—高等学校—教材

机检标题:6060# $a 粮食贮藏 $x 高等学校 $j 教材

190.《农业生态与环境保护》(2009 年 10 月重印),CIP 标引为:①农业科学:生态学—专业学校—教材,②农业生产—环境保护—专业学校—教材。《对应表》(二版)上有"农业生态学"与"农业环境保护”叙词,应用这两个词分别当主标题标引。在这种情况下用“农业科学”与“生态学”组配、“农业生产”与“环境保护”组配是不对的。

手检标题:①农业生态学—专业教育—教材,②农业环境保护—专业教育—教材

机检标题:6060# $a 农业生态学 $x 专业教育 $j 教材

6060# $a 农业环境保护 $x 专业教育 $j 教材

191.《产品设计形态》(2010 年 2 月出版),CIP 标引为:工业产品—造型设计—高等学校—教材。《对应表》(二版)上有“产品设计”叙词,应用该词当主标题。在这种情况下用“工业生产”与“造型设计”组配是不对的。

手检标题:产品设计—高等学校—教材

机检标题:6060# $a 产品设计 $x 高等学校 $j 教材

192.《画家挥毫必备》,CIP 标引为:名句—汇编—中国。主标题应是“汉语”。

手检标题:汉语—名句—汇编

机检标题:6060# $a 汉语 $x 名句 $j 汇编

193.《摄影用光完全自学手册》(2010 年 9 月出版),CIP 标引为:摄影—光学—手册。《对应表》(二版)上有“摄影光学”叙词,在这种情况下用“摄影”与“光学”组配是不对的。

手检标题:摄影光学—手册

机检标题:6060# $a 摄影光学 $j 手册

194.《中国庭院经济概论》(2006 年 7 月出版),CIP 标引为:农户—多种经营—概论—中国。《对应表》(二版)上有“庭园经济”叙词,该书应选用这个相关词标引。

手检标题:庭园经济—概论—中国

机检标题:6060# $a 庭园经济 $x 概论 $y 中国

195.《在线分析仪器手册》(2008 年 9 月出版),CIP 标引为:分析仪器—手册。《对应表》(二版)上“分析仪器”为族首词,下面有直接下位词“在线质量分析仪”叙词,该书应选用这个专指度最合适的叙词

当主标题标引。CIP 没有这样做,而选用其上位词参与组配标引,这犯了越级组配毛病。

手检标题:在线质量分析仪—手册

机检标题:6060# $a 在线质量分析仪 $j 手册

196.《现代棉纺纺纱新技术》(2008 年 7 月出版),CIP 标引为:棉纺—纺纱—新技术。《对应表》(二版)上“纺纱”为族首词,“棉纺”为其下位概念,上下位关系不能组配。该书应标引为:

手检标题:棉纺—新技术应用

机检标题:6060# $a 棉纺 $x 新技术应用

197.《节能棉纺纱厂设计》(2010 年 6 月出版),CIP 标引为:棉纺—纺织厂—设计。《对应表》(二版)上“纺织厂”有下位词“棉纺厂”,应用“棉纺厂”当主标题。表上“设计”有下位词“建筑设计”,应用下位词标引。该书应标引为:

手检标题:棉纺厂—建筑设计:节能设计

机检标题:6060# $a 棉纺厂 $x 建筑设计 $x 节能设计

198.《蛋白质工程》(2008 年出版),CIP 标引为:蛋白质—生物工程—高等学校—教材。《对应表》(二版)上“生物工程”有下位词“蛋白质工程”叙词,应用该叙词当主标题标引,不应该用上位词参与组配。该书应标引为:

手检标题:蛋白质工程—高等学校—教材

机检标题:6060# $a 蛋白质工程 $x 高等学校 $j 教材

199.《中国外汇储备有效管理研究》(2010 年 12 月出版),CIP 标引为:外汇管理—研究—中国。这种标法缺少应有的主标题或主语“外汇储备”,该书应标引为:

手检标题:外汇储备—外汇管理—研究—中国

机检标题:6060# $a 外汇储备 $x 外汇管理 $x 研究 $y 中国

200.《高校管理审计研究》(2010 年 11 月出版),CIP 标引为:高等学校—内部审计—研究—中国。主标题应是“高校管理”,应标引为:

手检标题:高校管理—内部审计—研究—中国

机检标题:6060# $a 高校管理 $x 内部审计 $x 研究 $y 中国

201.《历史文献 · 第 15 辑》(2011 年 5 月出版),CIP 标引为:中国—历史—研究—文集,K207—53。该书应按 K207 对应的词串“中国历史\研究”标引,主标题是“中国历史”,用“中国”与“历史”组配是不对的。该书应标引为:

手检标题:中国历史—研究—文集

机检标题:6060# $a 中国历史 $x 研究 $j 文集

202.《生活中的管理学》(2011 年 4 月出版),CIP 标引为:管理学—基础知识。主标题应是“生活管理”,该书应标引为:

手检标题:生活管理—管理学

机检标题:6060# $a 生活管理 $x 管理学

203.《西部地区矿产资源开发利用理论与实践》(2010 年 4 月出版),CIP 标引为:矿产资源—资源开发—研究—西部地区。主标题应是《对应表》(二版)上“矿产资源开发”,其组配是不对的。该书应标引为:

手检标题:矿产资源开发—研究—西部地区

机检标题:6060# $a 矿产资源开发 $x 研究 $y 西部地区

204.《产业发展与核心竞争力:以台湾地区笔记本电脑产业为例》(2010 年 4 月出版),CIP 标引为:①电子计算机工业—经济发展—研究—台湾省,②电子计算机工业—市场竞争—研究—台湾省。主标题应是“笔记本计算机”,副副标题应分别是“产业发展”与“核心竞争力”。该书应标引为:

手检标题:①笔记本计算机—电子计算机工业—产业发展—研究—台湾,②笔记本计算机—电子计算机工业—核心竞争力—研究—台湾

机检标题:6060# $a 笔记本计算机 $x 电子计算机工业 $x 产业发展 $x 研究 $y 台湾

6060# $a 笔记本计算机 $x 电子计算机工业 $x 核心竞

争力 $x 研究 $y 台湾

205.《“画”说银行管理》(2010 年 5 月出版),CIP 标引为:银行—经济管理—通俗读物。主标题应是“经济管理”的下位概念“银行管理”,该书应标引为:

手检标题:银行管理—图解

机检标题:6060# $a 银行管理 $j 图解

206.《手机应该这样卖——跟我学话术》(2011 年 6 月出版),CIP 标引为:移动通信—携带电话机—销售—方法。《对应表》(二版)上“手机Y 移动电话机”,并有“销售方式”专指词。该书应标引为:

手检标题:移动电话机—销售方式

机检标题:6060# $a 移动电话机 $x 销售方式

207.《会计信息系统》(2011 年 3 月出版),CIP 标引为:会计—管理信息系统—高等学校—教材。《对应表》(二版)上“会计信息系统Y 会计信息”,主标题应是“会计信息”。

手检标题:会计信息—高等学校—教材

机检标题:6060# $a 会计信息 $x 高等学校 $j 教材

208.《中国住房反向抵押贷款研究》(2011 年 1 月出版),CIP 标引为:住宅—抵押—信贷管理—研究—中国。《对应表》(二版)上有“住房抵押贷款”叙词,主标题应是该叙词。

手检标题:住房抵押贷款—研究—中国

机检标题:6060# $a 住房抵押贷款 $x 研究 $y 中国

209.《功能句法研究》(2010 年 9 月出版),CIP 标引为:句法—研究。该书应按书名反映的内容主题标引,标出应该标的主标题。

手检标题:功能(结构主义语法)—句法—研究

机检标题:6060# $a 功能(结构主义语法) $x 句法 $x 研究

210.《人民共和国六十年中国模式》(2011 年 1 月出版),CIP 标引为:社会主义建设模式—研究—中国。主标题应是《对应表》(二版)上“中国特色社会主义”叙词,该书应标引为:

手检标题:中国特色社会主义—社会主义建设模式—研究

机检标题:6060# $a 中国特色社会主义 $x 社会主义建设模式 $x 研究

211.《长沙文化产业》(2010 年 1 月出版),CIP 标引为:文化—产业—研究—长沙市。主标题应是"产业"的下位词"文化产业",其组配是不对的。

手检标题:文化产业—研究—长沙

机检标题:6060# $a 文化产业 $x 研究 $y 长沙

还有一本《中国当代文化产业导论》(2010 年 9 月出版),CIP 标引为:文化—产业—研究—中国—高等学校—教材。这里用"文化"与"产业"组配也是不对的。

手检标题:文化产业—研究—中国—高等学校—教材

机检标题:6060# $a 文化产业 $x 研究 $y 中国 $x 高等学校 $j 教材

212.《秦淮旧事》(2011 年 3 月出版),CIP 标引为:散文—作品集—中国—当代,I267。该书应按 I267 对应的词串"散文集\中国\当代"标引,主标题是"散文集"。

手检标题:散文集—中国—当代

机检标题:6060# $a 散文集 $y 中国 $z 当代

213.《图书出版产业评价体系》(2010 年 12 月出版),CIP 标引为:图书—出版工作—评价—研究。主标题应是专指词"图书出版",应标引为:

手检标题:图书出版—出版工作—评价—研究

机检标题:6060# $a 图书出版 $x 出版工作 $x 评价 $x 研究

214.《佛学入门》(2010 年 12 月出版),CIP 标引为:佛教—基本知识。《对应表》(二版)上有"佛学"这个词,应用该词当主标题。如果没有,那可用"佛教"当主标题。该书应标引为:

手检标题:佛学—基本知识

机检标题:6060# $a 佛学 $x 基本知识

215.《中国历代才女诗歌鉴赏》(2008 年 5 月出版),CIP 标引为:

古典诗歌—鉴赏—中国。主标题应是"女作家"、"诗人",该书应标引为:

手检标题:女作家:诗人—古典诗歌—诗歌鉴赏—中国

机检标题:6060# $a 女作家 $x 诗人 $x 古典诗歌 $x 诗歌鉴赏 $y 中国

216.《旅游摄影必备手册》(2010 年 11 月出版),CIP 标引为:旅游—摄影技术—技术手册。主标题应是"旅游摄影",应标引为:

手检标题:旅游摄影—摄影技术—技术手册

机检标题:6060# $a 旅游摄影 $x 摄影技术 $j 技术手册

217.《2011 高技术发展报告》(2011 年 3 月出版),CIP 标引为:高技术—技术发展—研究报告—中国—2011。《对应表》(二版)上有"高技术发展"叙词,主标题应是"高技术发展",用"高技术"与"技术发展"组配是不对的。该书应标引为:

手检标题:高技术发展—研究报告—中国—2011

机检标题:6060# $a 高技术发展 $x 研究报告 $y 中国 $z2011

218.《玩味烘焙文化:家用电烤箱烘焙食谱》(2011 年 3 月出版),CIP 标引为:烘焙食品—食谱。《对应表》(二版)上有"电烤箱"叙词,应作为工具标出这个叙词。

手检标题:烘焙食品—食谱—电烤箱

机检标题:6060# $a 烘焙食品 $x 食谱 $x 电烤箱

219.《西方国家历史学本科教学调研:以英、法、美三国为例》(2010 年 4 月出版),CIP 标引为:历史—教学研究—高等学校—西方国家。主标题应是"历史教学",该书应标引为:

手检标题:历史教学—教学研究—高等学校—西方国家

机检标题:6060# $a 历史教学 $x 教学研究 $x 高等学校 $x 西方国家

220.《西方文化史》(2010 年 5 月出版),CIP 标引为:文化史—西方国家。《新编中华文化知识全知道》(2010 年 8 月出版),CIP 标引为:文化史—中国—通俗读物。《对应表》(二版)上有"西方文化"、

“中华文化”叙词,应用这两个叙词分别当主标题。

第一本手检标题:西方文化—文化史

机检标题:6060# $a 西方文化 $x 文化史

第二本手检标题:中华文化—文化史—通俗读物

机检标题:6060# $a 中华文化 $x 文化史 $j 通俗读物

221.《现代家庭幸福生活指南》(2011 年 2 月出版),CIP 标引为:家庭生活—通俗读物。主标题应是“幸福”,该书应标引为:

手检标题:幸福—家庭生活—指南

机检标题:6060# $a 幸福 $x 家庭生活 $j 指南

222.《运动项目概论》(2010 年 7 月出版),CIP 标引为:体育运动—项目(体育)—概论。《对应表》(二版)上“体育运动项目Y 项目(体育)”,主标题应是“项目(体育)”。

手检标题:项目(体育)—概论

机检标题:6060# $a 项目(体育) $x 概论

223.《中国价格理论前沿 1》(2011 年 3 月出版),CIP 标引为:价格—经济理论—研究—中国。主标题应是“价格理论”,用“价格”与“经济理论”组配是不对的,该书应标引为:

手检标题:价格理论—研究—中国

机检标题:6060# $a 价格理论 $x 研究 $y 中国

224.《外国行政程序法研究》(2010 年 3 月出版),CIP 标引为:行政程序—程序法—外国。主标题应是“行政程序法”,用“行政程序”与“程序法”(词表上没有这个词)组配标引是错误的。该书应标引为:

手检标题:行政程序法—研究—国外

机检标题:6060# $a 行政程序法 $x 研究 $x 国外

225.《基因资源知识产权理论》(2009 年出版),CIP 标引为:基因—生物资源—知识产权—研究。《对应表》(二版)上“基因资源 Y 种质资源”,应用“种质资源”当主标题标引,用“基因”与“生物资源”组配是不对的。

手检标题:种质资源—知识产权—研究

机检标题:6060# $a 种质资源 $x 知识产权 $x 研究

226.《质量技术监督行政案件的查处》(2007 年 5 月出版),CIP 标引为:质量—技术监督—行政执法—案件—查处。主标题应是“技术监督”的下位词“质量技术监督管理”,《对应表》(二版)上没有“行政执法”与“查处”这两个词,该书应标引为:

手检标题:质量技术监督管理—案件—处理

机检标题:6060# $a 质量技术监督管理 $x 案件 $x 处理

227.《中国特色社会主义法律体系研究报告》(2010 年出版),CIP 标引为:社会主义法制—研究—中国。主标题应是“中国特色社会主义”,该书应标引为:

手检标题:中国特色社会主义—社会主义法制—研究报告—中国

机检标题:6060# $a 中国特色社会主义 $x 社会主义法制 $x 研究报告 $y 中国

228.《国有资产法论》(2010 年 10 月出版),CIP 标引为:国有企业—国有资产—经济法—中国。主标题应是“国有资产法”,该书应标引为:

手检标题:国有资产法—研究—中国

机检标题:6060# $a 国有资产法 $x 研究 $y 中国

229.《精神疾病司法鉴定及精神伤残鉴定争议案例评析》(2008 年 4 月出版),CIP 标引为:法医精神病学—司法鉴定—案例—分析—中国。《对应表》(二版)上没有“法医精神病学”这个词,主标题应是“司法精神病学”,用“精神病”当主标题更好。

手检标题:精神病—司法鉴定:法医学鉴定—争议—案例—中国

机检标题:6060# $a 精神病 $x 司法鉴定 $x 法医学鉴定 $x 争议 $x 案例 $y 中国

230.《全球化背景下的中国法治建设》(2010 年 3 月出版),CIP 标引为:国际经济关系—经济一体化—影响—社会主义法制—建设—研究—中国。《对应表》(二版)上“一体化”为族首词,其下“经济一体化”有下位叙词“国际经济一体化”,应用该叙词当主标题,用“国际经济关系”与“经济一体化”组配是不对的。“国际经济一体化”还有下位叙词“经济全球化”,更应该用该叙词当主标题,“中国”应改用专指词“中国特色社会主义”。该书应标引为:

手检标题:经济全球化—影响—中国特色社会主义—社会主义法制—建设

机检标题:6060# $a 经济全球化 $x 影响 $x 中国特色社会主义 $x 社会主义法制 $x 建设

231.《合作社主体法律制度研究》(2008 年 11 月出版),CIP 标引为:合作社经济—经济法—研究—中国。《对应表》(二版)上有“合作社法”叙词,该书应用“合作社法”当主标题,应标引为:

手检标题:合作社法—研究—中国

机检标题:6060# $a 合作社法 $x 研究 $y 中国